CW01658710

J'AI PERDU MON JOB
ET ÇA ME PLAÎT

Je vous dédie ce journal à vous, lecteur :
puissiez-vous trouver votre passion
et votre but véritable dans la vie.
Rappelez-vous que vous êtes le cocréateur
ou la cocréatrice de votre vie.

Traduit de l'anglais par Éric Villeroc
Maquette : Séverine Joaquim

ISBN : 978-2-8132-0246-8

www.editions-tredaniel.com
info@guytredaniel.fr

[illegible] 2023 March.

LILOU MACÉ

J'AI PERDU MON JOB ET ÇA ME PLAÎT

30 JOURS POUR TROUVER L'EMPLOI DE MES RÊVES GRÂCE À LA LOI DE L'ATTRACTION

REMERCIEMENTS

Je souhaite exprimer ma profonde gratitude à toutes les personnes qui ont croisé ma route. Vous m'avez inspirée et aidée à être celle que je suis aujourd'hui et permis d'influencer à mon tour la vie d'autrui.

Je remercie ma mère, Irène Martin, et mon père, Jean-Yves Macé, de m'avoir donné toutes les opportunités possibles dans cette vie-ci. Ils m'ont dotée d'une solide éducation, d'une forte éthique professionnelle et d'une double nationalité. Merci pour votre soutien, vos paroles de sagesse, vos prières et votre amour inconditionnel.

Je tiens à remercier Laura Duksta et Sandy Grason de m'avoir fait atteindre de nouveaux sommets et de m'avoir rejointe pour lancer le « Défi de 100 jours pour tester les lois de l'univers ». J'ai tant appris de vous, mes chères, que je m'estime chanceuse de vous avoir rencontrées et d'avoir fondé cet incroyable projet avec vous. Votre détermination à réussir, à créer toujours plus de possibilités et à répandre l'amour et la créativité dans ce monde, a été pour moi source de joie constante.

Je tiens à remercier toute la communauté CCOR du « Défi de 100 jours pour tester les lois de l'univers » – c'est-à-dire chacun de ses membres – pour l'amour et le soutien que vous m'avez offert. Vous êtes mon roc. Je vous aime !

Un grand merci à tous mes fans sur YouTube : merci de regarder mes vidéos et de m'envoyer tant de commentaires merveilleux qui me soutiennent dans ce que je fais.

Je tiens à remercier mon ami et éditeur écossais, le Dr R. Éric Swanepoel, pour m'avoir aidée à réaliser ce livre en moins de six semaines. L'expérience a été particulièrement fluide et amusante. Éric, tu possèdes de nombreux talents, mais je tiens surtout à te remercier pour ton engagement, ton intégrité et ta

créativité. Tu es un champion. Je te suis tellement reconnaissante de t'être associé à ce projet. Tes corrections ont élevé ce livre à un tout autre niveau, tout en respectant ma vision. Tu m'as même aidée à rester sur les rails quand j'en avais besoin !
Je tiens également à souligner le talent d'un jeune homme étonnant, qui a démontré à la fois ses dons et son professionnalisme. Jack Latimer, une grande carrière de photographe t'attend, et sans doute aussi de réalisateur, dirais-je. Ta créativité et ta passion sont contagieuses. Merci.
Je souhaite remercier Marc Holland pour le génie créatif avec lequel il a conçu la couverture et le matériel promotionnel de ce livre. Marc, tu es le concepteur graphique le plus doué que j'aie rencontré, et j'aime ta façon de penser. Merci aussi à Gerry Hillman d'avoir réalisé la mise en page, tout en travaillant avec des échéances très courtes. Tu as rendu les choses possibles, alors que les circonstances n'étaient pas idéales.
Je remercie aussi mes deux merveilleux colocataires londoniens, Giada Vaghi et Henrik Vende Bo, pour votre soutien, nos longues conversations et la façon délicieuse dont vous avez su nourrir mon âme.
J'exprime aussi ma gratitude à tous mes amis aux quatre coins de la planète. En particulier à mon âme sœur, Daniel Moore, qui m'a appris l'amour inconditionnel et à croire en moi quand je doutais. Merci aussi à Hank Andries d'être un champion aussi enjoué et un formidable conseiller.
Mes remerciements vont également à Valérie Juillet, Isabelle Poucet, Cécile Madelenat, Nathalie Bonnard-Grenet, Céline Procop, Erhan Sakaoglu, Bryan Gutraj, Julien Bousquet, Sandra Gasnier, Mark Woodburn, Christelle Caron, Chantal Giroudon et Amarun, pour vos conseils et votre soutien, où que je me sois trouvée dans le monde. Je remercie aussi mes amis d'enfance,

Géraldine Besse, qui vit désormais à Brighton, et Peter Gould, mon ancien patron, grâce à qui je suis venue au Royaume-Uni. Je te suis reconnaissante de m'avoir virée, Peter. Rien de tout cela ne serait arrivé sans toi !

Merci à Oprah Winfrey de m'avoir poussée à suivre mes rêves, à Kevin Ross de m'avoir aidée à me forger une vision, à Tony Robbins de m'avoir appris comment dépasser mon mental limité, ainsi qu'à tous les auteurs que j'ai interviewés pour la télévision et l'Internet. Merci, John Beck et Elena Katardhieva, pour le soutien que vous m'avez spontanément offert pour produire et filmer mon émission de TV *My Juicy Life* à Chicago.

Encore une fois, je souhaite exprimer toute ma reconnaissance à toutes les personnes citées dans ce livre qui ont participé à ma quête de l'emploi de mes rêves, pour que je me sente à nouveau libre.

Enfin, je dis merci à la Vie. Je la remercie de tout mon cœur pour ces torrents d'abondance, de créativité et de joie que m'a valus ce projet.

INTRODUCTION

J'ai pour mission de vous aider à avoir une vie savoureuse : pas seulement une vie comme une autre, mais une vie qui vous passionne, une vie *délibérée*, qui vous enthousiasme ! Je veux que vous vous réveilliez le matin en vous disant, « Je suis impatient de voir ce que la Vie me réserve aujourd'hui ! ».

Je souhaite vous aider à transformer vos jours difficiles en jours heureux. Ayant perdu mon emploi, j'éprouve une empathie totale pour celles et ceux qui souffrent en ces temps de crise économique, et je me sens d'autant plus apte à les aider.

Je suis heureuse d'avoir mis en pratique depuis plusieurs années ces divers outils (principalement la Loi de l'Attraction). Je suis contente d'avoir lancé la communauté du « Éric » (qui porte aussi le nom « Co-Creating Our Reality » ou CCOR) en 2005, avec Sandy Grason et Laura Duksta, deux femmes merveilleuses et étonnantes qui ont respectivement écrit *Journalution* et *I Love You More* : ce sont deux auteures célèbres dans l'industrie du développement personnel.

Au fil des huit dernières années, j'ai pris conscience de l'extraordinaire pouvoir créatif qui est le nôtre. J'ai mis des milliers de vidéos et de blogs sur YouTube et ailleurs sur l'Internet, et j'ai vu comment ma vie s'est déployée, à mesure que je mettais en pratique des outils comme le fait d'assumer mes responsabilités à 100 %, la visualisation, les panneaux de vision, l'alimentation saine, le brainstorming, la participation à des ateliers et séminaires, etc. Cela fait plus de 1 000 jours que j'utilise consciemment et délibérément ces techniques (soit dix "Défis de 100 jours pour tester les lois universelles", un concept que j'explique plus loin), de sorte que j'estime être désormais totalement apte à affronter le défi qui vient de m'être posé : la perte de mon emploi.

J'ai conscience que tout le monde ne possède pas les outils que j'ai à ma disposition. De nombreuses personnes ont peur. Beaucoup se demandent, « Comment puis-je m'en sortir ? ». C'est à la fois mon devoir et ma mission de *vous* aider. Je vais donc partager avec vous mon propre parcours. Vous le suivrez au fil des pages de ce journal et, je l'espère, cela vous aidera à voir comment vous pouvez vous aussi décrocher l'emploi de vos rêves ou, si vous ne voulez pas l'appeler comme ça, tout au moins un emploi qui stimulera quotidiennement en vous un flot de nouvelles idées, un job que vous ne vous contenterez pas de tolérer pour survivre, ni pour avoir les moyens de faire ce que vous aimez.

Les gens disent souvent, « Achète-toi un bon lit, on passe beaucoup de temps à dormir ! ». Oui, c'est vrai, mais on passe aussi beaucoup de temps au travail et on doit tous travailler. Ce livre n'a donc *pas* pour vocation de vous aider à trouver *n'importe quel* travail, mais bien un emploi qui vous comble.

Cet ouvrage vous fera suivre le parcours d'une personne – moi, en l'occurrence – déterminée à trouver un emploi épanouissant, un travail qui la rende heureuse. J'ai l'intention de pouvoir être exceptionnellement créative dans ce job, de déborder d'idées, de m'intégrer à une équipe de gens doués, d'avoir une grande influence sur les autres et de me sentir heureuse. Tel est mon désir, tels sont mon intention et le contexte dans lequel je vis ma vie.

UNE NOUVELLE SANS PRÉCÉDENT

Cet après-midi, j'ai reçu un coup de fil de Peter Gould, le PDG de mon entreprise : « Lilou, j'ai une mauvaise nouvelle ». Il a marqué une pause. Ça m'a paru une éternité. J'avais perçu une certaine tension dans l'entreprise, et je sentais qu'il se dessinait quelque chose de difficile, mais rien n'aurait pu me préparer à ces mots : « Tu vas être licenciée. Nous ne pouvons plus te garder. »

Mon cœur s'est mis à battre. J'ai demandé, « Bon, et quand veux-tu que je parte ? ».

Il m'a répondu, « Eh bien, du moment que tu transmets tout le travail qui te reste et que tu effectues une passation de pouvoir professionnelle, tu peux partir maintenant. »

En l'espace de quelques secondes, suite à ces quelques mots, ma vie a basculé. Mon futur venait de changer. Qu'allais-je faire ? Cela faisait six mois que j'avais cet emploi – directrice du marketing Internet dans l'industrie du tourisme, à Londres. Les sept années précédentes, j'avais eu une activité indépendante aux États-Unis. J'avais postulé pour cet emploi en Angleterre depuis là-bas. J'avais soif de nouvelles aventures. J'étais enthousiaste et avais immédiatement accepté ce poste. C'était une entreprise dynamique et entreprenante, mais je dois dire que tout n'allait pas toujours comme sur des roulettes, surtout les dernières semaines...

J'ai accepté la nouvelle telle quelle, sans trop essayer de l'interpréter. Je suis restée professionnelle au téléphone et j'ai tenté d'en savoir plus sur les détails pratiques. « Bon, alors comment ça se passe ? Cela ne m'est jamais arrivé. »

Comme je n'étais là que depuis six mois, la politique officielle stipulait que je ne toucherais qu'une semaine d'indemnités. Mais, comme j'avais déménagé des États-Unis, Peter me fit savoir que je toucherais un mois de salaire. J'ai trouvé cela généreux, et ça m'a procuré un peu de réconfort. Peter m'a dit d'appeler Alexis, le responsable RH, pour voir les détails avec lui. Avant que notre conversation ne s'achève, je lui ai encore demandé d'adresser un courriel aux 60 employés de l'entreprise, pour qu'ils en soient immédiatement informés. Il leur envoya effectivement un e-mail leur indiquant que je « m'en allais vers de nouveaux pâturages ». Pâturages ? Qu'est-ce que c'est que ce truc-là ? C'est la façon *british* de dire qu'on est viré ? Pas à ma connaissance. J'avais été licenciée : voilà la vérité, mais ce n'est pas comme cela qu'il disait les choses. Voulait-il insinuer que l'herbe serait peut-être plus verte pour moi de l'autre côté ?... Oui, c'était sans doute ça, espérais-je.

J'étais en tous les cas reconnaissante de ce courriel sans faux pli et respectueux, car je ne tenais pas à être faire l'objet de la compassion de tous mes collègues, ni à faire mauvaise figure devant eux. Je n'avais passé que six mois à ce poste. Une demi-heure plus tard, le RH était dans mon bureau et nous avons abordé les détails de mon licenciement.

Voilà donc les nouvelles pour aujourd'hui : j'ai perdu mon job.

Durant toute l'après-midi, des collègues ont défilé dans mon bureau pour me demander quels étaient mes projets. Ils voulaient des détails croustillants. Sous la pression, j'ai prétendu que j'avais des plans que je ne pouvais pas encore révéler et que, effectivement, j'allais vers de

« nouveaux pâturages », comme Peter l'avait dit. Et chaque fois que je disais à ces gens, « Ce fut une expérience formidable, mais, tu sais, il est temps que je passe à autre chose... », je me demandais à quoi pourraient bien ressembler ces pâturages. À la fin de l'après-midi, après avoir reçu de nombreux e-mails et visiteurs, un nouveau scénario se formait déjà dans ma tête et mon cœur : j'invitais ma vie à pleinement prendre son envol. De mauvaise, la nouvelle se muait en bonne. Je me sentais de plus en plus libérée. J'avais là l'occasion de passer à du neuf. Il m'était donné de pouvoir commencer quelque chose de grand. Cela ne dépendait que de moi.

Me voilà rentrée chez moi, digérant le fait que je viens d'être licenciée. C'est une première. Je ne peux pas expliquer pourquoi j'éprouve un tel soulagement. Cet événement a éveillé une joie incroyable en moi, et m'a donné plein d'énergie. Je me réjouis de me laisser guider vers quelque chose de nouveau et de satisfaisant, où je pourrai vraiment développer mes passions et ma vocation, afin de prospérer le plus pleinement possible.

Je dois reconnaître que je n'étais pas heureuse à ce poste et que cela affectait toute ma vie, en particulier ces quelques dernières semaines : toujours stressée, travaillant tard, ayant du mal à dormir, sans avoir le sentiment d'être maître à bord. Beurk ! Mais j'ai beaucoup appris. J'ai affûté mes compétences et, surtout, j'ai découvert ce que je ne veux pas. Et j'en suis très reconnaissante.

Il est temps de passer à autre chose, de trouver quelque chose de neuf. Je demande à la Vie de me guider. Il est temps pour moi de concrétiser mes rêves...

J'AIME LES AVOCATS

Cela fait trois jours que j'ai perdu mon emploi, et je ne fais que ce qui me plaît, heure par heure.
Je suis à la cuisine, maintenant. Il est temps de nourrir mon corps. Je suis végétalienne et je ne mange que du cru. Pour moi, il est important de me nourrir d'aliments sains. Par exemple, j'adore les avocats. J'en tiens un dans la main, en ce moment, et j'ai bien l'intention de l'ajouter à la salade que je m'apprête à me concocter. J'aime la richesse de l'avocat, son côté crémeux, et à quel point il me nourrit le corps. C'est tellement délicieux !

DE NOUVELLES IDÉES À LA PELLE

Peu après avoir perdu mon job, j'ai eu la révélation que je devrais tenir un journal, le temps de trouver un nouvel emploi – l'emploi de mes rêves – puis faire un livre de ce journal. Ce projet devrait m'être utile et, je l'espère, aider d'autres personnes en ces temps de crise économique. Il devrait leur permettre de découvrir ce à quoi aspire leur vrai Moi ! Je n'en reviens pas de la facilité avec laquelle de nouvelles idées me viennent, depuis mon licenciement. Je n'arrête pas d'écrire, que ce soit dans le métro londonien, quelques instants plus tôt, ou maintenant, dans ma cuisine, alors que je m'apprête à manger quelque chose de sain. Il me vient des pensées étonnantes, comme si je les attirais les unes après les autres. J'en suis très *consciente*, en ce moment, et très très reconnaissante. Ce flux ininterrompu d'idées s'est enclenché sitôt que j'ai demandé de l'aide d'en haut.

CONSCIENCE

Je suis frappée de voir à quelle vitesse les choses arrivent ! Je me dis que, *oui*, tout va se faire vite et que, *oui*, je vais publier un livre. C'est incroyable de surfer sur cette vague-là en ce moment. Je compte bien continuer de me sentir comme ça, de rester branchée et de me laisser guider. Je vais me focaliser sur tout ce qui me fait du bien. Je note chacun de mes pas, car ils sont tous importants sur mon chemin.

MES DIFFICULTÉS AVAIENT UN SENS

Je crois que les gens ont besoin de ce livre, *maintenant*. Des tas de gens perdent leur emploi. De nombreux autres ne sont pas contents du poste qu'ils occupent. Le mien ne me plaisait pas. J'y suis restée six mois. J'étais en proie à des conflits intérieurs : devoir apprendre à travailler avec d'autres personnes, en équipe, avec des femmes... (oui, j'en suis une moi-même, mais ça ne rend pas les choses plus faciles !). Alors, quand j'ai appris que j'étais virée, j'en ai été reconnaissante, car je connais un peu la Loi de l'Attraction. Je savais que ce n'était pas une coïncidence : il fallait que ça arrive.

Et maintenant, quelques jours plus tard, je comprends que quelque chose d'important est à l'œuvre. Je dois partager cette histoire avec les autres, pour les inspirer à vivre la même chose, en particulier ceux qui n'ont pas forcément les outils que j'ai acquis au fil des huit dernières années. Ce livre servira donc à partager ce que je vis avec celles et ceux qui ont vraiment besoin d'un tel soutien maintenant. Il pourra servir de guide aux chercheurs d'emploi, à ceux qui détestent leur boulot, à ceux qui sont fraichement émoulus de l'université, aux femmes au foyer, et simplement aux gens que leur travail ennuie, à ceux qui ne veulent pas seulement « un emploi », mais *LE* poste dont ils rêvent, celui qui correspondra à leurs désirs et leurs besoins, afin qu'ils puissent se réveiller le matin pleinement vivants et heureux de ce qu'ils vont faire : un travail qu'ils ont conscience de bien faire, qui les fait avancer et qui leur fait du bien ! Voilà de quel genre d'activité professionnelle je parle.

URGENCE

Je suis habitée par un sentiment d'urgence, car les gens ont vraiment besoin d'aide. Je me sens moralement obligée de partager mon parcours – et jusqu'à ses moindres étapes – et plus vite je le ferai, plus vite le livre paraîtra, et mieux ce sera. Je ne crois pas être la dactylo la plus rapide qui soit, mais je m'en sors plutôt bien. Pour l'instant, toutefois, je ne sais pas encore si je dois transcrire moi-même les mémos que j'enregistre, ou si je dois attirer à moi quelqu'un qui les dactylographiera.

UN PRÉCÉDENT : NEALE DONALD WALSCH

J'avais entendu parler de Neale Donald Walsch, puis j'ai vu le film qui raconte sa vie, *Conversations avec Dieu*, en DVD, voici environ un an. Après avoir perdu un emploi grassement rémunéré, il a également perdu ses amis et s'est retrouvé à la rue, à l'âge de 50 ans environ. Il ne cessait de dire à Dieu, « Mon Dieu, aide-moi, aide-moi, aide-moi ! ». Dans mon souvenir, il était assis sur un canapé lorsqu'un jour il s'est soudain mis à écrire. Il ne pouvait plus s'arrêter. C'est comme ça que je me sens, en ce moment. Walsch a dit que c'est Dieu qui lui inspirait ses écrits.

Je suis surprise d'écrire tout cela, spontanément, mais j'ai conscience que c'est bien moi qui l'écris. Je portais ça en moi, et désormais ça sort, parce que je le permets. J'ai demandé à être guidée. J'ai sollicité une guidance supérieure et je suis en train de la recevoir. Alors, je comprends comment fonctionnait Walsch. Dans son film, je le revois noircissant page après page. Il ne pouvait tout simplement plus s'arrêter.

Je me rappelle très bien le moment où Dieu lui dit : « Je ne me soucie pas de ton succès matériel, c'est toi qui t'en préoccupes. Tu ne dois pas t'inquiéter de comment tu gagneras ta vie. Les vrais maîtres sont ceux qui choisissent de forger leur vie, plutôt que de seulement la gagner. Lance-toi, fais ce que tu aimes vraiment. Ne fais rien d'autre. Tu disposes de si peu de temps. Comment peux-tu envisager de gagner ta vie en faisant quelque chose que tu n'aimes pas ? Ce n'est pas gagner sa vie. C'est gagner sa mort. »

JE PRENDS SOIN DE MOI ET JE GÈRE LES ATTENTES DES AUTRES

J'apprends à cultiver mes idées et à rester dans mon cocon. J'ai confiance en ce que je fais actuellement, mais qu'il s'agisse de ma famille, de mon colocataire ou de mes amis, je doute qu'ils soient prêts à ce que je leur en parle. Il me faut être prudente. Je suis assez sûre de ce que je fais, mais il n'est pas courant d'annoncer de but en blanc : « Je vais suivre ce que me dicte ma passion. J'ai toujours voulu motiver des millions de personnes et il est temps que je passe à l'action. Je sais que le moment est venu. » Les gens qui m'entourent risquent de ne pas comprendre, aussi vais-je simplement aller de l'avant en toute confiance et les rassurer à ma façon : pas en leur mentant, mais simplement en leur disant que j'ai un projet et que j'y travaille.

GÉRER LA PEUR DE MANQUER

Il faut que j'acquière un nom de domaine pour ce projet, mais je crains parfois de *ne pas avoir assez* et je me surprends à penser : « Peut-être que je devrais réserver ce nom de domaine dès maintenant ». Je crois que c'est le manque qui provoque cette peur : « Peut-être qu'un auteur reconnu ou que quelqu'un de plus doué va écrire un livre analogue, et peut-être plus vite que moi, et alors c'est à eux que le succès échoira ». Je n'en reviens pas que je puisse être envieuse de quelqu'un qui n'existe peut-être même pas ! Ces sentiments de manque et de jalousie pourraient tout saboter, aussi dois-je éliminer cette pensée de moi.

Je veux que mon livre se vende à des millions d'exemplaires. Le moment est idéal pour cela, mais je me demande comment gérer mes peurs. Il faut que je me rappelle que mon expérience s'inscrit dans une perspective plus vaste, et que c'est à moi qu'il revient de l'interpréter. Je peux en faire ce que je veux. La façon dont j'interprète mon licenciement fait partie de la manifestation de mon rêve. Je me dis qu'il fallait que ça arrive. Ni la colère ni le ressentiment ne me sont utiles. La peur de ne pas arriver à payer mes factures, non plus. Ces peurs sont pourtant là. J'ai perdu mon emploi, mais ce n'est qu'un fait : je n'ai pas à y rajouter d'émotions négatives. Le choix dont je dispose, c'est la façon dont je vais interpréter cet événement et sur quoi je décide de me focaliser. C'est important, car les choses sur lesquelles on se fixe s'amplifient : c'est la Loi de l'Attraction !

JE DEMANDE À ÊTRE GUIDÉE

Si les choses sont désormais possibles, c'est en raison de toutes mes expériences passées. Les pièces du puzzle comment effectivement à s'emboîter les unes dans les autres ; et le plus important, c'est que je les laisse faire. Je demande à recevoir de l'aide d'en haut, à être guidée. J'ai conscience de mes compétences, mais je sollicite néanmoins cette aide : « Comment puis-je recevoir ce dont j'ai besoin ? Je veux recevoir des conseils d'en haut. Je veux être guidée ! ». Je ne cesse de le répéter.

SYNERGIE

Étonnant que ce projet avance aussi vite que cela ! J'y parviens grâce à mes expériences passées, car je suis à Londres et que j'ai un iPhone : je dispose donc des connaissances et de la technologie qui me permettent d'avancer. Je suis habitée par un désir brûlant, comme le dirait Wayne Dyer. Je désire vivement que les choses arrivent maintenant. J'ai le sentiment que rien ne peut m'arrêter. Le timing me semble juste. Mes compétences en marketing et mes connaissances techniques se sont affûtées au fil des dernières années aux USA et au Royaume-Uni. Tout ce qui m'arrive – là où j'en suis maintenant – découle de mon parcours passé dans son intégralité. Avec le meilleur et le pire. Tout cela fait partie du puzzle, et mon histoire prend forme sous mes yeux en ce moment. On dirait qu'elle est finalement en train de prendre sens.

UNE RÉORIENTATION DE CARRIÈRE

Hum... Je suis une spécialiste du marketing sur Internet, aussi devrais-je chercher des postes dans ce créneau... *Non !* – j'arrête le fil de mes pensées dans ce sens – je ne suis pas *obligée* de chercher dans ce domaine-là ! J'ai toujours voulu écrire un livre. J'ai toujours voulu faire de la télé. J'ai toujours aspiré à inspirer des millions de gens. Et le moment est venu que je passe à l'action. Il est temps que je me lance et que je me mette au service des autres. Un autre emploi dans le marketing Internet ne m'apportera rien et ne me comblera pas. Ce n'est pas mon but dans la vie. La Vie en exige désormais davantage de moi.

UNE SALADE INTERROMPUE : "PRESSER" L'INSTANT PRÉSENT

Cela fait une heure que j'essaie de faire une salade et je n'ai fait que découper un avocat, en m'arrêtant déjà cinq fois. Si vous me connaissiez, vous sauriez que j'aime tellement la nourriture que rien ne m'arrêterait normalement dans cette activité, et la chose me fait rire. En ce moment, je me sens si comblée, si heureuse, que je n'ai même pas faim. Je vais manger parce que j'adore ça (je suis française, après tout), mais qu'est-ce que ça me prend du temps ! C'est probablement la salade la plus lente que j'aie jamais faite, mais, vous savez quoi ? Des idées me viennent en ce moment même et je ne dois pas en interrompre le flot.

Il faut savoir se saisir de l'instant présent et en "presser" le jus, et s'"il" sort, alors "il" est pour vous, peu importe de quoi "il" s'agit. Il m'est d'ailleurs arrivé la même chose plus tôt dans la journée, dans le métro : j'en ai loupé trois arrêts. J'ai ensuite arpenté les couloirs sans retrouver mon chemin, car j'écrivais sur mon iPhone. Les idées coulaient de source. Ça a même commencé plutôt, à la salle de gym, et depuis ça n'arrête pas. Bref, il faudrait quand même que je finisse ma salade...

PARTAGEZ VOTRE SAVOIR DE LA FAÇON QUI VOUS CONVIENT

Je ne suis pas en train de vous dire d'écrire un livre, ni que l'objectif soit d'écrire et de partager vos connaissances sous cette forme. Ce dont je suis convaincue, c'est que nous avons tous quelque chose d'unique à offrir aux autres et que c'est là l'essentiel. Certains d'entre nous écrivent un journal, ce qui est très thérapeutique. D'autres ont un blog, afin de communiquer leurs réflexions en ligne, ce qui est parfois surprenant. Il y a aussi la vidéo. Je mets de nombreuses vidéos sur YouTube, et j'adore ça. À ce jour, j'en ai mis des centaines – des vidéos de mon journal – dans lesquelles je ne fais que raconter au jour le jour ce qui m'arrive, et je vais continuer de le faire, car cela fait partie de mon « Défi de 100 jours pour tester les lois de l'univers » (*http://www.CoCreatingOurReality.com*).

Ce que je veux dire, c'est que nous devons partager nos connaissances avec autrui, sous la forme qui nous convient, d'autant que la technologie rend cela plus facile. Si c'est un livre, c'est un livre. Si c'est un autre média, c'est un autre média. Regardez les artistes : ils expriment leurs dons uniques à travers leur art. Certains le font en écrivant. Je n'étais pas une auteure très douée, mais il fallait que je sorte de cette ornière. J'ai plusieurs fois essayé d'écrire un livre, ces dernières années, mais je pense que ce n'était pas le moment. De plus, j'avais toujours en moi une petite voix qui me disait que je serais incapable d'écrire... Que l'anglais n'était pas ma langue maternelle première et que je ne pouvais donc pas écrire dans cette langue. Tant de raisons me retenaient. Mais maintenant, le timing me semble bon et je suis prête, et j'ai l'impression que les gens sont eux aussi prêts à entendre ça. Qu'est-ce que c'est agréable ! Je ne laisserai pas mes peurs m'empêcher d'écrire. C'est trop important. J'ai découvert que, dans mon cas, la meilleure façon de faire consistait à parler dans ce petit appareil, debout dans ma cuisine. C'est ce système que j'ai attiré à moi et ça me convient tout à fait. Quand je me retrouve face à une page blanche, eh bien je n'y arrive pas.

Alors, quel que soit le domaine qui vous passionne, quoi que vous visualisiez, quoi que vous ayez envie de faire, vous ne devriez vous préoccuper que de ce qui vous fait du bien et laisser les choses « se produire » d'elles-mêmes. Demandez à être guidé et vous verrez venir à vous le bon moyen de communication et les bonnes personnes. Faites l'essai ! Tentez votre chance !

JE NE SACRIFIE PAS LE CHOCOLAT

Le soir même de mon licenciement, je me suis rendue à une fête d'amateurs d'aliments crus, pour fans de chocolat, qu'organisait Peter Pure. Je me suis dit, « Je ne vais pas tout annuler sous prétexte que j'ai été licenciée ! », et je suis bien contente d'y être allée quand même. J'ai vécu là un changement important, à cet instant précis. Je me suis dit, « Tu sais quoi ? Je vais quand même y aller, au lieu de commencer tout de suite à chercher du travail. » Je m'y suis donc rendue et j'y ai rencontré des gens formidables. J'ai passé une excellente soirée. J'adore le chocolat et Peter est quelqu'un de très érudit qui nous a donné beaucoup d'informations sur l'importance de la nutrition. Cette soirée chocolat cru m'a fait du bien et m'a aidée à m'aligner sur ce qui me passionne, au lieu de rester fixée sur la nouvelle qui venait de tomber et les changements à venir. Je ne suis pas une victime. J'ai donc immédiatement changé d'état d'esprit, pour honorer ce que je suis. Je me suis dit, « Je mérite cela. Cette soirée va me faire du bien. C'est donc ça que je dois faire. Pourquoi ne pas me faire plaisir ? Je n'ai rien fait de mal. Je n'ai aucune raison de me punir. Il est temps pour moi de vivre, de prendre plaisir à goûter une sauce au chocolat et de rencontrer de nouvelles personnes. »

PAS D'EXCUSES : LA SYMBOLIQUE D'UNE BOÎTE D'INFUSIONS

Impressionnée par tout ce que Peter Pure avait mis dedans, j'ai acheté une boîte d'infusions ce soir-là. Il y en avait dix variétés différentes : la camomille (pour la relaxation), le Pau d'Arco (antifongique), l'échinacée (immunostimulant), le millepertuis (antidépressif), l'euphraise (pour traiter la fatigue des yeux), la feuille de Gingko biloba (pour stimuler l'intelligence, la concentration et la mémoire), le thé vert (antioxydant), la menthe poivrée (qui stimule l'appétit et facilite la digestion) et l'ortie (anti-inflammatoire). Il y avait tout cela dans cette boîte. Oui, j'ai hésité à l'acheter, car cela m'a coûté à peu près 100 £, ce qui représentait une sacrée somme à dépenser, quelques heures seulement après avoir été licenciée ! Mais ça me semblait juste et je suis bien contente de l'avoir fait car, en contemplant toutes ces plantes aromatiques que je bois depuis ce matin, je me rends compte qu'elles m'autorisent à vivre pleinement mon potentiel. En tant qu'êtres humains, il nous arrive tous de penser que nous ne sommes pas assez intelligents, que nous n'avons pas une bonne mémoire ou que nous sommes stressés. En réalité, ce ne sont que des excuses, et cette boîte d'infusions m'aide à éviter ce piège-là, car j'absorbe ainsi quelque chose qui le déjoue. On pourrait dire qu'elle me fournit une « excuse » pour exprimer pleinement tous mes talents d'un coup !

VOTRE INTUITION NE VOUS TROMPE PAS : QU'EST-CE QUI VOUS FAIT DU BIEN ?

Parfois, on se retrouve à faire des choses qui vont nous aider d'une manière inattendue, pour la simple et bonne raison qu'elles nous font du bien sur le moment. Même si on ne le comprend pas forcément d'une manière logique, dans notre cerveau, on le percute à un autre niveau. Sur le moment, je n'ai pas acheté cette boîte d'infusions en me disant, « Oh, je dois absolument faire cela pour... ». Non, je n'ai pas fait ça « dans le but de... » ; je l'ai fait simplement pour me sentir bien. J'ai acheté cette boîte parce que ça me semblait juste sur le moment et parce que je m'intéressais plus particulièrement à l'une de ces plantes – le Gingko biloba – puisqu'elle stimule le cerveau, la mémoire et l'intelligence, et que je me disais toujours, « Oh, j'ai une mauvaise mémoire ». Désormais, ma boîte d'infusions remplit bien son but, cela faisait partie du plan. Je suis bien contente de ne pas avoir résisté à me l'acheter !

OFFREZ-VOUS CE QUI VOUS FAIT DU BIEN...

Voilà où je veux en venir : ne vous privez pas de tout, sous prétexte que vous avez perdu votre emploi ou que nous sommes en pleine crise économique, qu'il faut être prudent et faire des économies ou que vous avez épuisé vos cartes de crédit. Je ne suis pas en train de vous dire que vous devez dépenser pour dépenser – si cela ne vous fait pas plaisir, *ne dépensez pas* – mais je viens juste de m'inscrire à un centre de fitness à Kensington qui coûte pratiquement 100 £ de plus par mois que celui d'avant. Ça fait beaucoup d'argent, surtout à un moment où vous pourriez me recommander d'être économe, mais je suis bien contente de l'avoir fait. Comme je n'ai plus d'emploi, je savais que j'aurais du temps de libre et qu'il était important qu'une partie de ce temps-là soit *de qualité*. Je tenais également à m'assurer que je resterais active, que je ne me retrouverais pas toute seule à la maison à déprimer de plus en plus. J'ai préféré trouver le moyen de garder un bon moral et de rester en forme.

... ET ÉCONOMISEZ DANS D'AUTRES DOMAINES

Malgré tout, j'ai fait attention, lorsque je suis allée au magasin bio après m'être inscrite dans ce centre de fitness. J'ai acheté quelques avocats et bananes bio, mais je n'ai pas dévalisé tout le magasin, comme je le fais d'habitude. J'étais néanmoins très contente de mes achats, puisque ce sont les aliments que je préfère. (Si j'avais dévalisé tout le magasin, je me serais sans doute sentie mal après coup.) Les 49 £ que j'aurai à régler pour le centre de fitness, pour le restant du mois, correspondent sans doute à ce que j'ai économisé en n'achetant rien d'inutile au magasin bio. Oui, j'aurais pu faire plus d'achats, mais je n'en avais pas besoin, puisqu'il me restait des choses dans le frigo. Ç'aurait été une dépense inutile, alors que le centre de fitness... oui, c'est cher, mais il comprend une piscine et de très beaux équipements. Je me sens super bien chaque fois que je m'y rends.

Avant, j'allais à celui qui se trouve à Regent Park, à côté de mon ancien travail, mais franchement, il ne m'a jamais plu. Je n'y allais en traînant les pieds qu'une à deux fois par semaine. À Chicago, je me rendais au East Bank Club, dans ce lieu magnifique où Barak Obama et Oprah Winfrey allaient eux-mêmes faire de l'exercice, et continuent de le faire quand ils reviennent dans cette ville. Avec ses 11 000 membres, je crois que c'est tout simplement le plus grand club de ce genre au monde, si Doubaï n'en a pas créé un plus grand depuis ! Il ressemble à un club de loisirs, tout simplement hallucinant, et je dois dire qu'il me manque. Il m'a fallu un certain temps avant de trouver mes repères – cela fait six mois que je suis partie des États-Unis, maintenant – et je suis bien contente d'avoir attiré cette nouvelle salle et de ne pas avoir dû modifier mes plans à cause de mon licenciement.

EN AVANT, NON PAS EN ARRIÈRE

Je déménage dans dix jours, du côté d'Earl's Court, et je me demandais si je ne devais pas y réfléchir à deux fois... et peut-être revenir en France, mais je me suis dit que, non, ce ne serait pas une bonne idée ! Je me rappelle l'époque juste après l'université où j'avais toujours ma mère sur le dos, espérant que je me trouve un emploi. Je ne lui reproche rien, mais cela m'a poussée à partir aux États-Unis, car je finissais par me dire que c'était *elle* qui m'empêchait de trouver un travail. Je m'étais dit : « Je ferais mieux de partir et de vivre ma vie, et alors je parviendrai à trouver l'emploi auquel j'aspire ».

Aujourd'hui, je n'ai pas envie de repasser par là. J'ai bien appris ma leçon.
N'allez pas mal me comprendre. J'adore ma mère. Elle est ce qu'il y a de plus précieux dans ma vie. C'est une femme étonnante. Je l'aime infiniment. C'est la personne la plus aimante, la plus généreuse, la plus élégante et la plus sociable que j'ai jamais rencontrée. Mais, à l'époque, elle représentait pour moi un obstacle. Je n'ai pas été très correcte envers elle, mais la vie m'a conduite aux États-Unis et ce fut pour moi une expérience étonnante.
...Voilà donc comment je suis arrivée aux États-Unis et – je le dis sans regret – j'y ai vécu huit ans. J'avais un statut d'indépendant. Je me suis bien amusée. J'ai rencontré des gens étonnants, comme mon meilleur ami Daniel Moore qui vit en Floride, ou Hank Andries qui réside désormais dans le Michigan. J'ai également fait la connaissance d'Oprah Winfrey qui m'a indiscutablement poussée à vivre en allant au bout de ma passion. (C'est quelqu'un que j'admire beaucoup.) Là-bas, j'ai pu lancer une émission de télévision. Je me suis mise à l'alimentation crue et j'ai appris énormément de choses. J'ai été capable d'organiser des séminaires, j'ai rencontré Laura et Sandy avec qui j'ai fondé « Co-Creating Our Reality » ainsi que le « Défi de 100 jours… ». C'est aussi là-bas que j'ai commencé à mettre des vidéos sur YouTube. Les États-Unis ont été pour moi une expérience extrêmement enrichissante.
Rien de tout cela ne serait arrivé si n'avait éclaté ce conflit entre ma mère et moi, à la fin de mes études universitaires. Mais aujourd'hui, à 31 ans, je ne pense pas que ce serait une bonne chose que de retourner chez mes

parents. Je suis désormais adulte. Je tiens à assumer la pleine responsabilité d'où je vis et de ce que je fais. Je vais donc concrétiser mon projet de déménager à Earl's Court dans quelques semaines. J'aime beaucoup ce nouveau logement et le loyer qui m'est demandé me va tout à fait. J'ai foi dans le fait que les choses se déroulent comme il faut et que je trouverai le soutien financier dont j'ai besoin. Je conserve et cultive une mentalité d'abondance. Si je me sens bien, c'est également parce que j'ai quelques réserves qui me permettront de tenir quelques mois, donc j'agis aussi de manière responsable. La responsabilité est très importante à mes yeux. Bien que je dise qu'il est nécessaire de s'en tenir aux plans qu'on élabore quand on se sent bien, je n'affirme pas pour autant qu'il faille dépenser sans compter, abuser de ses cartes de crédit et se retrouver endetté.

LE POUVOIR DES DÉCLARATIONS

Mais j'aime vraiment ce nouveau logement. Le simple fait de penser que je vais bientôt y emménager me fait du bien. Je me réjouis tellement de déménager d'ici peu.
Sur une de mes vidéos, j'avais précisé exactement le genre d'appartement que je recherchais, et celui que j'ai trouvé correspond à toutes mes exigences. Il a un plafond élevé, de grandes fenêtres, une cheminée, beaucoup de place pour des armoires, tout en étant situé au centre (pas très loin de South Kensington). Donc, je vais de l'avant. Voilà le lieu physique que j'ai attiré à moi, quand je me sentais bien dans ma peau. C'est l'appartement que j'ai manifesté dans ma vie en exprimant simplement

ce que je voulais, à quoi il devait ressembler, et comment je m'y sentirais. J'avais décrit chacun de ses détails. Alors, quand je l'ai visité, j'ai su que c'était celui-là. Il m'a suffi de voir la porte d'entrée pour savoir que c'était le bon. Le loyer correspondait également à ce que je souhaitais payer, aussi ai-je immédiatement dit oui. Mon ex-colocataire se moquait de moi de ne serait-ce qu'envisager de trouver un tel lieu à Londres, à ce prix-là, mais je savais que j'y parviendrais. J'avais un plan fondé sur la Loi de l'Attraction, un moyen de faire sortir le génie de sa lampe à huile et de formuler un souhait : « Ton vœu sera exaucé ! » et boum, c'est fait. J'adore ça. J'ai mis sur YouTube (*youtube.com/liloumace*) de nombreuses vidéos sur mes aventures avec la Loi de l'Attraction, qui vont de ma rencontre avec Oprah Winfrey à la façon dont j'ai attiré 20'000 $, en passant par l'attraction d'une jolie décapotable et de nouveaux clients. Allez faire un tour sur ma chaîne, vous y trouverez tout cela. Si, à ce stade, vous doutez encore de l'efficacité de l'application consciente de la Loi de l'Attraction, allez immédiatement visionner ces vidéos !

LE TEMPS PASSE VITE QUAND ON S'AMUSE

J'ai fini de découper mes avocats et mes poivrons, mais je vais m'arrêter là. Il est maintenant 16 h. Bon sang ! Le temps file, mais tout cela est très productif et très excitant.

LA VIE EST UNE RECETTE

Je crois que la vie ressemble à une recette. On y ajoute un ingrédient à la fois. J'étais contente d'avoir mis ces avocats, puis les poivrons rouges, et maintenant je rajoute du basilic, mais je ne sais toujours pas à quoi ressemblera finalement cette recette. Par contre, je suis sûre qu'elle aura bon goût et qu'elle sera agréable à déguster. Il en va de même de l'existence. On y ajoute également un ingrédient à la fois. Je crois qu'il est important de ne pas se laisser submerger par des pensées du genre, « Oh, il faut absolument que je réussisse cela ! » ou « Quelles seront les conséquences si je fais ceci ? ». Suivez simplement le cours des choses et ajoutez un ingrédient à la fois.
S'agissant des ingrédients, précisément, je les choisis, je les tâte et, s'ils sont agréables au toucher, je les coupe en morceaux. Si je sens que tel ingrédient va faire du bien à mon corps, et qu'il se mariera bien avec tous les autres, je l'ajoute à ma recette. Il est important de savoir ce que vous voulez, mais il arrive que la vie prenne un tour inattendu et vous devez alors avoir foi. Vous ne discernez peut-être que le prochain ingrédient, mais votre recette progresse quand même ! Donc, vous ne vous arrêtez pas en cours de route. Vous la goûtez. S'il manque du sel, vous en ajoutez un peu, n'est-ce pas ? J'ai le sentiment qu'il en va de même dans la vie ! Si vous avez pris l'engagement de trouver un emploi qui vous fera du bien, qui correspond à ce que vous voulez, alors les choses viendront à vous, une à la fois. Vous rencontrerez les bonnes personnes, vous trouverez les bons ingrédients,

vous concocterez une recette formidable et vous dégusterez un merveilleux repas... c'est-à-dire une vie savoureuse.

METTEZ CES CHAMPIGNONS À LA POUBELLE !

Quand vous préparez un repas, comme dans la vie, vous tombez sur divers ingrédients potentiels qui ne sont pas tous appropriés. Par exemple, je regarde en ce moment des champignons. Franchement, ça fait un moment qu'ils sont dans mon réfrigérateur et ils étaient déjà bruns quand je les ai achetés. Bien que j'aie envie de les ajouter à ma salade, chaque fois que j'en coupe un en morceaux, je ressens un malaise. Ces champignons peuvent représenter quelque chose qui est sur le point d'arriver ou qui s'est déjà produit dans votre vie, quelque chose qui a pourri à l'intérieur. Ce n'est pas ce qu'il vous faut, mais vous le mettez quand même dans votre salade, vous l'acceptez malgré tout. Alors, je vous dis : « Prenez ces champignons et jetez-les à la poubelle ». Si ça ne vous paraît pas une bonne chose de les ajouter, inutile de poursuivre. Personne ne vous forcera à les manger, alors mettez-les à la poubelle !

Oui, on nous a appris qu'agir ainsi était du gaspillage, mais vous savez ce qui est encore plus du gaspillage que cela ? De cultiver des sentiments négatifs à votre sujet. Vous êtes important dans ce monde. Vous avez une mission unique que personne d'autre ne peut remplir. Vous avez en vous quelque chose de spécial à exprimer. Par conséquent, si vous faites quelque chose qui ne vous fait pas du bien, c'est à nous tous que vous faites du tort.

J'aimerais que vous y réfléchissiez sérieusement. Alors, empoignez ces champignons pourris actuellement présents dans votre vie, et, que vous ayez ou non commencé à les manger, mettez-les immédiatement à la poubelle !

CE QUI EST DUR EST BIEN ?
CE QUI EST BIEN EST DUR ?

Enfin, il me reste aussi ces piments... J'envisage d'en mettre un dans ma salade : ce petit machin est si relevé que je vais me brûler la bouche ! Mais, vous savez quoi ? Il faut bien que j'épice un peu ma salade et ce piment va être un stimulant, il va me faire du bien ! Il contient beaucoup de vitamine C. Ce que je veux dire, c'est qu'on a parfois envie d'ajouter des choses qui seront un peu dures à gérer, parce qu'on sait que ça a de la valeur et que ça nous fera du bien à long terme. Ça vaut donc la peine de les couper en petits morceaux et de les ajouter à notre salade.

Je vais donc hacher menu ce piment ; rien ne m'oblige à le couper en gros morceaux. Il en va de même dans la vie : face à des choses qui sont dures, mais dont vous savez qu'elles vous feront du bien, coupez-les en petites parties, ou segmentez votre temps pour en faire un petit peu à la fois. C'est le cas par exemple de l'activité sportive. En ce moment j'ai du mal, parce que je ne suis plus en forme, car cela fait un moment que je ne m'entraîne plus. Mais je sais que je dois accepter ces difficultés, parce que je me sens super bien après chaque entraînement et que cela va accroître ma confiance en moi. J'en retire d'immenses bénéfices, alors je vais commencer par de courtes séances et en augmenter lentement la durée.

ANNULEZ VOS PENSÉES NÉGATIVES

Vous avez remarqué que j'ai dit « augmenter lentement » ? Ce sont là les mots que j'ai utilisés. Faites très attention à ce que vous dites, car vos paroles forgent votre réalité. Mes propres termes exprimaient le fait que les choses allaient se faire *lentement* ; mais en formulant les choses ainsi, je me forge cette réalité-là. Alors, non ! J'annule cette pensée. Je me dis, « Annulation ! Annulation ! », puis, je crée autre chose pour que cette pensée négative ne reste pas là. Car cette pensée risque d'en entraîner une autre, puis d'autres encore... Mais je suis au top, je suis lancée... et je souhaite attirer très rapidement le job de mes rêves et pouvoir monter ce projet, c'est pourquoi j'annule aussitôt cette pensée négative.

UN BON ENVIRONNEMENT FAVORISE LA CRÉATIVITÉ

Vous savez ce qui est encore plus intéressant ? C'est que toutes ces pensées me viennent alors que je cuisine et que, chose amusante, mon père est chef cuisinier et a lui-même rédigé un ouvrage voici quelques années, même s'il n'a jamais été publié. (Je devrais en réalité parler d'un manuscrit.) *L'art de cuisiner zen* traite précisément de la manière de palper et de sentir les ingrédients, et de choisir vos aliments en fonction de votre état intérieur. Ce texte explique comment suivre son intuition et laisser les besoins de son corps et sa propre créativité prendre le relais ! Papa est un chef particulièrement doué et, si ça se trouve, si les idées me viennent si facilement maintenant, c'est simplement parce que je suis dans mon environnement naturel. J'ai grandi en le regardant cuisiner et j'aime beaucoup la nourriture. ...Ou c'est peut-être simplement parce que je suis française ! Quelle que soit la bonne raison, je considère tous ces légumes comme une métaphore d'un aspect ou d'un autre de ma vie. C'est étonnant.

UNE PORTE SE REFERME, D'AUTRES S'OUVRENT

Au centre de fitness, tout à l'heure, j'étais en train de m'entraîner quand certaines idées me sont venues à l'esprit. D'autres ont suivi après l'entraînement : j'étais en peignoir, toute détendue, en train de me sécher les cheveux, et il me venait une pensée après l'autre. J'ai d'ailleurs paniqué : « Oh, mon Dieu ! Je dois absolument tout arrêter pour trouver un ordinateur et me mettre à écrire ». Ensuite, je me suis rappelé qu'il y avait quelques iMac dans le club, or j'adore ces machines, alors je me suis dit que ce serait l'idéal et que je pourrais tout simplement aller taper mes idées sur l'un ou l'autre de ces ordis. J'ai donc commencé à travailler sur l'un de ces iMac. Mais il était lent. J'en ai alors essayé un autre, en me disant qu'il fonctionnerait peut-être mieux, mais je n'arrivais pas à ouvrir Internet Explorer. Je me suis alors dirigée vers un troisième Mac qui a planté, mais là je les avais

tous essayés ! Il m'a fallu passer par trois ordinateurs avant de rendre compte que ce n'était ni le bon endroit, ni le bon moment. J'ai ensuite essayé d'utiliser mon iPhone, puisque le flot d'idées ne s'interrompait pas, et j'ai commencé à prendre des notes dessus, grâce à la fonction calepin. Ne prêtant aucune attention à l'endroit où j'allais, je m'arrêtais tous les 10 m dans le métro, et j'ai fini par me perdre.
Maintenant que je suis rentrée, et que mon colocataire n'est pas là, je peux à nouveau utiliser mon petit enregistreur audio pour y déverser oralement mes pensées. Le papier ne me va pas : la seule pensée d'une page blanche m'a toujours empêchée d'écrire un livre.

DES MÉTHODES UNIQUES POUR DES GENS UNIQUES

Je me rappelle que Neale Donald Walsch écrivait sur un calepin, ligne après ligne, mais ce n'est vraiment pas une solution pour moi. Parfois, on se laisse piéger par la façon dont les autres s'y prennent. Ne vous dites pas que vous devriez faire les choses comme les autres. Si nécessaire, innovez et prenez-vous-y d'une manière originale, à votre façon. Nous avons tous notre propre manière de faire les choses. Si vous essayez de faire quelque chose de nouveau ou de trouver une idée, et que vous vous y prenez de la même façon que les autres, les résultats risquent d'être les mêmes... ou pire. Le truc consiste donc à affiner les choses jusqu'à découvrir ce qui vous convient le mieux. Quand vous y serez parvenu, tout ira de soi, comme pour moi avec ce petit enregistreur audio.

J'adore travailler comme ça. Je n'en reviens pas que je parvienne à m'exprimer si facilement. Mes idées s'organisent spontanément.

L'IMPORTANCE DE RÊVER (EN GRAND !)

Les gens me disent parfois : « Oh, tu rêves en grand. T'es vraiment une rêveuse. Mais tes rêves sont démesurés. » Oui c'est vrai, je rêve, mais non : ce n'est pas un tort. Je crois au contraire que c'est l'une de mes plus grandes forces. Si je ne rêvais pas, ma vie serait aujourd'hui parfaitement ennuyeuse. Je n'envie pas les gens qui se contentent d'exister, en suivant les bonnes vieilles ornières de pensée, sans jamais sortir de leur zone de confort.
C'est parce que je rêve que je suis allée aux États-Unis. C'est parce que je rêve que j'ai débuté ma propre entreprise à l'âge de 24 ans. C'est également parce que je rêve que j'ai osé dire que je voulais rencontrer Oprah Winfrey. Et c'est bien parce que je rêve que je l'ai rencontrée en personne, et qu'elle m'a poussée à lancer ma propre émission de TV à Chicago. C'est parce que je rêve que j'ai monté une équipe de bénévoles pour réaliser cette émission. C'est encore et toujours parce que je rêve que je me trouve actuellement au Royaume-Uni, que je partage ces pensées avec vous, que j'ai écrit ce livre qui aura un impact sur votre vie, et que j'aiderai des millions de gens à vivre une vie épanouissante. C'est parce que je rêve... C'est parce que je rêve... C'est parce que je rêve.

PERMETTRE AUX RÊVES DE SE RÉALISER

Je ne me contente pas de rêver, je permets aussi à mes rêves de se réaliser, en posant des actes qui me font du bien et qui sont alignés sur ces rêves.
Nous avons tous de nombreux rêves, et pas qu'un seul. Certains d'entre eux sont certainement plus importants que d'autres, et il y en a qui ne nous lâchent pas.

LIBÉREZ VOTRE « PUISSANCE INTÉRIEURE »

Je sais que je ne peux pas être toujours positive, que j'ai également des pensées négatives. Parfois, lorsque je fais publiquement part de mes ambitions, quelque chose en moi prend peur... Vous voyez ce que je veux dire ? Certains disent que c'est le trac. Vous savez, quand on sort de sa zone de confort, tout en sachant que c'est bien. Même si le sentiment que c'est juste prédomine, même si ce n'est pas « désagréable » en tant que tel, il n'en demeure pas moins que cette situation vous effraie, qu'elle vous terrifie !
Voilà exactement la direction dans laquelle vous devriez aller maintenant, car elle vous conduira vers quelque chose d'encore plus grand.
Si je n'avais pas osé affronter mes peurs, je ne serais jamais allée si loin dans la vie, je ne me serais jamais autant exposée, ce qui m'a pourtant permis de profiter de situations très stimulantes, et je peux vous dire que j'en ai vraiment profité. J'appelle ça vivre une vie excitante : une vie passionnée, qui a un but.
Je me souviens de cet atelier que j'ai suivi avec Anthony Robbins (*Libérez votre puissance intérieure*) à Orlando,

voici quelques années, et en particulier de la marche sur le feu qu'il nous a fait faire, après nous avoir appris à nous conditionner avant de poser les pieds sur les braises. Nous devions nous visualiser de l'autre côté de ce tapis brûlant, heureux d'avoir réussi cette épreuve. Il nous fallait célébrer notre victoire par avance. Je me rappelle le geste de pouvoir qu'il nous a enseigné, afin d'élever notre niveau d'énergie en quelques secondes. Et ça a marché ! J'étais très admirative de cet exploit. Je n'ai pas triché ; je me suis conditionnée et je l'ai fait ! Ce fut une expérience incroyable qui m'a ouvert l'esprit. Je n'oublierai jamais cette nuit-là, où j'ai libéré une partie de ma « puissance intérieure ». Je continue d'utiliser ces techniques de visualisation et d'élévation de l'énergie, que ce soit pour des interviews, des auditions ou des rencontres. En un mot, chaque fois que j'ai besoin d'atteindre mon potentiel maximal. On peut se conditionner pour gagner, comme le font les athlètes.

QU'EST-CE QUI VOUS BRANCHE ?

J'adore les caméras vidéo. J'aime bien me retrouver face à une caméra – sans personne devant moi – c'est quelque chose qui me va bien. Ce n'est pas forcément pour tout le monde. Je ne me sens pas à l'aise devant 10 000 personnes, mais ça viendra certainement un jour ! Je suis terrorisée à l'idée de parler en public. Je m'y suis essayée plusieurs fois. J'ai effectivement envie de partager mes connaissances avec des millions de personnes, mais pour l'instant, la solution pour moi ne consiste pas à m'exprimer en public.

Et vous, qu'est-ce qui vous branche ? Nous avons chacun nos préférences. Réfléchissez à ce que cela peut être dans votre cas... à ce qui vous fait du bien. Dressez même la liste de tout ce qui vous fait du bien dans la vie. Dans mon cas, je me sens bien devant une caméra, je me sens bien sur Internet, je prends plaisir à sociabiliser, à voyager, à organiser des événements. Je me sens aussi bien quand je fais mon journal par vidéo. Je me sens super bien quand je dis, « J'ai envie de permettre à des millions de gens d'accéder à leur pouvoir ». Ça sonne juste. Je me sens bien quand je me promène dans la nature, quand je vais à mon centre de fitness, quand je mange des aliments crus... Faites maintenant votre liste à vous ! Allez-y, jusqu'au bout.

FAIRE LA BONNE CHOSE AU BON MOMENT

Il arrive dans la vie qu'on nous donne des choses pour lesquelles nous ne sommes pas encore vraiment prêts. Par exemple, un livre : vous en commencez la lecture parce que quelqu'un (peut-être moi) vous l'a recommandé : « Ce livre l'a aidée. Je vais me le procurer et je vais certainement y trouver des choses utiles. » Eh bien, vous savez quoi ? Vous avez peut-être ce livre dans les mains – je ne parle pas du mien, car je suis sûre que vous avez plaisir à le lire ! – disons plutôt que c'est un autre livre... OK, même si c'est mon livre, si vous avez de la difficulté à le lire, mettez-le de côté pour l'instant et attendez. Si vous n'êtes pas content de le lire, arrêtez-vous pour l'instant et revenez-y plus tard. Le bon moment viendra. Je n'ose même pas vous dire combien de livres j'ai commencés que je n'ai finis qu'un mois plus tard, voire parfois deux ou six ans plus tard. Il y en a d'autres dont j'achève la lecture en quelques heures ou en un jour, parce que c'est le moment que je les lise. J'espère que c'est ce que vous ressentez avec mon livre en cet instant, qu'il vous semble juste pour vous et que ce que j'écris là est exactement ce que vous avez besoin d'entendre. Si c'est le cas, je vous invite à le partager avec d'autres personnes.

ON DEMANDE DE TOUTE URGENCE DE NOUVELLES FAÇONS DE PENSER

La crise économique nous amène à prendre conscience que la vie est avant tout *collaboration*, qu'il s'agit de s'aider les uns les autres ; pas question de garder les informations pour soi. Il est temps que nous apprenions, en tant qu'êtres humains, que nous sommes très puissants. Actuellement, tout est complètement remis en cause, en raison de la crise financière. De vieilles façons de penser sont en train de s'effondrer et de se désintégrer. Nous devons réapprendre ce que signifie être humain et redécouvrir la manière dont nous devons fonctionner. Et c'est maintenant qu'il faut le faire !

VOUS ÊTES SUR LA BONNE VOIE !

Je tiens à vous féliciter d'avoir choisi ce livre, car vous vous trouvez ainsi à la pointe de la nouvelle façon d'envisager ce que signifie être un être humain puissant. Le fait que vous en soyez là illustre la façon dont les choses fonctionnent. Vous avez fait un choix, ou quelqu'un l'a fait pour vous, en vous offrant ce livre. Quel que soit le cas, le fait que vous le lisiez suggère que vous avez l'espoir qu'on peut changer les choses. C'est extraordinaire que vous en soyez là. Je voudrais que vous vous félicitiez également pour cela. Il est important d'en vouloir davantage, dans la vie. Ensuite, l'étape suivante consiste à revendiquer ce que vous voulez, et ainsi vous l'obtiendrez !

VOULEZ-VOUS VOUS JOINDRE À MOI ?

De plus en plus de gens ont cette même prise de conscience – sur la façon dont les choses marchent – et j'aimerais vous demander d'être mon ou ma partenaire, pour m'aider à faire passer le message. Peut-être que quand vous parlerez de ce livre à certaines personnes, ou que vous vous leur offrirez, elles diront, « Quoi ? Je n'y comprends rien ! ». Ou alors, elles le liront avec enthousiasme, sans pour autant le mettre en pratique. Mais il sera en leur possession. Peut-être le mettront-elles de côté durant un temps, avant d'y revenir plus tard, quand le moment sera opportun. Il faut être prêt et avoir envie de recevoir ce genre d'informations.

Je ne crois pas qu'il faille imposer quoi que ce soit aux autres. Par le passé, quand je voyais que quelqu'un ne s'intéressait pas à la Loi de l'Attraction, je lui imposais quand même une conversation à ce sujet. Puis, j'ai remarqué que certaines personnes étaient prêtes, et d'autres non. Aujourd'hui, forte de ce que je sais et de la façon dont je progresse dans la vie, je me dis que je vais attirer les gens qui ont envie d'en savoir plus à ce sujet.

Ces jours-ci, par exemple, je remarque dans le métro londonien des gens qui lisent *Le Secret*. À la façon dont certains me parlent, je devine qu'ils « cocréent » leur vie, comme j'appelle ça. Ceux qui ne sont pas prêts aujourd'hui se réveilleront un autre jour. Chacun d'entre nous a une histoire différente et un timing différent.

D'ABORD LA SALADE, PUIS MA MÈRE

Je viens d'avoir ma mère au téléphone, qui avait envie d'une bonne discussion. Je me réjouis de lui parler, mais pour l'instant il faut que je mange. On a tout à fait le droit de dire non, même aux personnes qu'on aime. Dans la vie, j'estime qu'il est aussi important de dire OUI que NON ; et parfois les NON sont encore plus importants ! Les gens comprendront, du moment que vous restez ouvert. Restez humain et dites-leur ce que vous vivez. Donc, pour l'instant je vais manger ma salade, avant que ma mère me rappelle.
Pour l'instant, j'ai besoin de me nourrir et d'enregistrer ce message, avant de parler à ma mère. Elle m'a dit, « Dans dix minutes, pas davantage ». Et je lui ai répondu, « D'accord, maman ! ». On doit savoir ce qu'on veut. Quand elle me rappellera, je serai totalement avec elle. Apprenez à prendre du temps pour vous et à dire non. Il n'y a aucun mal à cela.
Chacun a son emploi du temps et ses priorités. Chacun s'occupe d'abord de soi, quoi qu'en disent certains, c'est pour cela qu'ils peuvent interférer dans votre vie à vous, que ce soit votre mari, votre frère, votre belle-mère ou votre patron. Ils vous imposent leurs propres histoires et

il vous faudra donc être solide comme le roc pour leur faire comprendre que vous avez besoin de temps pour vous et que vous devez parfois vous donner la priorité à vous-même. Je ne suis pas en train de vous dire de ne pas aider les autres. Aidez-les, bien sûr, mais commencez par vous doter de ce dont vous avez besoin.

LE POUVOIR DES INTENTIONS

C'est drôle, la façon dont les gens s'inquiètent à votre sujet : « Que se passe-t-il ? Tu n'as pas encore mangé ! Y a-t-il un problème ? ». Maintenant maman va me questionner, car je viens de lui dire que j'ai été licenciée. Elle va me poser toutes sortes de questions du genre, « Qu'est-il arrivé ? Comment vas-tu t'en sortir ? ».
STOP ! Il faut que je pose une intention avant de discuter avec elle.
C'est une technique très efficace. Ça permet par exemple de créer le cadre d'une rencontre. Vous pouvez également l'utiliser pour déterminer le contexte de votre vie ou pour une saison consacrée à un « Défi de 100 jours pour tester les lois de l'univers ». J'en suis personnellement à ma 11e saison, pour laquelle mon intention était que ma vie soit « savoureuse », de sorte que tout ce qui ne l'est pas est éliminé d'office. C'est une manière concise de dire que je souhaite *m'amuser*, vivre de manière *délibérée* et avec *passion*. L'objectif de cette saison est vraiment que ma vie devienne savoureuse – comme vous pouvez le constater à ce que je vous en ai dit jusqu'ici – et je suis sûre que des choses encore plus savoureuses sont sur le point de m'arriver !

Pour revenir à mes moutons, l'intention que je pose maintenant est d'avoir une conversation agréable avec ma mère. Je veux qu'elle sente au plus profond d'elle-même que je contrôle la situation.

SORTIR DU PLACARD

Je ne vais pas lui dire que j'écris un livre, car cela ne va pas arranger mes affaires. Je préfère ne pas en parler, car elle me dit toujours que je suis une rêveuse. C'est à moi de choisir avec qui je partage mes rêves.
J'ai confié à Paul, un homme que j'ai rencontré tout récemment, le fait que j'avais été licenciée. Je suis « sortie du placard ». J'avais besoin, pour commencer, d'en parler à quelqu'un de pratiquement inconnu ; je ne souhaitais pas que ce soit un ami. Nos amis veulent toujours le meilleur pour nous – oui – mais il leur arrive d'exprimer leur sollicitude de manière maladroite ; ils sont animés de bonnes intentions, mais ils veulent nous protéger, ce qui n'est pas toujours indiqué. Personnellement, je crois qu'il est bon d'avoir recours à un coach, de solliciter une aide professionnelle, parce que ces gens-là sont impartiaux. Je ne me sentais pas bien d'avoir perdu mon emploi et il m'était plus facile de commencer par le dire à un inconnu. J'ai cofondé une communauté qui comprend aujourd'hui des milliers de membres, et l'idée d'être à la tête d'un tel groupe, tout en ayant perdu mon travail, me mettait mal à l'aise. Il fallait donc que je prenne la décision consciente d'exposer les faits.
...Mais j'ai toujours peur d'en parler à mes amis. Ça m'angoisse. Plus il y aura de gens qui seront au courant, plus

je risque de m'apitoyer sur moi-même et de me sentir victime : « Oh, pauvre de toi, tu n'as plus de travail ! Oh, oui, je sais que tu te sentais mal à ce poste. Je comprends. » Ce genre de discours négatif peut vite s'emballer. Je ne suis pas encore tout à fait prête à ça.

NE NIEZ PAS VOS ÉMOTIONS, MAIS NE LES LAISSEZ PAS VOUS DIRIGER

D'un autre côté, il faut vivre pleinement les choses. Si vous êtes triste, pleurez. Si vous êtes en colère, mettez-vous en colère. Ne faites pas semblant que ces émotions ne sont pas là. Vivez-les pleinement. Ensuite, vous pourrez apprendre à réorienter votre énergie, en allant par exemple faire du sport. Mais ne faites pas comme si tout était parfait. Si vous êtes contrarié et que vous avez envie de pleurer, exprimez-le. Ce sont des sentiments humains tout à fait normaux. Peut-être vous faut-il vous absenter quelques jours, afin de passer un peu de temps tout seul, dans un cadre naturel, avec un bon livre et votre journal. Prenez du temps pour vous, prenez tout le temps qu'il vous faut. Chacun d'entre nous a une histoire différente et réagit aux mêmes choses à sa manière. Mais ne laissez pas votre histoire dicter trop longtemps votre conduite. Dans la vie, jouer la victime – incriminer les autres – ne marche pas. L'avez-vous constaté ? Il n'y a que nous-mêmes que nous puissions vraiment changer. Assumer à 100 % la responsabilité de sa propre vie – quelle que soit la tournure qu'elle prend – est à mes yeux la première étape, et l'une des plus importantes, pour vivre une vie savoureuse, une vie épanouissante, pleine d'aventures, de jeu et de joie.

LA VIE PEUT ÊTRE MAGIQUE, SI VOUS LE VOULEZ

Quand j'ai reçu la nouvelle de mon licenciement, je savais que ce n'était pas une coïncidence. Je ne suis pas victime de la vie. J'assume mes responsabilités à 100 %. Si je ne me sens pas bien, je sais que j'ai quelque chose a changé. Dans le cas présent, mon patron m'a aidé à faire ce changement. Je n'avais pas le courage de démissionner, alors que je savais que c'était ce qu'il fallait faire. La manière dont les choses se sont produites était donc la meilleure possible, compte tenu des circonstances. Les choses ont ainsi pu se faire. Il y a de la magie dans la vie, pour peu que vous le permettiez. Tout ce qui vous arrive était censé se produire ainsi. Quand un traumatisme vient d'arriver, ce n'est pas le bon moment de vouloir analyser à fond ce qui s'est passé. Il faut d'abord se sentir bien (après avoir exprimé toutes ses émotions), puis s'aligner sur son véritable moi, et prendre les choses une à la fois.

LA FRUSTRATION DE LA PORTE FERMÉE

Parfois, vous aimeriez que certaines choses arrivent, sauf qu'elles n'arrivent pas. Vous vous retrouvez face à une porte fermée, vous vous acharnez à vouloir l'ouvrir, mais elle ne cède pas. Mais, ce n'est pas parce que certaines choses ne sont pas arrivées par le passé qu'elles ne se produiront pas à l'avenir, loin s'en faut. Le timing n'est peut-être simplement pas bon. Donc, si vous vous obstinez à décrocher tel emploi et que ça ne marche pas, c'est peut-être que cette porte-là n'est pas censée s'ouvrir ; il y a peut-être quelque chose d'autre pour vous.

Donc, dans l'idée de se sentir bien et d'aller de l'avant, puisque nous sommes sur cette planète pour prendre du bon temps, et que la vie est courte... (en fait, il faut que j'annule cette pensée : annulation, annulation ! La vie est longue... éternelle !) Dans l'idée de se sentir bien et d'aller de l'avant, disais-je, si une porte refuse obstinément de s'ouvrir, ne forcez pas. Passez à autre chose.

LÂCHEZ LES RAMES ET LAISSEZ-VOUS PORTER PAR LE COURANT

Pour prendre une autre métaphore, imaginez que les gens pagaient sur une rivière. Dans leurs ouvrages, *Le pouvoir des émotions* et *Demandez et vous recevrez*, Esther et Jerry Hicks décrivent cela très bien. La plupart d'entre nous rament à contre-courant. Nous y épuisons nos forces. C'est ainsi qu'on nous a élevés : « Il faut travailler dur pour obtenir ce qu'on veut ! ». Du coup, on s'imagine que c'est la seule façon de faire. Mais les choses *n'ont pas* à être difficiles ! Lâchez les rames. Imaginez-vous sur cette rivière, en ce moment. Fermez les yeux et voyez-vous en train de ramer à contre-courant, allant à l'encontre de tout ce qui arrive dans votre vie : votre patron – votre patron *énervant* –, vos collègues, et ainsi de suite. Essayez de voir à quel point vous vous obstinez à aller à contre-courant. En travaillant dur. Ce n'est pas très agréable, n'est-ce pas ? Bon, maintenant vous avez lâché les rames, ou on vous les a ôté des mains, et vous pouvez commencer à changer de travail. Je ne suis pas en train de vous dire que vous devez quitter votre emploi, si vous l'appréciez, mais lâchez quand même les rames et voyez ce qu'il arrive. Arrêtez de lutter. En restant à contre-courant, votre vie ne s'améliorera pas. Rien de ce que vous voulez et désirez ne se trouve en amont. En voulant aller dans cette direction, vous ne vous épanouirez pas. Par contre, si vous lâchez les rames, vous laisserez le courant vous porter et les choses vont commencer à se produire d'elles-mêmes, comme par magie et sans effort.

« ANCRER » LES BONS MOMENTS

Hum, hum ! Cette salade que j'ai faite de tout mon cœur, en choisissant que les ingrédients qui me semblaient justes est absolument délicieuse. Dans la vie, il y a des moments où vous choisissez les bons ingrédients et où vous donnez à votre corps les aliments dont il a besoin, des moments où vous cultivez de bonnes pensées et où vous choisissez ce qui vous fait vraiment du bien. Rappelez-vous un moment de votre existence qui correspondait à cette description. Je suis sûre que vous pouvez en trouver un, que ce soit durant l'enfance ou au moment de votre mariage. Souvenez-vous-en. Notez ce souvenir dans votre journal. Ensuite, fermez les yeux et revivez pleinement ce moment durant une minute ou deux. Laissez ces sentiments remonter en vous. Ensuite, appuyez votre pouce contre votre index. De la sorte, vous « ancrez » en vous ce sentiment fort et merveilleux. La prochaine fois que vous ne vous sentirez pas très bien, joignez à nouveau ces deux doigts et vous retrouverez ce sentiment. C'est une technique très puissante.

VISUALISEZ LE BONHEUR ET LE SUCCÈS

Si vous avez le temps, essayez ce deuxième exercice, à la fois rapide et efficace. Imaginez que vous avez un nouvel emploi que vous appréciez beaucoup, ou que les choses tournent à votre avantage d'une façon ou d'une autre. Fermez les yeux et vivez cette situation durant deux minutes. Si vous n'êtes pas trop sûr des détails, concentrez-vous sur vos sentiments. Voyez-vous marcher joyeusement dans la rue ou partager votre bonheur avec les gens que vous connaissez. Vous êtes tellement heureux de ce qui vous arrive ! L'idéal est de faire cela chaque matin, au lever. Vous donnez ainsi la tonalité de la journée. Et je peux vous garantir qu'elle se déroulera d'autant plus facilement ; vous serez à la fois plus créatif et plus présent.

TENIR UN « JOURNAL DE GRATITUDE »

Voulez-vous que je vous fasse part d'un autre de mes petits secrets ? À la fin de chaque jour, sortez votre journal et dressez la liste de tout ce dont vous êtes reconnaissant, que ce soit un bon repas, une conversation enrichissante, ou encore la rencontre avec un inconnu qui vous a fait sourire. Vous ne tarderez pas à découvrir comment tout se met en place pour vous. Certaines personnes préfèrent lancer un blog de gratitude, afin de pouvoir le partager avec autrui... ou encore de passer par la vidéo. Peu importe. L'important, c'est que ce journal de gratitude – quel que soit le format que vous lui donniez – sera une pièce du puzzle de votre vie qui commence à se mettre en place, et je peux vous promettre que les résultats seront étonnants. Tiens, le téléphone sonne. C'est ma mère qui rappelle...

RASSUREZ CEUX QUI VOUS AIMENT

Ça s'est bien passé, avec ma mère. J'ai réussi à la rassurer, à lui faire comprendre que tout allait bien et que j'avais des projets. Elle ne m'a pas demandé de détails. Je lui ai surtout dit comment ça se passait pour moi au niveau émotionnel. J'ai été directe et honnête. Tout est allé comme sur des roulettes.

L'IMPORTANCE DE POSER UNE INTENTION

Vous pouvez toujours choisir ce que vous voulez partager avec les autres ; vous n'êtes pas obligé de tout dire. J'ai quand même dit à ma mère que j'avais perdu mon emploi. Mais je ne lui ai pas dit que j'en étais plutôt contente et que j'étais en train d'écrire un livre. Elle m'a répondu : « Trouve le moyen de faire quelque chose qui te plaît. »

Ça a été un tournant important. Par le passé, je me serais attendue à ce qu'elle me dise : « Tu sais, il y a une crise économique. Tu dois absolument te trouver un emploi, et tu ne peux pas te permettre d'être trop exigeante. Trouve-toi un job, quel qu'il soit. »

Alors, comment se fait-il qu'elle m'ait répondu différemment, cette fois ? J'avais posé un cadre différent. Je l'avais abordée d'une manière différente. Elle a entendu à ma voix que j'avais confiance en moi, que j'allais dans la

bonne direction, et, du coup, elle a réagi en fonction. Cette expérience positive amplifie mon enthousiasme et m'encourage à me laisser complètement porter par le courant.
Je me sens bien. Je suis en train de me reconnecter à moi-même.

TECHNIQUES POUR CHANGER D'ÉNERGIE

Quand une conversation prend une tournure désagréable – par exemple, quand vous êtes contrarié parce que quelqu'un ne comprend pas votre point de vue – il est bon de savoir comment changer d'énergie. Voici plusieurs techniques qui peuvent vous y aider.

LA RESPIRATION

Vous pouvez par exemple tout arrêter et respirer profondément. Concentrez-vous simplement sur votre respiration. Le fait de prendre un peu de temps pour vous, comme cela, peut beaucoup vous aider, car quand on est stressé, on ne respire pas comme il faut ; on a le souffle court et rapide. Alors, que vous soyez au travail ou ailleurs, concentrez-vous simplement sur votre inspiration et votre expiration. Si vous avez besoin d'un peu d'intimité, vous pouvez peut-être aller aux toilettes. Sauf que si vous y restez une dizaine de minutes, les gens vont croire que vous êtes constipé – ha, ha ! – mais au moins vous aurez eu un peu de temps pour vous ! Rappelez-vous : il vous suffit d'inspirer et d'expirer profondément. Faites cela tout doucement ; ça n'a pas besoin d'être bruyant.

ÉCRIRE UN JOURNAL

Tout ce qui vous fait du bien peut contribuer à réorienter votre énergie. Si vous êtes à la maison, ou si vous l'avez à portée de main, vous pouvez écrire dans votre journal et y noter vos sentiments et vos pensées. La chose est particulièrement utile quand vous êtes en colère ou contrarié, et quand vous éprouvez le besoin de laisser sortir ces émotions. Faites-le ! Sortez votre journal, et si votre situation ne vous convient pas tout à fait, ou encore si vous avez certaines préoccupations ou des soucis, commencez à coucher par écrit tout ce qui vous perturbe. Si vous souhaitez mieux connaître cette technique, je vous encourage à lire le livre de Sandy Grason, *Journalution* (*http://www.SandyGrason.com*). Vous y apprendrez comment tenir un journal et, si vous le faites déjà, comment pousser cette méthode jusqu'à des niveaux insoupçonnés.

Une précision : réorienter son énergie, ce n'est pas faire *semblant* que tout va bien. Ce n'est absolument pas ce que je suggère. Je ne parle pas davantage de pensée positive : ce que je suggère, c'est d'arriver à se sentir bien et d'assumer la pleine responsabilité de ce qui arrive dans votre vie. De trouver en vous un lieu de pouvoir. Si vous ne vous sentez pas bien, vous n'allez pas prendre de bonnes décisions. Votre priorité doit donc être de vous sentir bien, ce qui vous donnera de l'inspiration, vous fera rencontrer des gens ou encore vous fera entreprendre quelque chose qui produira des résultats inattendus... Votre tâche consiste à n'agir que quand ça vous paraît juste ; suivez simplement cette guidance intérieure.

TABLEAUX DE VISION

Une autre technique, pour réorienter votre énergie, consiste à vous confectionner un « tableau de vision », c'est-à-dire tout simplement un collage représentant tout ce que vous voulez attirer dans votre vie. Les tableaux de ce genre sont des outils très puissants, qui sont également faciles et amusants à faire. Achetez-vous un vrai tableau, ou collez simplement ensemble plusieurs feuilles de papier A4 ou A3. Ensuite, prenez quelques magazines. Peu importe qu'ils soient récents ou anciens : vous pouvez en récupérer n'importe où. Feuilletez à travers les pages de ces magazines et dénichez-y des images qui vous font du bien et qui représentent ce à quoi vous aspirez. Par exemple, si vous souhaitez davantage de rires dans votre existence, découpez des photos de personnes partageant joyeusement un dîner convivial. Notez que vous n'avez pas besoin d'avoir les idées parfaitement claires, avant de commencer à couper et à coller des images. C'est le processus même qui vous conduira à la clarté.

Je vous recommande de ne pas utiliser des photos en noir et blanc. J'estime qu'elles ont une mauvaise connotation et qu'elles évoquent davantage le passé que le futur. Je préfère des photos lumineuses, joyeuses et en couleurs. Elles peuvent représenter l'extérieur d'une maison, ou une partie de l'intérieur, suggérant l'endroit où vous aimeriez habiter. Elles peuvent également représenter votre environnement professionnel à venir, par exemple une photo de quelqu'un en train de faire une présentation, se sentant parfaitement à l'aise dans ce rôle

(si c'est ce à quoi vous aspirez), ou quelqu'un en train de serrer des mains et de conclure des contrats, avec beaucoup d'argent à la clé : à vous de choisir ! Récupérez quelques vieux magazines, demandez à vos amis de vous passer les leurs et commencez à en feuilleter les pages. Ensuite, découpez les images une à une, puis, quand vous vous sentez prêts, faites-en un collage. En ce qui me concerne, j'aime aussi rajouter des phrases ou des mots porteurs, tels que « passion », « abondance financière », « le changement est la clé » ou encore « le bon moment, c'est maintenant ». Vous trouverez ce genre de mots et de phrases dans des magazines. Ils vous sauteront aux yeux.
Certaines personnes se lancent dans cette activité de manière systématique et scientifique, allant jusqu'à se créer de mini-tableaux de vision pour chaque domaine spécifique de leur vie. Vous pourriez par exemple en faire un pour la voiture dont vous rêvez, un autre pour la manière dont l'amour se manifestera dans votre vie, un troisième pour vos amitiés et un quatrième pour l'emploi de vos rêves. Et puisque nous parlons d'emploi, n'oubliez pas de faire un collage qui représentera l'environnement de travail dont vous rêvez. Cela vous aidera à avoir les idées claires et à réorienter votre énergie. Je peux vous promettre que vous allez commencer à vous sentir bien.
Si vous souhaitez voir des exemples de tableaux de vision, rendez-vous sur *http://www.CoCreatingOurReality.com*, puis tapez « Vision Board » dans l'angle supérieur droit de l'écran, pour lancer une recherche. Vous y découvrirez des centaines d'exemples de tableaux de vision ! Ils sont extrêmement beaux et inspirants ! Allez voir ! J'ai égale-

ment enregistré une vidéo sur la façon d'élaborer un tableau de vision, lorsque j'étais encore à Chicago. Plus de 20 000 personnes l'ont vue à ce jour ! En voici l'adresse : *http://www.YouTube.com/Watch?v-Q-8aKrHeWQ*.
Si vous avez des enfants, faites vos tableaux de vision avec eux. Ils peuvent également se faire les leurs, comme le dit Martta, cocréatrice de CCOR en Finlande (cf. *http://www.cocreatingourreality.com/profile/martta*). Ses enfants ont adoré faire ça et sur leurs collages on les voit en train de rencontrer Mickey Mouse à Eurodisney ! Génial !
Sachez en outre que vous pouvez faire de petits tableaux de vision à glisser dans votre porte-monnaie, comme vous pouvez en faire d'immenses qui recouvriront tout un mur de votre maison. Vous pouvez les garder pour vous ou les partager avec autrui. Cela peut même être de véritables œuvres d'art. Réalisez-les comme ça vous convient ; l'important est que cela vous plaise, que vous vous sentiez bien et que vous puissiez ressentir dès maintenant les sentiments qui vous habiteront quand vous aurez décroché l'emploi de vos rêves. De toute évidence, vous pouvez vous confectionner un tableau de vision même si vous avez déjà un emploi, mais que vous souhaitez attirer à vous une atmosphère de travail différente et de meilleures relations avec vos collègues. Si vous avez un patron difficile, par exemple, ou que certains de vos collègues vous posent problème, découpez des images de personnes qui s'entendent bien, qui sourient, ou encore des images qui évoquent une vraie reconnaissance professionnelle et un milieu de travail harmonieux. Mettez-les quelque part bien en évidence et veillez à les regarder chaque jour, durant un certain temps.

LA VISUALISATION

Voilà encore un autre moyen de réorienter votre énergie. Fermez les yeux et imaginez-vous dans la situation dont vous rêvez. Votre tableau de vision vous aidera à évoquer des images et à déterminer clairement ce que vous voulez. Nous ne sommes pas tous rêveurs par nature, mais en vous y prenant ainsi, vous devriez y arriver. Cela vous donnera à la fois le désir et la capacité de rêver, mais aussi la « permission » de le faire, et ainsi vous commencerez à attirer ce job fabuleux !

NE VOUS CONTENTEZ PAS DE TOLÉRER UN JOB MÉDIOCRE

Puisque je parle de l'emploi de vos rêves, sachez que je rencontre beaucoup de gens qui vont mécaniquement à leur travail, en acceptant de ne pas être heureux à leur poste. Ils se disent que c'est « le mieux qu'ils peuvent espérer » ou encore « qu'ils devraient être reconnaissants d'avoir au moins un emploi ». J'ai la chance d'être quelqu'un de passionné et, en général, j'ai toujours aimé ce que j'ai fait, jusqu'à maintenant. Toutefois, je sais aujourd'hui que je dois prendre une nouvelle direction. C'est pour ça que j'ai été licenciée. Du fait que j'avais le sentiment de pouvoir viser plus haut, je n'exploitais pas à fond mes capacités. J'avais toujours une sorte de dialogue intérieur dans la tête me disant que quelque chose d'autre m'attendait. Que je devrais aimer ce que je faisais. J'avais des tas de pensées désagréables de ce genre, et au final, je me suis fait virer. Dit d'une autre façon, les doutes que je cultivais à mon sujet ont conduit d'autres personnes dans cette entreprise à avoir à leur tour des doutes à mon propos.

NOUS VENONS AU MONDE AVEC DES POUVOIRS EXTRAORDINAIRES !

C'est le genre de chose qui pourrait facilement vous arriver aussi, dans le contexte économique actuel, où certaines entreprises cherchent à dégraisser. Avec cette vision des choses, vous pourriez également attirer à vous un emploi qui vous passionnerait et que vous aimeriez. Imaginez que vous alliez chaque jour au travail, et que vous adoriez ça ! Vous passez beaucoup de temps sur votre lieu de travail, alors il me semble important de veiller à faire quelque chose que vous aimez. Il ne sert à rien de se sentir mal, de se réveiller le matin « mal dans ses chaussettes » et de maudire cette nouvelle journée dans les tranchées qui vous attend. Ce n'est pas drôle d'éprouver cela ; ce n'est pas à cela que vous vous êtes engagé. Et c'est pourquoi je vous dis maintenant que les choses n'ont pas nécessairement à se passer comme ça ; au contraire, vous êtes censé vous sentir bien. Donc, si vous commencez à ne plus supporter votre emploi, prenez conscience que vous devez changer de manière de penser et dites-vous, « Oui, je peux aimer mon travail et m'y épanouir. C'est possible ! » Ce qui me rappelle mon ami Hank dans le Michigan, qui m'a dit un jour : « Lilou, la vie est trop courte. Commence par le dessert ! ».
Un tableau de vision vous aidera à y parvenir, et la visualisation vous permettra de le sentir et de *savoir* que c'est possible. Le subconscient ne fait pas la distinction entre ce qui est réel et ce qui ne l'est pas. Quand vous visua-

lisez l'emploi de vos rêves, votre subconscient s'imagine que c'est la réalité, et c'est pourquoi vous vous mettez à attirer les gens, les conversations et les situations qui le vont le rendre possible. Vous vous sentirez plus léger au travail ou, si vous êtes au chômage et à la recherche d'un emploi, vous serez plus optimiste et plus créatif ; vous vous ouvrirez, vous trouverez l'information adéquate, en vous comportant d'une manière qui aurait été impensable si vous aviez été stressé. Vous êtes venu au monde avec des capacités incroyables, des pouvoirs extraordinaires. Pourquoi ne pas les utiliser ?

IL EST PERMIS DE SE SENTIR BIEN DANS DE « MAUVAISES » SITUATIONS

Je pense que la plupart d'entre nous cultivent l'idée préconçue qu'on doit se sentir mal quand on perd son emploi. Je me suis retrouvée dans une curieuse position, puisque j'étais contente d'avoir été licenciée, aussi me suis-je posé la question : « Qu'est-ce qui cloche en moi ? Ce n'est pas normal ; je devrais être triste, en colère... ». Aujourd'hui, en me rendant au centre de fitness, j'écoutais de la musique sur mon iPod, quand la batterie est tombée à plat. « Bieeeennn ! », me suis-je dit, « Qu'est-ce que je peux faire d'autre ? ». J'ai sorti mon iPhone, j'ai passé en revue les morceaux qu'il y avait dessus et j'ai flashé sur la version audio d'un des derniers livres de Jerry et Esther Hicks, *L'argent et la Loi de l'Attraction*. J'en ai choisi une piste au hasard, qui s'est trouvée être exactement ce que j'avais besoin d'entendre à ce moment-là. Les auteurs expliquaient justement qu'il est important de se sentir bien, et comment déterminer si l'on est ou non sur la bonne voie. L'écoute de cet extrait m'a redonné de l'énergie, comme vous pouvez l'imaginer. Je me sentais de plus en plus joyeuse, car j'y ai trouvé la confirmation que c'était une bonne chose que de me sentir bien, même dans cette situation.

AFFRONTER LA RÉALITÉ

J'interromps ici le flot de mes mémos et de mon reportage pour souligner un point important. Quand on cherche un travail, je pense qu'il vaut mieux éviter de lire les journaux ou d'écouter les nouvelles à la radio ou à la télévision. Dans une certaine mesure, les nouvelles ne représentent que ce que le gouvernement cherche à dire et ce qu'il veut que vous entendiez. Vous avez donc tout intérêt à reporter votre attention sur les blogs que tiennent des journalistes indépendants et diverses autres personnes passionnées, dans le monde entier, qui ont envie de partager des informations de qualité. Le tableau qu'elles brosseront actuellement sera sans doute assez négatif, puisque nous assistons non seulement à des faillites individuelles, mais également à l'effondrement de certaines entreprises. Il est important d'affronter cette réalité.

CE N'EST PAS SEULEMENT DE LA PENSÉE POSITIVE

La Loi de l'Attraction diffère de la pensée positive : vous serez d'autant plus puissant que vous oserez regarder la réalité en face. Si vous avez peur de ce qui arrive, ce ne sont pas les nouvelles qui en sont responsables ; le vrai problème, c'est votre crainte, et c'est cela que vous devez affronter. Je le répète : cette expérience ne peut que vous renforcer. Il n'y a rien de plus efficace que de se forger une nouvelle vie, en étant dans un état d'attention et de conscience totales. Par contre, je vous recommande de vous entourer de personnes positives. Efforcez-vous d'en trouver !

AVOIR QUELQU'UN AVEC QUI PARTAGER SES RÊVES

Je vais appeler Cilou (c'est le surnom de mon ami Cécile Madelenat)... Oui, je sais : Cilou et Lilou ! Nous plaisantons d'ailleurs souvent à ce sujet, car ça fait un peu « Bob et Bobette ». Cécile vit actuellement en Champagne, même si je l'ai rencontrée voici quelques années à Miami. C'est un phénomène. Elle me manque. Je vais donc lui passer un coup de fil, car je lui ai dit que j'avais perdu mon emploi et elle m'a répondu qu'elle était disponible pour en parler. Elle m'a dit qu'elle serait là pour moi, mais je n'ai pas l'intention d'aller m'épancher sur son épaule. Je n'ai pas envie de me complaire dans des sentiments négatifs. Je vais donc plutôt lui faire part de toutes les choses positives qui me sont arrivées depuis que j'ai perdu mon travail, ainsi que de mon projet de livre. Elle fait partie des rares personnes à qui je peux faire part de mes rêves. Elle défend toujours mon point de vue. (Je pense qu'il est important de trouver quelqu'un avec qui vous pouvez partager vos rêves, mais qui ne va pas vous juger, aussi bizarres et excentriques qu'ils puissent être.) Donc, je vais lui raconter ça et nous aurons une belle conversation inspirante qui, je l'espère, va m'ouvrir encore davantage l'esprit. Je corrige : «... Qui va *indiscutablement* m'ouvrir l'esprit ! ».

L'IMPORTANCE DE TENIR UN JOURNAL

Je tiens un journal où je note tout ce qui m'arrive en chemin ; je l'ai commencé aussitôt que j'ai perdu mon emploi. Je vous encourage vous aussi à noter tout ce qui vous arrive, que ce soit sur le moment ou à la fin de la journée. Pour ma part, je le fais à chaque instant, car j'ai très envie que les choses arrivent et qu'elles arrivent vite. Plus je me sens porté par le courant, mieux je me sens, et plus j'ai le sentiment que les choses vont se manifester rapidement. Dans le genre, je suis plutôt « à fond », ayant bien l'intention de vous démontrer la puissance de la Loi de l'Attraction.

LA GRANDE SORTIE DU PLACARD : L'ANNONCE PUBLIQUE DE MON LICENCIEMENT

Aujourd'hui, 35e jour de la 11e saison de mon « Défi de 100 jours... », j'ai fait une vidéo pour annoncer que j'ai perdu mon emploi (que j'ai mise ici : *http://www.cocreatingourreality.com/video/day-35-I-lost-my-job*). Ce n'est pas rien, pour moi, que de lancer cette nouvelle dans le monde, d'autant plus que – compte tenu de la façon dont mon patron l'a annoncé lui-même – les gens n'ont pas forcément compris que j'avais été licenciée. Il avait fait une annonce très professionnelle, indiquant quelque chose

du genre que j'allais vers de « nouveaux pâturages ». (« Oui, c'est vrai, l'herbe est effectivement plus verte ici, Peter ! ») C'est plutôt amusant qu'il ait utilisé cette tournure de phrase. Il devait pressentir que j'allais me lancer dans une nouvelle aventure et que je ne poursuivrais pas dans le marketing Internet. C'était gentil de sa part que d'agir ainsi, mais désormais j'annonce la nouvelle à tout le monde : je « sors du placard » !
Si je le fais, c'est parce que je sais que de nombreuses personnes me soutiendront et, surtout, parce que ça peut aider d'autres gens, qu'ils aient également perdu leur travail ou qu'ils soient simplement mécontents du leur. (Vous pouvez visionner toutes les vidéos que j'ai faites depuis que j'ai perdu mon travail sur ma chaîne YouTube : *www.youtube.com/liloumace*. Cliquez sur la playlist "From job loss to dream job".)

ÊTRE NON-CONFORMISTE

Je vais partager tout mon parcours en vidéo. Je veux que ce soit savoureux et riche en informations. Je ne donnerai pas tous les détails de mon projet aux spectateurs – à quoi ressemble le livre que je prépare – mais je partagerai avec eux mon cheminement et j'espère que les vidéos que je vais faire à ce sujet seront vues par des millions de personnes qui s'intéresseront à ce livre, puisqu'il présente une nouvelle manière de penser, une nouvelle façon d'envisager les choses. Si vous découvrez votre propre manière d'aborder les problèmes, si vous cherchez ce qui vous fait du bien, vous finirez par faire des découvertes et par réaliser des choses uniques et formidables.

Voilà pourquoi je pense qu'il est également important que je présente mes idées d'une manière atypique, sans me calquer sur ce que font les autres. Je déclare aujourd'hui que ce livre sera unique dans la manière dont il sera écrit, publié et diffusé. Ce sera un best-seller sans précédent. Voilà ce que j'annonce à ce stade, alors que je n'ai enregistré qu'une quarantaine de petits mémos et que je n'ai pas la moindre idée de la façon dont les choses vont tourner. ...À la réflexion, je *sais* comment les choses vont se passer. Bien sûr, ça peut paraître assez prétentieux de dire ça, mais c'est ainsi que fonctionne la Loi de l'Attraction, et ça va loin !

RECHERCHE D'EMPLOI SUR GOOGLE : UNE ÉPIDÉMIE !

La façon dont les choses se déroulent me sidère. L'une des choses que je recherche, dans le marketing Internet, ce sont les mots-clés : voir combien de gens cherchent quoi. De toute évidence, il était important pour moi de découvrir les résultats des mots-clés liés à la recherche d'emploi, vu le sujet de mon livre ; je suis scotchée par les chiffres que j'ai trouvés.

Je viens d'ailleurs de terminer une vidéo sur les mots-clés de la recherche d'emploi, dans laquelle j'ai présenté une partie des informations intéressantes que j'ai trouvées. Si la recherche d'emploi était une maladie, on pourrait dire qu'on assiste actuellement à une épidémie, tant il y a de gens qui en cherchent !

Du fait que j'ai travaillé durant les huit dernières années dans le marketing Internet, il était particulièrement instructif pour moi de consulter les statistiques mensuelles de recherche d'emploi sur Google. En janvier, 40 500 personnes ont fait une recherche sur le terme « perte d'emploi », soit le double des mois précédents, et l'on observe une demande élevée pour des jobs de base. Par exemple, en janvier 2009, on constate une augmentation de 45 % des termes de recherche liés à des emplois de base, sur Google, par rapport à la moyenne annuelle : on parle donc de chiffres importants. Cette demande élevée pour des emplois de ce genre se reflète également dans le monde de la santé, de la banque et de la finance. D'ailleurs, si l'on regarde plus spécifiquement dans quels secteurs les recherches sont en augmentation, on constate que dans les domaines ci-dessus, on est passé de 1 million à 1,5 million par mois. Les gens semblent également être à la recherche d'emplois moins risqués, comme dans la fonction publique, où l'on observe une multiplication impressionnante des demandes. Autre révélation : de nombreuses personnes semblent désireuses d'améliorer leurs compétences dans des domaines comme l'art de réussir un entretien d'embauche et les procédures pour postuler à un emploi. Enfin, je pense que les gens se montrent de plus en plus techniques : ils utilisent Internet de manière toujours plus sophistiquée. En résumé, donc, on assiste à une sacrée envolée. Les gens cherchent vraiment du travail, cette fois, les statistiques sont effarantes. Je suis donc bien contente d'avoir mis la vidéo suivante sur YouTube : *http://www.youtube.com/watch?v-1e47ye02xM*. J'espère vraiment que cela va intéresser les gens ; pour ma part, je trouve que ces données sont tout à fait dignes d'intérêt ! D'ailleurs, ça m'a vraiment ouvert les yeux. Je ne m'étais pas rendu compte de la gravité de la situation.

AIDER LES AUTRES ET S'AIDER SOI-MÊME

J'ai un statut de partenaire de YouTube, ce qui veut dire que plus il y a de gens qui cliquent sur les publicités qui se trouvent à côté de mes vidéos, plus je gagne d'argent. Pour l'instant, je me fais entre 300 et 500 $ par mois, avec de 3 000 à 5 000 vidéos vues par jour, mais ces chiffres ne cessent d'augmenter. Théoriquement, ils devraient connaître une envolée significative si je prends un sujet plus important (plus recherché), et c'est exactement ce que je fais en creusant mon désir d'écrire un livre sur l'application de la Loi de l'Attraction à la recherche d'emploi. Je partage mon parcours tel qu'il est, de jour en jour, d'où le sentiment que j'ai d'être assez exposée et vulnérable, mais je le fais dans le but que ce soit plus utile pour autrui et, par conséquent – comme mon objectif est précisément d'aider les autres (surtout au vu de la situation actuelle) – je pense que c'est effectivement la bonne chose à faire. J'ai le sentiment d'être sur la bonne voie : mon travail devrait aider de nombreuses personnes et me faire gagner de l'argent, car les deux sont inséparables. Je crois qu'il est stimulant de voir les choses de cette manière. Mon idée, c'est de continuer à tenir le journal complet de tout ce qui m'arrive, en y incorporant une sorte de « journal de gratitude et de bien-être », et je vous encourage à faire de même, au quotidien, en suivant le rythme de vos activités. Je vais également continuer d'enregistrer des vidéos, car non seulement cela me stimule moi-même, mais ça peut aussi aider d'autres personnes en chemin. C'est tout pour l'instant...

UNE OBSERVATION SUR L'OBSERVATION

Je ne pense pas que je vais vraiment dormir cette nuit ; je suis gonflée à bloc. Parfois, certaines choses nous échappent, faute d'avoir l'esprit ouvert. On peut avoir quelque chose sous les yeux, mais comme on pense que cela n'existe pas, ou qu'on se dit que de toute façon ce n'est pas pour nous, ou encore que cette opportunité dépasse notre aptitude à en tirer parti, on ne le voit tout simplement pas. En réalité, les choses se présentent dans notre vie en fonction de nos pensées – de ce que nous pensons être possible – de sorte que si vous pensez qu'il ne reste plus d'épinards dans votre réfrigérateur, vous ne verrez sans doute pas ceux qui s'y trouvent. (Oui, je viens de passer cinq minutes à inspecter mon frigo !)

On trouve une vidéo sur YouTube (*http://www.youtube.com/user/thinkofanelephant*) où un Australien, Paul Bailey, vous demande simplement d'observer la pièce où vous vous trouvez... Tiens, pourquoi ne pas faire cet exercice maintenant ? Imaginons que vous soyez dans une pièce, quelque part. Pensez à une couleur. Ça y est ? Maintenant, repérez autour de vous tous les objets de cette couleur, d'accord ? Ensuite, fermez les yeux et rappelez-vous chacun de ces objets. Quand j'ai fait cet exercice, j'avais presque l'impression d'être aveugle. J'avais choisi la couleur violet, mais, je ne sais pas pourquoi, je ne regardais pas vraiment les objets de cette couleur ; j'en voyais beaucoup de couleur jaune, alors qu'il y en avait effectivement des violets. Il faut donc vraiment observer, et avoir l'esprit ouvert !

CRÉER LE CONTEXTE : ÊTRE DANS L'INTERROGATIVE

Cet exercice démontre l'importance de ce que j'appelle « créer le contexte ». Quand vous êtes ouvert ou que vous demandez un conseil, la réponse vient. Je demande souvent à recevoir de l'aide d'en haut ou des signes. Je sollicite des réponses à mes questions. Cette approche nous met dans l'interrogative. C'est tout le contraire de se fermer en disant, « Oh, c'est tout bonnement impossible ». Croyez-moi, ce que vous estimez « impossible » est exactement ce qui se présentera à vous, si vous gardez l'esprit ouvert. Ayez cela en tête quand vous cherchez un job, en particulier l'emploi de vos rêves : restez dans l'interrogative.

Pour illustrer ce point, je n'avais aucune idée, par exemple, que j'allais écrire un livre. Le point de départ, voici quelque temps, a été le moment où j'ai annoncé, « Je demande l'aide d'en haut », sans objectif précis. Je sais que j'aime la télévision, les réseaux, les événements créatifs, le partage, et que j'ai envie de toucher des millions de personnes, mais s'agissant de trouver un emploi, je n'avais pas la moindre idée de ce qui allait arriver. Les choses se sont révélées par elles-mêmes. Au moment où j'écris ce mémo, je me dis que ce livre pourrait s'intituler *Journal d'une chercheuse d'emploi* ou *Journal de la quête d'un emploi de rêve*.

Je viens juste d'avoir une conversation phénoménale avec l'une de mes amies, Chantal. Nous évoquions diverses choses survenues dans nos vies, et, bien sûr, je lui ai fait part de ma nouvelle situation. Cette conversation a confirmé la pertinence de l'idée d'écrire un journal. Je note ci-dessous les pensées qui en ont sont sorties.

LE CONCEPT DU LIVRE ÉMERGE

- **Différent des autres « journaux » publiés**

Il est clair pour moi que ce journal ne ressemblera en rien à celui de Bridget Jones. Il ne ressemblera pas davantage à celui d'Anne Frank. La publication du journal de Lilou sera un événement historique, à une époque historique, puisqu'il a pour but d'aider les gens à traverser les turbulences de la perte d'un emploi, en ces temps de crise financière. Ce livre mélangera les genres, puisqu'il sera à la fois un journal et un livre d'exercices, tout en comportant également une biographie et une trame narrative : ce sera le journal de ma vie quotidienne, mais avec de la théorie et des exercices pratiques. Ce sera un produit tout-en-un. Il sera facile à lire. Il sera bon marché. Il aura un style direct et amusant. Ce sera le cadeau idéal. Les gens trouveront évident de l'acheter, pour un maximum de 10 £, quoiqu'un prix à un seul chiffre serait encore mieux.

- **Plaisir – réalité – éveille les consciences – plaît à tout le monde**

Ensuite, l'idée serait de lancer une collection de livres similaires et de chercher à reproduire le plaisir que les gens avaient, enfants, en lisant les ouvrages de leurs auteurs favoris. La série débutera donc par l'histoire de quelqu'un qui trouve l'emploi de ses rêves : ce sera un récit inspirant et revigorant... Il ramènera les gens dans leur propre réalité et les fera se poser les bonnes questions. Il servira aux chômeurs qui cherchent du travail et aux personnes mécontentes de leur poste actuel. Par conséquent, c'est un livre qui devrait plaire à énormément de gens. Et le timing est juste. Il y a actuellement de nombreuses personnes au chômage. Beaucoup d'entre elles ne savent pas quoi faire dans la vie, tout en sachant qu'elles ne pourront pas revenir à leur ancienne réalité. Elles se disent qu'elles méritent mieux que ça et souhaitent quelque chose qui les rende heureuses, c'est donc une excellente occasion d'éveiller les consciences. Ce sera l'un des objectifs de ce livre, aussi ai-je confiance en son succès. Certaines de mes vidéos sur YouTube ont déjà souligné à quel point ce sujet est actuellement important, combien de gens se sentent concernés, aussi vaut-il mieux ne pas parler spécifiquement de la Loi de l'Attraction, de manière isolée, ce qui n'attirerait que des gens que ce sujet intéresse déjà ; l'idée est d'attirer des gens qui sont à la recherche de l'emploi de leurs rêves (ou qui veulent simplement trouver du boulot) et, comme je l'ai dit, ça nous concerne pratiquement tous, alors, Inch'Allah !

S'OUVRIR À LA RÉALITÉ ET À D'AUTRES DONNÉES

Voilà donc de quoi j'ai parlé avec Chantal : une excellente conversation qui m'a ouvert l'esprit et a clarifié beaucoup de choses à propos de ce livre. Elle connaît des tas de choses et m'a apporté quelques pièces manquantes : j'ai pris conscience que je dois vraiment regarder la réalité en face. En prenant connaissance des statistiques, et en voyant le nombre de gens qui cherchent un emploi, j'ai réalisé à quel point la situation était dramatique. J'ai compris que jusque-là je ne m'intéressais qu'aux nouvelles positives – voire que j'évitais complètement les nouvelles – de sorte que j'étais complètement en dehors du monde. Je pense qu'il est important maintenant que je m'ouvre et que je m'intéresse vraiment à ce qui se passe.

Chantal m'a recommandé le « Blog de l'apocalypse financière » de Pierre Jovanovic, ainsi que celui d'un journaliste du *Telegraph*, Richard Evans. À ce qu'elle me dit, les deux sont remarquables, alors je vais aller les consulter et prendre du recul, pour me donner l'espace de créer de nouvelles choses, de nouveaux modèles et de nouvelles manières de penser.

L'objectif, c'est d'être réceptif et de partager... Donc, si nous voulons nous améliorer, il s'agit dans une certaine mesure de nous ouvrir, à la fois en nous-mêmes et aux autres, de partager ce que nous savons et de nous aider les uns les autres.

DE LÉGERS DOUTES, PUIS RETOUR EN PISTE

Peu après ma conversation avec Chantal, des pensées négatives me sont venues à l'esprit, du genre, « Oh, il faut aussi que je sois réaliste... J'ai envie d'écrire un livre et de vivre mes rêves, mais vais-je parvenir à garantir ma sécurité financière ? ». C'est sans doute le genre de dialogue intérieur qu'on a fréquemment quand on cherche un emploi. Mais je ne peux pas laisser ces peurs m'empê-

cher d'avancer, cette fois. Comme le souligne Jack Canfield, la peur est une illusion qui paraît réelle.
Je dois me rappeler pourquoi je fais cela, quel est mon objectif fondamental. Je dois rester exclusivement fixée sur le but d'attirer le job de mes rêves. Pour certains, il peut s'agir de lancer leur propre entreprise ou d'écrire un livre, mais une fois la ligne générale fixée, plusieurs solutions demeurent possibles, et en restant ouvert, elles ont plus de chances de se présenter. D'ailleurs, cette conversation m'a aidée à voir que si mon objectif est d'écrire un livre, il y a principalement deux pistes possibles (en réalité, il y en a davantage) : soit je m'autoédite, soit je me trouve un éditeur. Mais mon objectif ultime, quel que soit le chemin que j'emprunte, est de toucher des millions de gens. Il est possible que ce livre se vende en très grande quantité, mais en cours de route il me faudra trouver le moyen de subvenir à mes besoins et de rendre cet ouvrage accessible au plus grand nombre. Ensuite, de toute évidence, d'autres opportunités sont susceptibles de se présenter. Mais je considère que le livre vient en premier.

UN PROJET DE LIVRE

Je crois qu'il est bien de commencer par un projet de livre – un document qui détaille le contenu de l'ouvrage envisagé – aussi ai-je décidé d'en écrire un. Stéphanie, à New York City, pourrait m'aider, mais elle me prendrait beaucoup d'argent pour cela. Je ne crois pas qu'il soit nécessaire ni approprié de débourser cela maintenant, donc j'envisage de l'écrire moi-même, puis de lui demander de le réviser, voire de corriger le livre après coup.

ÉCOUTER SA VOIX INTÉRIEURE

Il est important d'écouter notre voix intérieure, la petite voix du cœur qui nous dit qu'il y a d'autres possibilités. Nous la négligeons souvent, à cause de tout notre bavardage intérieur. Je crois que nous sommes désormais dans une situation où nous devons vraiment écouter notre cœur, au lieu de tout le temps penser, penser, penser. Mon père parle d'intelligence du cœur. Moi, de messages de notre âme. Quant à Sandy Grason, elle appelle ça notre voix intérieure.

Quand j'étais au club de fitness, ce matin, et que j'ai vécu ce moment où me venaient toutes ces idées, j'ai ressenti au fond de moi avec certitude que je devais écrire ce livre maintenant, et ma petite voix a plutôt parlé fort ! J'avais souvent entendu d'autres gens en parler, mais le fait de le vivre moi-même a été impressionnant, ce qui me permet aussi de pouvoir vous en parler à mon tour. C'est une voix très paisible, ancrée et nourricière – un peu comme la voix d'une mère – qui vous dit simplement, « Voilà ce que tu es censée faire... », et c'est très rassurant.

Ça ne fait pas peur du tout, même si c'est puissant : on perçoit tout de suite l'impact que cela peut avoir. Écoutez votre voix intérieure et vous ne vous tromperez jamais !

LE BUT DE CE LIVRE

Ce mémo constitue l'introduction de ce livre, alors revenez-y et lisez-le à nouveau : et vous comprendrez pourquoi il avait sa place dans le fil de mes pensées !

OÙ EST GARY ?

Je viens d'envoyer un e-mail à Gary, avec qui j'ai enregistré quelques pistes d'un CD de visualisation et de méditation, en novembre, en Floride. Malheureusement, il ne me les a jamais envoyées, en dépit de mes nombreuses demandes ; sans doute que ce n'était pas le moment. C'était l'une de ces portes qui étaient fermées et que j'ai essayé de forcer de temps en temps, en vain. Donc, je viens de lui envoyer un message via Facebook, mais au lieu de lui redemander ce CD, je lui ai demandé de l'aide et il a dû prendre conscience de la situation.

J'avais l'impression de l'avoir supplié de m'envoyer ce CD, au cours des derniers mois. Nous sommes maintenant en février et, au départ, je voulais lancer ce CD en janvier. Alors, j'espère qu'on va pouvoir faire ça maintenant, ça devrait vraiment me permettre de... Pas « j'espère » ! J'annule ce mot. C'est résolument le bon moment de faire ça. Et il n'aurait pas été opportun de le faire avant. Ça va m'aider à vendre mon matériel de méditation, tout en générant une source de revenus dont j'ai besoin. Voilà le contexte que je choisis désormais !

D'ailleurs, quand j'y repense, je me dis que je n'étais sans doute pas prête, voici quelques mois, car je manquais de temps et que je m'y serais mal prise au niveau du lancement : je n'aurais pas mis dans ce projet toute l'énergie nécessaire pour qu'il réussisse. Alors que maintenant, par contraste, j'ai tout mon temps et le produit est prêt. Et Gary peut y consacrer encore plus d'énergie, car (j'en suis sûre) il veut me soutenir, compte tenu de ce qui m'arrive dans la vie. J'ai donc l'assurance que les choses iront pour le mieux, à partir de là.

SYNERGIE ENTRE LE LIVRE ET LE CD

Je suis également très contente, parce que le livre n'est pas encore prêt, mais le CD, oui, de sorte que ce sont deux produits qui vont sortir et que l'un va certainement aider l'autre. Ils pourraient peut-être même paraître ensemble, même si je ne sais pas encore combien de temps me prendra le livre. Je pense que le CD sera rapidement achevé, puisque les pistes sont enregistrées, et qu'il ne reste donc plus qu'à faire la couverture et à trouver le titre, plus quelques autres détails dont je peux m'occuper en ce moment.

CHERCHER DES SOUTIENS, DE L'AIDE CONCRÈTE ET UNE GUIDANCE DIVINE

Cela me donnera l'occasion de solliciter auprès de mes amis et de plusieurs personnes compétentes que je connais le soutien dont j'ai besoin pour sortir ce CD. Je pense notamment à la couverture, pour laquelle je pourrais faire appel à Marc Holland, ici au Royaume-Uni, qui travaille encore pour l'entreprise dont j'ai été licenciée. J'aime beaucoup ce qu'il fait et il pourrait probablement réaliser une couverture épatante. En tant que directeur artistique, Marc est vraiment génial !
Je m'arrête là pour aujourd'hui. Il est minuit. Toutefois, avant de me coucher, je vais me faire une petite séance de reiki rapide, et je demanderai également à recevoir une assistance divine durant mon sommeil, afin que je sois guidée dans mon chemin, que me viennent de nouvelles idées et que je me réveille pleine d'énergie. J'ai envie

d'avoir une bonne nuit de sommeil, ce soir, et de me réveiller en pleine forme. Bye.

LES AVANTAGES DE MON ATTITUDE

Je pense que le fait que je sois de nouveau au grand jour, exposée et vulnérable, ne peut que rendre mon histoire encore plus inspirante. J'aimerais me convaincre qu'en m'ouvrant ainsi au monde, je suis en train de prouver la puissance de la Loi de l'Attraction dans notre vie ! Je n'étais pas obligée d'annoncer que j'avais été licenciée, mais j'ai malgré tout choisi de le faire, sur Facebook, sur YouTube et de nombreuses autres manières, afin que tout le monde en entende parler, y compris mes anciens collègues. Je suis prête à « lâcher prise » et à « accueillir ce qui vient », puisque j'ai tout mis en place pour partager mon cheminement avec autrui, un cheminement dont je souhaite qu'il influence les autres, en montrant de quels outils je me sers pour réaliser mes rêves.
Je déclare que lorsque ce livre sera publié, il fera un tabac. Yeah, baby !

VOTRE DÉSIR LE PLUS CHER : CHANGER D'HUMEUR

Aujourd'hui, c'est jeudi. Je me suis réveillée de mauvaise humeur, pas aussi en forme que hier, aussi ai-je fait une méditation, parmi celles que j'ai enregistrées. On la trouve d'ailleurs sur le net. Elle s'appelle *Méditation efficace : manifestez ce que vous voulez vraiment MAINTENANT !*, mais peut-être que j'aurais dû plutôt l'intituler *Votre désir*

le plus cher (*http://www.YouTube.com/watch?v=RQLXTF7FT_c*). Comme on peut s'y attendre, cette méditation a pour objectif de visualiser ce que vous voulez vraiment, de le faire jaillir des profondeurs de votre être, jusqu'à le ressentir pleinement. Elle comporte aussi divers exercices en rapport avec votre cœur, vos désirs les plus chers, etc. En résumé, c'est une bonne petite visualisation de dix minutes, qui sert à changer d'humeur et à donner la tonalité de la journée. Quoi qu'il en soit, je viens juste de la faire et je me sens désormais en pleine forme pour commencer à dactylographier ce que j'ai enregistré hier, avant de reprendre au point où j'en suis restée.
Je dois cependant reconnaître que j'ai hésité à me rendre au club de fitness. Toutefois, quand je me suis rappelé toutes les idées qui me sont venues là-bas, hier, et combien je m'y sentais bien, j'ai décidé de me « botter le cul » et de me motiver à y aller !

LES MERVEILLES DE LA TECHNOLOGIE

Il est maintenant 21 h 30. La technologie ne cesse de m'émerveiller. Je suis tellement contente de « Rétro 9 », le système d'enregistrement que j'utilise actuellement sur mon iPhone. Je viens d'ailleurs de télécharger un autre petit gadget ou « widget ». J'en ai déjà téléchargés plusieurs que j'ai appris à utiliser et qui m'ont aidée à « écrire » ce livre – ou à le dicter, si vous préférez. Le dernier en date augmente encore les capacités de mon iPhone. En effet, il me permet de téléverser mes enregistrements sur une adresse IP, pour les rendre accessibles aux personnes que je veux, n'importe où dans le monde.

Ça m'aidera beaucoup pour les transcriptions ! Par ailleurs, j'ai actuellement un iPhone 8 GB, mais je crois que je pourrais enregistrer jusqu'à 290 heures d'affilée sur le 16 GB, si je décidais d'en acquérir un. Étonnant, non ?

À LA RECHERCHE D'UNE DACTYLO POUR LES TRANSCRIPTIONS

De ce qui précède, vous avez sans doute deviné que l'idée de taper tout cela ne m'enthousiasme pas ; j'ai l'impression que si je transcris moi-même mes enregistrements, cela va me prendre trop de temps. J'envisage donc d'embaucher quelqu'un pour m'aider, par exemple une personne actuellement sans emploi, prête à faire cela pour un tarif horaire adéquat, et qui aura aussi la motivation et le temps de le faire. Mon intention, aujourd'hui, est d'attirer la personne qu'il faut pour cela, quelqu'un qui puisse se mettre assez rapidement à dactylographier mes enregistrements. La personne idéale doit posséder de bonnes compétences techniques et être fiable, elle doit également travailler rapidement et être heureuse de participer à ce projet. Ce serait la collaboratrice idéale !
Pour revenir au fait d'être en pleine forme... On voit bien que les idées continuent d'affluer et que les événements s'enchaînent rapidement et facilement. Le seul fait d'avoir écouté cette méditation guidée m'a aidée à me remettre en selle. Je suis de nouveau à fond.

UN SOUTIEN DE LA PART DE LA COMMUNAUTÉ DU « DÉFI DE 100 JOURS POUR TESTER LES LOIS DE L'UNIVERS »

Je m'estime vraiment chanceuse. Hier, j'ai mis en ligne la vidéo du Jour 35 et je consulte aujourd'hui les commentaires qu'en ont faits les internautes (*http://www.cocreatingourreality.com/video/day-35-I-lost-my-job*). J'ai reçu de formidables messages de soutien. L'un d'entre eux vient d'Éric – ce cher Éric – qui m'écrit à la fin de son long commentaire :

Cher univers,

Lilou est vraiment une bénédiction dans ma vie. J'ai même du mal à décrire ce que son existence positive signifie pour moi. Cher univers, mon intention pour Lilou est la même que la sienne. Procure à cette âme délicieuse le soutien dont nous avons tous besoin. Cher univers, prends cette femme merveilleuse dans tes bras et prends-en soin. C'est une guerrière, un leader, un philosophe, et une amie pour nous tous. Cher Dieu, récompense Lilou pour tout le bien qu'elle fait aux autres ! C'est quelqu'un de largement désintéressé. Toujours en train de donner ! Je t'en prie, entends mon appel : je ne crois pas avoir demandé quoi que ce soit avec autant de vigueur.

Quand j'ai lu ces mots, je me suis retrouvée en larmes. J'ai tellement de chance et je suis tellement reconnaissante d'avoir le soutien de cette communauté que j'ai contribué à fonder en 2005. Ma vie ne serait certainement pas ce qu'elle est sans elle et toutes les personnes qui continuent d'en grossir les rangs et de participer au « Défi de 100 jours pour tester les lois de l'univers » et qui m'adressent quotidiennement des messages. L'énergie que j'ai investie dans ce groupe me revient décuplée. C'est vrai, je n'en serais pas où j'en suis aujourd'hui, sans tous les membres de cette communauté où chacun se soutient. C'est un phénomène divin surprenant qui offre un soutien à ceux qui en ont besoin dans les moments où l'un d'entre nous passe par une phase difficile.

L'IMPORTANCE DE FAIRE PARTIE D'UN GROUPE

En tant qu'êtres humains, je crois qu'il est important pour chacun d'entre nous d'appartenir à un groupe où l'on peut vraiment s'investir avec les autres. J'ai fondé cette communauté du cyberespace sur la Loi de l'Attraction, mais il en existe de nombreuses autres, que ce soit pour ceux qui aiment les chats, ceux qui veulent écrire un livre, etc. C'est une manière formidable de recevoir des conseils et des encouragements. Ce que j'aime particulièrement à propos de notre communauté CCOR, c'est que vous pouvez faire appel à elle pour réaliser pratiquement n'importe quoi. Par exemple, certaines personnes utilisent le « Défi de 100 jours pour tester les lois de l'univers » (voir détails sur *www.CoCreatingOurReality.com*) pour perdre du poids ou pour attirer de l'argent, et à ce jour, plus de 170 sous-groupes ont été créés. Le « Défi de 100 jours… » est très simple. Les participants se fixent simplement divers buts pour une période de 100 jours, puis, à l'aide de blogs et de vidéos, ils partagent leur cheminement les uns avec les autres, s'offrent mutuellement de l'aide et des encouragements en chemin. De merveilleuses amitiés ont ainsi vu le jour et, en ce qui me concerne, les messages de soutien que je reçois, comme celui d'Éric, me touchent beaucoup. En voici un autre :

Je me réjouis beaucoup pour toi ! Je n'ai pas envie de me mêler de tes affaires... Mais j'ai juste envie de te dire, Saute ! Envole-toi ! Élance-toi vers le ciel ! Tu es capable d'accomplir tout ce que tu veux ! Je te vois très bien faire du coaching... Je t'imagine en train d'inspirer les autres et de gagner de l'argent sans même avoir un « job » ! :) Je vois tant de GRANDEUR en toi, Ms. Lilou !

C'était un message d'Alexandra Jaye, également membre de la communauté du « Défi de 100 jours... » (*www.cocreatingourreality.com/profile/AlexandraJaye*). Une autre personne, WealthyApple (*www.cocreatingourreality.com/profile/WealthyApple*) m'écrit :

Merci pour ton honnêteté et la vérité. Ton alignement va te permettre d'aller de l'avant et de faire des choses étonnantes. Tu es une vraie source d'inspiration !
Et, croyez-moi, ça me met du baume à l'âme ! Un autre message, de Beth, dit :
J'ai la chair de poule quand je t'écoute. Je sens tellement d'énergie passer à travers toi : c'est merveilleux ! Je suis impatiente d'écouter la vidéo de demain. :)

Vous devez bien vous imaginer le plaisir que procure la lecture de tels messages. Cela me donne beaucoup d'inspiration en ce moment !

Voici encore un extrait d'un commentaire d'Anne, à propos de la même vidéo :

Quelle vidéo merveilleuse et stimulante ! Tu es une femme courageuse. Avec une énergie de ce genre, je suis sûre que tu vas faire quelque chose de formidable. Bonne chance dans tout ce que tu entreprends.

Et voici encore quelques mots d'Éric (la première partie est une vraie source d'inspiration) :

Lilou, c'est là l'une des vidéos les plus honnêtes que j'ai vues depuis longtemps. Il y a de quoi être fier ! Nous avons parlé toi et moi de la récession, c'est vraiment nul ! Je ne peux pas m'imaginer un monde dans lequel Lilou ne s'épanouisse pas. Je n'ai pas encore lu les commentaires sur ta vidéo. Je suis sûr qu'il y en a beaucoup, mais je veux que tu saches qu'il y a des gens partout dans le monde qui t'aiment et que tu peux réussir tout ce que tu veux. J'y crois vraiment, même si toi tu as des doutes. Tu as dit qu'il y avait eu des signes, et je pense que tes employeurs ont vraiment manqué de perspicacité en te laissant partir, je suis sûr que tous les membres de CCOR se rallieront à ton attitude.

Un autre commentaire sur cette vidéo me vient de Mascha (*www.cocreatingourreality.com/profile/mascha*) :

Oh, mon Dieu, Lilou ! Je t'aime tellement ! C'est génial de transformer cette situation en quelque chose de positif et de savoureux ! D'avoir le temps d'écouter ton intuition, de manger cru et de t'occuper de ton bien-être. Tu bénéficies d'une guidance d'en haut, tu as de la chance ! Les réponses vont venir à toi... contente-toi d'écouter. Tes talents t'appellent : RIEN DE TEL QUE DE SE SENTIR BIEN !

Un autre commentaire d'Audrey *www.cocreatingourreality.com /profile/audrey*) :

C'est super pour toi, Lilou. C'est incroyable comment tu arrives à économiser de l'argent dans certains domaines, pour pouvoir profiter du luxe que tu mérites.

Quant à Rachel (*www.cocreatingourreality.com/profile/rachelgalvin*), elle dit :

Ça me rappelle quand j'ai laissé tomber mon job dans le magazine ! Au fait, j'ai adoré ton interview sur l'alimentation crue. Peut-être que tu devrais écrire un livre sur ce sujet ! Et si tu lançais une émission de TV là-bas ?

Bonne idée, Rachel ! C'est certainement une des choses dont je vais m'occuper à l'avenir. Restons en contact, chère Rachel.

Le dernier commentaire – tout au moins l'un des derniers – me vient de LizBeth (*www.cocreatingourreality.com/profile.elizabethhillery* :

Chère Lilou : ta vision des choses est plus « claire » aujourd'hui qu'au cours des six derniers mois. Ce que je veux dire par là, c'est que, depuis que tu avais pris ce poste en Angleterre, quelque chose avait changé en toi. Je ne saurais pas vraiment dire quoi... Il y avait comme un voile autour de toi, quoi que tu en dises. Alors que maintenant, tu as retrouvé toute ta vivacité et ton énergie pétillante.

Oui, Elizabeth. C'est également mon sentiment et je vais résolument aller de l'avant et continuer d'agir ainsi, parce que je me sens de nouveau vivante depuis que j'ai perdu mon emploi, et je ne veux pas que ma peur m'empêche de vivre ce rêve.

IL EST TEMPS DE VIVRE NOS RÊVES !

Il est temps maintenant de vivre nos rêves. Mon rêve à moi, c'est d'avoir une émission de TV et de toucher des millions de gens tous les jours, mais, vous savez, ça pourrait tout aussi bien être une émission de WebTV. Ça pourrait être aussi un livre ou des séminaires. Toutes ces choses sont possibles, et il est temps de passer à l'action ! Il est temps que je les réalise, que l'argent rentre et que j'accède à ce pouvoir que nous avons tous, car il nous a été donné ; quand vous commencerez à le mettre en pratique, vous verrez que la Loi de l'Attraction est vraiment étonnante ! Je vous suggère de commencer par attirer une place de parking, par exemple, ou l'arrivée du bus juste au moment où vous parvenez à l'arrêt. Je crois vous serez surpris. Progressivement, vous allez prendre confiance en vous et, d'ici peu de temps, vous serez lancé et vous attirerez des choses de plus en plus importantes, à volonté !

COMMENT J'AI RENCONTRÉ OPRAH WINFREY : LE POUVOIR DES DÉCLARATIONS

Je suis désormais dans la 11e saison du « Défi de 100 jours pour tester les lois de l'univers », ce qui veut dire que cela fait plus de 1000 jours que je mets en pratique la Loi de l'Attraction, que je déclare ce que je veux et que je m'entraîne méthodiquement à diffuser mes progrès sur Internet, sous forme de vidéos et de blogs. L'une de mes histoires favorites (et celle qui a été la plus visionnée sur YouTube) concerne ma rencontre avec Oprah Winfrey. J'en ai les larmes aux yeux chaque fois que j'y repense. Quelle chance j'ai eue à l'époque où j'étais dans ma quatrième saison du « Défi de 100 jours... ».

J'ai déménagé à Chicago, après avoir vécu à Miami durant six ans. Environ un mois après mon arrivée, j'ai fait la connaissance de Bryan : cher Bryan. Il m'a invitée à dîner au *Marché* dans la West Loop de Chicago, et tandis que nous mangions dans ce magnifique restaurant français, je me suis surprise à lui dire à quel point j'admirais Oprah Winfrey, aussi bien en tant que personne que pour tout ce qu'elle a fait dans le monde. Quelle femme remarquable ! Elle est incontestablement l'un de mes modèles. À ma surprise, et pour mon plus grand plaisir, Bryan m'a dit, « Eh bien, on est à deux pas des Studios Harpo. Pourquoi ne pas y faire un saut ? »

Effectivement, le bâtiment des Studios Harpo se trouvait à deux pas de là, avec les mots « The *Oprah Winfrey Show* » écrit en grandes lettres au-dessus. J'avais le cœur qui battait fort. Une petite fille à qui l'on aurait dit qu'elle allait aller à Disneyland aurait difficilement pu être plus excitée que moi. Bon, mais cette fois-là, je me suis simplement fait prendre en photo devant les studios, et voilà. Je suis rentrée chez moi et le lendemain matin j'ai fait une petite vidéo pour raconter à tout le monde où j'en étais dans mon « Défi de 100 jours... ». Cette vidéo se trouve d'ailleurs toujours sur YouTube, 25 000 vidéos plus tard (*http://www.youtube.com/watch?v=qlmTM4rtyv8*) et je sais qu'elle a incité de nombreuses personnes à faire comme moi... Alors, qu'ai-je fait au juste ? J'ai simplement déclaré sur cette vidéo : « Je souhaite rencontrer Oprah Winfrey avant la fin de l'année. Et j'ai envie d'être dans le public du *Oprah Winfrey Show*. »

Ça, c'était en novembre 2006. Deux jours plus tard – je ne blague pas – Bryan, avec qui j'avais récemment dîné, est tombé sur Oprah Winfrey dans l'ascenseur du Ritz Carlton à Chicago. Il l'a à peine reconnue. Elle n'était pas maquillée et se trouvait là en jogging avec son garde du corps. Bryan a été un peu surpris de la rencontrer comme ça, même si je ne pense pas qu'il se soit rendu compte sur le moment que ce n'était pas une coïncidence, mais une manifestation de la Loi de l'Attraction. Aujourd'hui, je crois qu'il comprend ! N'est-ce pas, Bryan ? Quoi qu'il en soit, il a rassemblé tout son courage et s'est surpris à dire à Oprah : « J'ai fait la connaissance Lilou. Elle vient d'arriver de Miami, et l'un de ses rêves... » – il a utilisé le mot "rêve", qu'adore Oprah – «... est de vous rencontrer et de pouvoir être dans le public de votre émission. »

Généreuse comme elle est, Oprah a alors griffonné sur-le-champ un numéro de téléphone et lui a dit, « Appelez cette personne et vous aurez deux billets pour l'émission de demain. Veillez simplement à y être à midi. » Ouah ! Bryan m'a appelée juste après et je me suis mise à trembler. Même moi, avec toute l'expérience que j'ai de la Loi de l'Attraction, je n'arrivais pas à croire qu'une telle chose venait d'arriver. « Ouahhhhhhhhh ! » me suis-je exprimé, « Les choses vont vraiment vite. Ce n'est pas une blague ? » Je n'arrivais pas à y croire, tellement c'était merveilleux ! J'ai même dit, « Je n'y croirais que quand je le verrai ».

Et le lendemain, nous nous sommes effectivement retrouvés devant les Studios Harpo et nous avons appelé l'une des assistantes d'Oprah par une porte de derrière. Elle nous a dit, « Je n'en reviens pas qu'elle ait fait ça. Elle agit rarement comme cela, à la dernière minute. » Elle est d'ailleurs allée vérifier auprès d'Oprah et est revenue cinq minutes plus tard. En l'espace de quelques minutes, nous nous sommes retrouvés dans le public du Oprah Winfrey Show. Magique !

UN JOB DE RÊVE : C'EST PLUS QU'UNE COÏNCIDENCE !

Et, devinez quoi ? Ce jour-là, l'émission traitait... des jobs de rêve ! Là non plus, pas de coïncidence ! C'était un signe pour moi, comme dirait mon père. Durant cette émission, Oprah a parlé de la carrière phénoménale qu'elle a eue, de toutes les activités qui ponctuent sa vie quotidienne et de la chance qu'elle a, etc., puis d'autres personnes ont évoqué le job de leurs rêves. Durant toute l'émission, je baignais dans un tel sentiment de gratitude que j'étais incapable de parler. Je n'ai fait qu'écouter et tout absorber en moi, m'efforçant de réaliser que j'avais la fameuse Oprah Winfrey devant moi, juste quelques mètres en dessous de moi, et que c'était elle qui nous avait invités à être là ! Et je ne me suis pas contentée de voir l'émission principale, ce soir-là ! Je suis également restée pour la seconde partie qu'elle enregistrait pour la chaîne Oxygen. (Je sais aujourd'hui combien j'ai eu de la chance, car je suis retournée à l'émission principale quatre fois depuis, et ça ne se passe pas comme ça chaque fois.) Au cours de la seconde partie, Oprah a

demandé, « Alors, où est Bryan ? Le Bryan que j'ai rencontré hier ? ».
« Oui, Oprah, je suis là. » Bryan s'est levé et la caméra et les micros se sont braqués sur lui.
Oprah a poursuivi, « Oui, je rendais visite à Barbara Streisand, quand je vous ai croisé et vous m'avez dit que votre amie désirait vraiment me rencontrer. Est-ce là votre amie ? » Elle avait le regard braqué sur moi.
Et donc je me suis retrouvée là – moi, la petite Lilou, très, très timide – devant « the Big O », avec un sourire de gratitude jusqu'aux oreilles. « Bonjour Mrs Oprah », lui ai-je dit, « Et merci de nous avoir invités. » Sous le coup de l'émotion, c'est à peu près tout ce que j'ai pu dire. J'étais tellement reconnaissante de ce qui m'arrivait. Le seul fait d'échanger quelques phrases avec elle était déjà en soi une expérience formidable, mais ça ne s'est pas arrêté là, car ensuite Oprah nous a invités en coulisse. Le photographe officiel nous a photographiés avec elle et nous avons eu l'occasion de discuter un peu plus. Par la suite, nous avons reçu la photo officielle, la seule et unique, puisque l'on n'est pas autorisé à apporter son propre appareil photo à l'émission d'Oprah. Je m'estime tellement chanceuse d'avoir cette photo qui me rappelle à chaque instant tout ce qui est possible. Voici la vidéo que Bryan et moi avons réalisée à l'extérieur des Studios Harpo : *http://www.youtube.com/watch?v=LMZfUHUnlXE* (qui a été visionnée 24'000 fois à ce jour).

INSPIRÉE PAR OPRAH, JE LANCE MA PROPRE ÉMISSION DE TV !

Le lendemain, je me sentais hyper motivée à lancer ma propre émission de télévision. Je me disais, « Oh, mon Dieu, Oprah vit son rêve, elle l'a réalisé. Je devrais faire pareil, j'en suis capable. Et je vais le faire ! » À l'époque, cela faisait déjà quelque temps que je dirigeais ma propre entreprise de marketing Internet, lancée en 2001, peu après le 11 septembre. Au départ, c'était une société d'e-mails, avant de devenir une entreprise de conception de sites Web et de marketing Internet. Globalement, je ne m'en sortais pas mal, mais c'était parfois difficile, il me fallait constamment trouver de nouveaux clients, et je n'étais pas satisfaite à 100 %. Je gagnais ma vie, j'apprenais beaucoup de choses et j'aimais mon travail la plupart du temps, alors je continuais, même si j'avais parfois l'impression que ma jeunesse me filait entre les doigts. Mais surtout, en rencontrant Oprah, j'ai réalisé que je me cachais derrière un écran d'ordinateur. J'avais dit que je voulais toucher des millions de gens, mais en réalité, je me planquais derrière un écran au lieu d'être face aux gens et aux caméras. C'est pourquoi, quand j'ai entendu Oprah dire qu'elle avait décroché le job de ses rêves, c'est un peu comme si soudain une lumière s'était allumée en moi : j'allais moi aussi lancer ma propre émission !

J'ai fait quelques recherches en ligne, pour essayer de déterminer comment m'y prendre. Peut-être devrais-je suivre des cours, me suis-je dit : il existe sans doute un programme universitaire pour apprendre comment

devenir journaliste ou présentateur TV ? J'étais tout excitée, très enthousiaste, et je me laissais porter par le courant. J'ai alors fait une autre déclaration à l'univers et, après près de deux heures de recherches infructueuses, je suis finalement tombée sur CAN TV à Chicago. (Ce qu'il y a de génial, aux États-Unis, c'est que vous pouvez avoir votre propre TV câblée pour trois fois rien. Je ne sais pas si la même chose existe à Londres ou en France.) Cette chaîne-là avait pour objectif de donner une voix aux habitants de Chicago, un forum où exprimer leurs opinions. En règle générale, du moment que la qualité de l'émission est satisfaisante (ce qui vaut pour la majeure partie de ce qui leur est proposé), ils acceptent de le diffuser. Il y a évidemment quelques règles – il faut par exemple se déclarer comme producteur – mais les coûts sont relativement anecdotiques, de sorte que pratiquement n'importe qui peut se lancer. Ça ne vous étonnera pas d'apprendre que j'ai immédiatement contacté CAN TV pour en savoir plus. (Vous trouverez un blog vidéo à ce sujet ici : *http://www.youtube.com/watch?v=gYN9HhNtz0A*). L'idée m'enthousiasmait, mais je ne savais pas du tout comment ça fonctionnait. Je suis allée à une séance d'introduction où l'on m'a notamment dit : « Vous pouvez avoir jusqu'à un million de téléspectateurs ! ».
Ouah ! J'étais sûre d'être sur la bonne voie !

UNE VIE EXCITANTE

Un cours pour producteurs démarrait justement le lendemain, alors je me suis inscrite. Une fois formée, il m'a fallu réfléchir au concept de mon émission et manifester dans ma vie les personnes dont j'aurais besoin dans mon équipe – une équipe de volontaires pour réaliser les enregistrements, les monter, etc. – alors, j'ai mis quelques petites annonces sur CAN TV, et quelque temps après j'ai lancé une émission intitulée *Live a Juicy Life (Vivez une vie savoureuse)*.

En réalité, au départ, le programme s'intitulait *My Juicy Life (Ma vie savoureuse)*. Je voulais tenir les gens au courant, jour après jour, en faire une sorte de reality show sur mes rencontres avec des personnes intéressantes, l'idée étant d'interviewer les auteurs d'ouvrages de développement personnel (comme j'ai continué de le faire par la suite). J'ai donc décidé de renommer mon émission *Live a Juicy Life* pour qu'il soit bien clair qu'elle ne parlerait pas de *ma* propre vie savoureuse. J'avais toutefois conçu le titre original dans l'idée que les gens s'approprient l'émission et, de manière plus subtile, qu'ils aient le sentiment de diriger leur propre vie. Je les imaginais dire, « Oh, *Ma vie savoureuse*. Avez-vous vu *Ma vie savoureuse* ? ». D'une certaine manière, ils commenceraient ainsi à admettre qu'ils ont (potentiellement) une vie de ce genre. Les choses que l'on dit, comme « Oui, j'ai une vie savoureuse. Oui, j'ai une vie extraordinaire », tendent à se réaliser. On se sent vivant et reconnaissant pour tout ce qu'il y a de positif dans la vie, et on commence à en attirer davantage ! Au fait, pour moi, le terme « savoureux » évoque une vie passionnée, qui a un but. Quoi qu'il en soit, ça a marché pour moi, et j'ai eu l'occasion d'interviewer quelques personnes remarquables dans le cadre de cette émission.

À QUOI PEUVENT VOUS CONDUIRE DE GRANDES INTENTIONS

Sandy Grason fut ma première invitée sur l'émission. Elle et moi avons cofondé le « Défi de 100 jours pour tester les lois de l'univers ». Au cours de cette interview, nous avons parlé de son livre *Journalution: journaling to awaken your inner voice, heal your life and manifest your dreams*. Elle a été pour moi un hôte étonnant qui a vraiment fait décoller l'émission. (Voir son site *http://www.SandyGrason.com*)

Par la suite, j'ai continué de prendre du bon temps, de produire *Live a Juicy Life* et de rencontrer des gens extraordinaires. J'ai parlé d'alimentation crue avec Karyn Calabrese. J'ai pu interviewer John Gray, l'auteur de *Les hommes viennent de Mars et les femmes de Vénus*, ainsi que Sarah Caldicot, arrière-petite-nièce de Thomas Edison, coauteur d'un livre sur l'innovation, fondé sur les principes d'Edison. Judith Wright, auteur de *The One Decision*, une femme phénoménale que j'avais rencontrée à Miami, a également fait une merveilleuse apparition dans mon émission.

Parmi les autres personnes réputées figuraient également Kevin Ross, auteur de *Living the Designer Life*. L'interview que j'ai faite de lui s'est déroulée le même jour que celle du *Oprah Winfrey Show* consacrée au *Secret*, aussi ne serez-vous guère surpris d'apprendre que nous avions l'intention d'attirer à nous un nouveau billet d'entrée et que, oui, nous nous sommes retrouvés dans le public ! Parmi les invités de l'émission d'Oprah figuraient Jack Canfield, Rhonda Byrne et d'autres personnes ayant participé au livre *Le Secret* ; c'était donc génial de pouvoir être là. Et je tiens à vous en remercier encore une fois, Oprah. C'est grâce à vous que j'ai pu vivre non seulement cette nuit-là, mais une grande partie de mon aventure, et que j'ai pu continuer à vivre mes rêves !

Puisque j'en suis aux remerciements, je tiens à exprimer ma gratitude éternelle envers Terry, John Beck et Elena Katardjieva qui ont filmé et monté mon émission. Les gars, vous avez été fantastiques ! Je vous remercie d'avoir cru en moi et d'avoir fait tout cela pour rien, même si vous n'étiez pas franchement riches. Ensemble, nous avons rendu cette émission possible. Merci.

Il faut que je vous dise deux ou trois choses de plus à propos de cette émission. Je la réalisais à côté de mon activité principale (la direction de mon agence de marketing Internet), jonglant ainsi entre deux boulots, tout le temps que dura cette émission. Elle ne comportait pas de publicité et on peut vraiment dire que c'était une production « maison », puisqu'elle était filmée dans mon salon avec l'équipe de bénévoles que je viens de mentionner, en utilisant du matériel qui nous était prêté par CAN TV. Malgré tout, nous n'avons cessé de faire des progrès et cette aventure a été extrêmement gratifiante, comme vous vous en doutez à ce stade ! Les efforts initiaux qu'il a fallu déployer pour qu'elle décolle, pour qu'elle trouve son public, ou tout simplement pour que j'arrive à parler devant la caméra, en valaient largement la peine.

Tout cet épisode illustre à merveille la façon dont opère la Loi de l'Attraction. Les choses commencent à se manifester sitôt que vous posez de grandes intentions. J'ai déclaré que je voulais toucher des millions de personnes, puis Sandy et Laura ont débarqué dans ma vie, ce qui a donné naissance au « Défi de 100 jours pour tester les lois de l'univers » et aux vidéos que j'ai commencé à mettre sur YouTube. Ces bases-là ayant été posées, ma rencontre avec Oprah et le lancement de mon émission n'ont pas tardé à suivre.

ACCUMULER DE L'ÉNERGIE

C'est moi qui ai permis à tout cela d'arriver, de se déployer. On pourrait dire que j'ai laissé les ondes de choc se propager, permettant ainsi à une chose d'entraîner la suivante. On peut également comparer cela à la façon dont une boule de neige dévale une pente. Je n'ai pas essayé de l'arrêter ; j'ai laissé faire. Quand on est capable d'accompagner le mouvement ainsi, on est stupéfait de voir ce qu'il arrive.

Pour prendre encore une autre métaphore, au départ, vous devez être capable de prendre la vague que représente une nouvelle opportunité, en vous mettant tout de suite à pagayer et à accumuler de l'énergie et de la vitesse, de manière à ce que quand la vague arrive vous parveniez à surfer dessus et à la laisser vous emporter. Si vous vous contentez de rester affalé sur votre canapé à ne rien faire, il n'arrivera rien du tout. Vous devez accumuler de l'énergie et de l'intensité, ce qui ne veut pas dire faire n'importe quoi. Non, vous devez vous sentir bien, alors, même si c'est simplement d'aller dans un club de fitness ou d'aller marcher dans la nature, ou encore d'écrire votre journal (n'importe quelle activité qui vous inspire) : c'est d'un mouvement positif de ce genre dont je parle. Vous devez sentir que vous allez de l'avant et que vous donnez à votre corps, à votre cœur, à votre mental et à votre âme ce dont ils ont besoin... En résumé : adonnez-vous à des activités qui vous font du bien et qui vous permettront de prendre la vague quand elle arrivera.

FAIRE LE POINT : SOURCES POTENTIELLES DE REVENUS

Je viens de dresser la liste des diverses sources de revenus qui pourraient être les miennes, si je ne continue pas dans le marketing Internet, pour me concentrer sur la découverte du job de mes rêves. L'une de ces sources de revenus, c'est mon CD de méditation.
Le livre en est une autre. Je songe d'ailleurs à l'intituler *Attirez le job de vos rêves*. Si je trouve un éditeur que cela intéresse, peut-être toucherai-je une avance. On m'a toutefois dit que ce n'était pas chose facile, en ce moment... Non, je ne veux pas aller dans ce sens – penser d'une manière négative, comme cela : alors j'annule cette inquiétude et je déclare que j'attirerai rapidement un éditeur. Un jour, j'adorerais être publiée par Hay House. C'est l'éditrice du Dr Wayne Dyer. C'est une femme extraordinaire, elle aussi. Ces deux personnes ont aidé des millions de gens, et si nous en sommes à ce stade, dans l'évolution de la conscience humaine, c'est grâce à des gens comme eux, qui ont aujourd'hui passé soixante ans (plus de 80 pour Louise Hay), qui sont toujours restés dans le coup, et qui ont beaucoup écrit sur le pouvoir des pensées et des intentions, depuis des dizaines d'années. Si je ne trouve pas d'éditeur, je m'au-

topublierai, mais je préfèrerais quand même en trouver un, à cause du soutien que cela représente.
Mon partenariat avec YouTube représente une autre source de revenus. Comme je l'ai dit plus haut, plus il y a de gens qui cliquent sur les pubs qui figurent à côté de mes vidéos, plus je gagne d'argent. Il faut donc produire beaucoup de vidéos et avoir beaucoup de spectateurs pour en tirer un revenu significatif, mais comme je n'arrête pas d'en faire, et que j'augmente le nombre de mes fidèles, à force cela peut devenir intéressant. Actuellement, je gagne environ 300 $ par mois. Je ferai quelques recherches pour optimiser les choses, car je crois que certaines personnes sur YouTube, comme Michael Buckley (*http://www.youtube.com/user/WHATTHEBUCKSHOW*) gagnent jusqu'à 100'000 $ par an grâce aux programmes de partenariat, et désormais Michael a un contrat avec Fox.
J'ai aussi envie d'organiser des événements pour célibataires. J'en avais fait un pour la St Valentin, auquel ont répondu présent plus de 600 personnes. Peut-être en ferai-je de payants, mais je commencerai par un gratuit, probablement le 3 mars, puis… Je pourrais peut-être animer des séminaires sur la Loi de l'Attraction ou sur l'art d'attirer le job de ses rêves. Je peux faire ça maintenant ou plus tard, dans le cadre de la promotion du livre.
À propos de ce livre, j'envisage aussi d'en vendre une version audio qui serait assez semblable à la version écrite. Je tenais à ce que mes mémos oraux forment la base de ce livre, mais je crois que les gens aimeraient peut-être aussi entendre la version audio.

JE SONGE À UN NOUVEL ORDINATEUR

Ce qui me fait penser qu'il faudrait que je mette à jour le site web Lilou Macé (*http://www.liloumace.com*), d'où la pensée que ce serait bien de créer un nouveau site web qui serait plus facile à mettre à jour. Jusqu'ici j'ai utilisé iWork (un des logiciels Mac) pour créer et mettre à jour mes sites web, mais maintenant que l'ordi que j'ai utilisé pour créer mon site est mort, je ne peux plus le mettre à jour depuis là, et il faudra bien que je trouve un autre moyen...

Je suis vraiment tentée de m'acheter un nouveau Mac, mais il faut que je fasse attention à mes priorités et j'en ai encore un de secours qui marche toujours. Quoi qu'il arrive, il faut que je fasse ce nouveau site dans les trois prochains mois. J'espère que je pourrai le faire bientôt. Non, pas « j'espère » : annulation, annulation !

EN QUÊTE D'IDÉES DE LIVRES

A ce stade, ma priorité est la rédaction du synopsis du livre, puis de trouver un éditeur, je vais donc commencer par ça. Je consulte actuellement Amazon pour voir ce qu'il y a sur le même sujet. Par exemple, j'ai trouvé La semaine de quatre heures, Vivez n'importe où, comme les riches et 48 h pour faire ce que vous aimez faire. Il y en a donc plusieurs, mais j'aimerais plutôt quelque chose dans le style des journaux de Bridget Jones ou d'Anne Frank, avec un style à la Jack Canfield et une touche de Loi de l'Attraction, mais comportant évidemment mon nom, comme, *Lilou : journal d'une chercheuse d'emploi* ou *Le journal de Lilou : attirer le job de ses rêves*. Comme vous le constatez, le titre mûrit et je laisse venir à moi les idées, en sollicitant une aide d'en haut.

VIN ET RÉSEAUX (≠ ROSÉ)

Plus tard dans la journée, je dois aller à un grand événement autour du Bordeaux, pour lequel j'ai déjà payé l'inscription, Dieu merci, parce que ça coûte 30 £ ! Je n'y serais pas allée, ce soir, si je n'étais pas déjà inscrite, mais puisque j'y vais, je me réjouis de rencontrer peut-être des gens formidables, etc.
Je poursuivrai mes recherches dans la cuisine. Je ne sais pas pourquoi, je suis toujours plus inspirée quand j'y suis et, même en ce moment, alors que je ne cuisine pas, il me vient plus d'idées que lorsque je suis au salon ou ailleurs. Quoi qu'il en soit, un changement de cadre fait généralement du bien…

DE NOUVELLES PERSPECTIVES

Nous n'abordons pas tous les choses de la même manière, et nous n'accueillons pas non plus de la même façon ce que la vie nous apporte. J'ai de la chance, car j'aime les défis et la nouveauté, alors que tout le monde n'est pas à l'aise avec ça. Ça ne me rend pas forcément la vie facile, ni immédiatement parfaite, mais j'accepte cet esprit qui m'habite et qui adore le changement. Quelle que soit notre nature, nous sommes tous confrontés à des défis dans la vie, ainsi qu'à des peurs qui se manifestent en période d'insécurité. Je dois garder à cela à

l'esprit en écrivant ce livre : avoir conscience du point de vue de chacun. J'espère qu'en lisant ce livre vous y trouverez quelque chose qui entrera en résonance avec vous et que vous parviendrez aussi à comprendre le point de vue des autres.
D'ailleurs, l'un des objectifs de ce livre est de vous aider à poursuivre ce cheminement de mon point de vue – de vous prêter en quelque sorte mes yeux – en partie dans l'espoir que vous parveniez à voir votre propre situation d'une autre perspective, afin de vous ouvrir à de nouvelles idées. J'espère que vous me suivrez, au fil de ce journal, pour voir à quoi il aboutit et qu'il vous donnera envie de « prendre le train en route » à un moment ou un autre. Il vous inspirera peut-être à passer à l'action et parfois il suffit d'une petite chose – d'un changement mineur – pour faire une grande différence. Vous pouvez bien sûr poursuivre tout simplement votre lecture, mais restez ouvert à cette possibilité : on ne sait jamais ! Et si ça ne vous convient plus, à un certain stade, posez simplement le livre et revenez-y plus tard. Ne forcez pas les choses : laissez-les se déployer d'elles-mêmes.

UNE CHANSON ?

Une chanson de Katy Perry (*http://www.katyperry.com*) me trotte dans la tête. Mais au lieu de chanter « I kissed a girl and I liked it » (*J'ai embrassé une fille et ça me plaît*), je chante, « I lost my job and I liked it » (*J'ai perdu mon job et ça me plaît*). Na na na na. Je devrais récrire la chanson comme ça. Ce serait rigolo !

IL EST IMPORTANT DE FAIRE DES CHOSES QUI VOUS FONT DU BIEN

Je pense que plus vous voulez manifester rapidement le job de vos rêves, plus il est important que vous vous sentiez bien et que vous fassiez des choses qui vous font du bien. C'est un sacré défi, un acte de foi. Utiliser la Loi de l'Attraction pour obtenir l'emploi dont on rêve exige de l'audace : c'est une approche radicalement différente de tout ce qu'on nous a appris.
Je vous suggère de dresser dans votre journal la liste des dix choses que vous aimez le plus faire, des choses qui vous donnent la pêche, comme rencontrer un ou une amie, prendre un bain à bulles, se faire une manucure ou un massage, aller à un rendez-vous amoureux, participer à un séminaire... ou que sais-je. Notez dix choses, les dix plus importantes (s'il vous en vient davantage, notez-les toutes, puis réduisez à dix, voire à cinq), mais notez-les vraiment.

RECONNAÎTRE LES PENSÉES QUI NOUS INSPIRENT

Vous devez faire ce qui vous stimule et vous inspire. Puis, vous devez aller là où vous porte l'inspiration que cela vous apportera. Que veux-je dire par là ? Une inspiration, c'est quelque chose qui vous attire de façon quasi magnétique : vous en percevez la puissance d'attraction. On ne perçoit peut-être pas tous cela de la même manière, mais je vais vous dire comment ça se passe dans mon cas. Voici quelques semaines, par exemple, j'ai été très attirée par le livre de Jack Canfield. Je ne savais pas trop ce que cela signifiait, sur le moment. Ce livre suscitait en moi quelque chose que je ne parvenais pas vraiment à identifier, mais j'avais le sentiment que c'était « ce qu'il me fallait ». Je l'ai regardé de nouveau aujourd'hui, et le titre m'a en quelque sorte sauté aux yeux : il m'a vraiment parlé et m'a fourni une inspiration importante à propos du titre que je devrais donner à mon livre.

FAIRE UN LIVRE COURT ?

Je crois qu'il faut que ce livre reste court et direct ; il ne faudrait pas qu'il devienne répétitif. Il y a un petit ouvrage que j'adore qui s'intitule *Le petit livre de la Bible : les 10 lois de l'abondance*. Si vous cherchez un titre sur la manière d'attirer l'argent et l'abondance dans votre vie, je vous recommande vraiment celui-là. Il est court – il se lit rapidement – tout en étant complet. C'est l'une de mes lectures favorites, une vraie mine d'or et d'informations condensées. Je peux l'ouvrir n'importe quand, en lire des extraits durant quelques minutes, et je me sens aussitôt rechargée. J'ai surligné certaines sections, pour pouvoir rapidement m'y référer. Du coup, je me demande quel serait l'intérêt d'écrire un long livre, s'il est possible d'en faire un court qui soit vraiment inspirant ? Je crois que je vais prendre cette option-là et faire un ouvrage à la fois court, agréable et efficace.

UN SIGNE ?

Rappelez-vous que vous ne pouvez pas interpréter tout ce qui vous arrive comme un signe. Le plus important, c'est de suivre votre cœur. Si vous ne voulez pas voir des signes partout, mais plutôt vous sentir interpellé puissamment par certains d'entre eux, par exemple au cours de votre recherche d'emploi ou lorsque vous cherchez de nouvelles solutions à un même problème, sollicitez une aide en haut et demandez des signes qui vous indiquent clairement quelle est la prochaine étape à franchir, même s'il s'agit tout simplement de faire une demande. Il n'est pas nécessaire d'avoir déjà un plan complet. L'objectif n'est pas de tout déterminer à l'avance ; il s'agit plutôt de laisser les choses se présenter à vous, tout en restant souple.

JE SUIS MON INTUITION
ET J'AI DE NOUVELLES INSPIRATIONS

J'ai ressenti le besoin de m'arrêter dans un petit resto gastronomique, au coin de la rue. Ils ont du thé à la menthe frais et préparent une nourriture simple qui nourrit bien : j'en ai commandé un peu. On se sent un peu chez soi, dans ce resto, et j'aimerais que ce soit pareil pour mon livre. Il faut qu'il ait l'air familier, terre-à-terre, et que la couverture suggère qu'on accède aux pensées intimes de quelqu'un, à son jardin secret, sans qu'elle soit pour autant éthérée ou farfelue ; j'aimerais qu'elle ait une touche classique et british.

CE LIVRE NE TRAITE PAS AVANT TOUT DE LUI-MÊME !

À ce stade, j'aimerais m'assurer que vous comprenez bien que mon récit ne concerne pas avant tout la publication d'un livre, mais qu'il relate mon cheminement (inspiré par la Loi de l'Attraction), raison pour laquelle je vous raconte ce qui m'arrive. À travers cette expérience, j'aimerais que vous discerniez ce qui est véritablement important et que vous l'interprétiez à la lumière de ce que vous avez vous-même toujours voulu faire, mais que vous ne faites peut-être pas encore. Permettez désormais à ces envies-là de se développer. C'est fascinant de voir comment les choses se passent.

Sans doute faut-il également que je répète que mon intention est d'attirer le job de mes rêves. Peut-être que ce sera justement de publier ce livre et d'en retirer de l'argent, en parvenant à le vendre rapidement à un éditeur, peut-être même en l'espace de deux semaines. Oui, il est possible que je signe avec un éditeur et que j'attire ainsi de l'argent, et que ce soit là le job de mes rêves ! Il n'y a rien que je souhaite plus au monde que de voyager pour faire la promotion de ce livre et des idées qu'il contient, tout en continuant à faire des vidéos et à être invitée à la télévision pour en parler, et j'ai vraiment le sentiment qu'en ce moment tout est propice à ce que les choses se passent ainsi. Il faut que je me montre, si je veux transmettre mon message, et j'ai l'impression que la vie conspire à m'aider dans ce sens. L'univers est avec moi, parce que je le veux bien, parce que je suis ouverte à me laisser guider d'en haut. Je ne cesse de le demander, et même mes revers apparents ne m'arrêtent pas. Je ne cesse d'avancer, je vais de l'avant, toujours prête à élargir la conversation et à danser.

SAVOIR DANSER AVEC LES REVERS

Voilà encore un point important : la façon dont nous accueillons les revers. Il arrive parfois des choses qui ne sont pas exactement ce que nous voulions ou attendions. Apprenez donc à danser avec, au lieu de vous arrêter aux apparences ou d'y voir une forme de rejet. Il est utile de croire qu'il y a une raison à tout ce qui vous arrive, alors, dansez avec et ne vous arrêtez pas, restez dans la course. Je sais que certains d'entre nous ont vécu des événements horribles et tragiques. Je crois que chacune de ces expériences est là pour nous apprendre quelque chose. Elles peuvent nous aider à accueillir autrui dans notre vie, ou à éprouver de la gratitude pour ce que nous possédons déjà, ou encore à apprécier les petits miracles de la vie, voire à devenir quelqu'un de fort qui peut diriger les autres et les instruire. Votre expérience peut être utile à d'autres. Je crois qu'il n'y a pas d'accidents dans la vie ! Alors, dites-vous : « D'accord, voilà ce qui arrive. OK. Voyons comment danser avec... C'est quoi, la suite ? Que puis-je faire ? ». Gardez l'esprit ouvert et vous attirerez d'autres bonnes choses dans votre vie, si vous savez les accueillir. Alors, surfez donc sur cette vague !

TROUVER DU SOUTIEN EN CAS DE BESOIN

J'ai perdu mon emploi lundi après-midi. Nous sommes désormais vendredi matin, et je dois reconnaître que j'ai eu des hauts et des bas. Une partie de moi panique déjà et se dit, « Oh, mon Dieu ! Et patati et patata... ! ». Il est très tentant de suivre cette pente, mais heureusement les membres de la communauté CCOR me retiennent constamment, car je sais qu'ils ont vu ma vidéo « J'ai perdu mon job ». Ils me soutiennent vraiment – en m'envoyant des messages quotidiennement – ce qui m'aide énormément à continuer de voir la lumière, même en ce moment. Je crois que nous avons tous besoin d'un soutien de ce genre, alors, une fois encore, si vous êtes à la recherche d'un emploi, vous avez tout intérêt à faire partie d'un groupe où vous pouvez librement expliquer votre situation, telle qu'elle est, et être pleinement soutenu.

DÉTENDEZ-VOUS !

Il est important d'oser dire quelle est votre situation, mais ensuite, recréez-la, transformez-la constamment, et rappelez-vous que tout est possible, et que les choses peuvent se passer facilement et sans effort, pour peu que vous le permettiez. Je ne dirai jamais assez qu'il est important de dégager la voie pour laisser les choses se manifester d'elles-mêmes. La vie peut vraiment tout arranger, pour autant que vous vous détendiez et que vous vous concentriez sur votre intention de trouver un emploi qui vous corresponde pleinement. À votre réveil, le matin, efforcez-vous de sentir que vous avez vraiment de la chance. Alors, les choses commenceront à se manifester.

COMMENT GÉRER LES NOUVELLES

Le chômage et la situation économique sont source de tant de peurs, en ce moment, que cela éveille en nous des préoccupations inutiles. Si vous vous répétez que « tout va bien », vous attirerez à vous de nouvelles idées sur ce que vous devriez faire. Quand vous branchez la radio ou la TV, quand vous lisez le journal ou que vous parlez à des amis, vous pouvez avoir l'impression que tout le monde se fait du souci, d'où le risque que vous fassiez de même et que vous amorciez une spirale négative. Je surprends parfois cette tendance en moi, malgré ma connaissance de la Loi de l'Attraction, et dans ce cas je me rappelle immédiatement qu'il y a des opportunités formidables à saisir et que, pour peu que je laisse les choses se faire, elles peuvent venir à moi sans effort, à condition que je me dise que « tout va bien »... et c'est alors le cas ! Quand j'écoute les nouvelles, ça me fait plutôt paniquer. Je suis très consciente de la situation. Par exemple, il y a environ 300 000 Français à Londres. Ceux qui ont gagné le plus d'argent ici, en travaillant comme traders dans la City, rentrent maintenant en France. Rien d'étonnant à cela, puisqu'ils tireront pleinement parti de la perte de leur emploi au Royaume-Uni et toucheront jusqu'à 75 % de ce qu'ils gagnaient ici. Oui, ça n'a rien de surprenant qu'ils soient si nombreux à rentrer au pays !

RÉSISTER À LA TENTATION DE RENTRER CHEZ MA MÈRE

À la lecture de ces nouvelles alarmantes, une partie de moi se dit, « Bon, ne devrais-je pas rentrer en France et aller vivre chez ma mère ? De cette manière, l'argent que j'ai touché de mon ancien boulot pour ce mois durerait beaucoup plus longtemps que si je reste dans cette ville aux loyers exorbitants ». Mais, en même temps, il faudrait que je quitte Londres, chose que je n'ai pas envie de faire. J'ai l'impression que je dois rester ici. Mais j'y songe quand même, car je pourrais continuer d'écrire mon livre et de m'occuper de mes sites Web, et je pourrais peut-être stocker toutes mes affaires dans un entrepôt, ici ? Je sollicite une fois de plus une guidance d'en haut, pour savoir quoi faire. Je sais que j'ai un ange gardien à mes côtés et j'espère parvenir à prendre la bonne décision. Merci d'avance pour les conseils que je recevrai.
Je me rends bien compte combien il est facile de paniquer à la lecture des journaux. Je dois me garder de cette tendance et me poser la question de savoir si un retour en France me serait finalement utile et me permettrait de me sentir mieux. Ça remettrait sans doute certaines choses à plus tard. Oui, cela m'assurerait un répit durant un temps, mais je ne crois pas que ce serait très productif pour moi. Au final, donc, je pense que je devrais rester à Londres et vraiment *être* dans cette ville magnifique, faire partie de cette réalité – de tout ce qui s'y passe – car il se passe beaucoup de choses ici. Franchement, si je rentre à Nantes, chez ma mère – une perspective tentante – ça

ne m'aidera pas à réaliser mes rêves. Je crois que nous avons tous des tentations de ce genre. Y céder ne nous aide pas à faire appel à notre créativité. Je vais certainement évoquer avec ma mère l'éventualité d'un retour en France, mais je pense que je devrais rester à Londres, cultiver ce sentiment d'urgence, suivre le mouvement qui s'amorce ici et faire en sorte que les choses arrivent, et qu'elles arrivent vite.

PAYER LA DÎME

Je possède le livre *The Secret Daily Teachings*, qui est un dérivé du film *Le Secret*, et qui contient des enseignements pour chaque jour de l'année. Aujourd'hui, vendredi (le 19ème jour où je suis ces enseignements), ce livre dit qu'une des choses les plus importantes à faire pour changer de situation financière, c'est de donner 10 % de ses revenus. On appelle cela la loi spirituelle de la dîme, et il semble que ce soit l'un des actes les plus forts que l'on puisse poser pour attirer de l'argent dans sa vie. Ouah ! Eh bien, je vais donner 10 % de ce que je recevrai le mois prochain (c'est-à-dire pour les trois prochaines semaines, maintenant). J'en ferai don, même si je ne sais pas actuellement si j'aurai assez d'argent pour moi. C'est un véritable acte de foi de ma part ! Je prends l'engagement de le faire. C'est vraiment difficile pour moi de donner cette somme, puisque je n'ai aucune sécurité financière, mais je suis pleinement consciente et je jouerai le jeu à 100 %, afin d'avoir la Loi de l'Attraction et la Loi de la dîme, si on peut l'appeler ainsi, de mon côté.
Du coup, la question qui se pose est : à qui donner cet argent, et pour quoi ? Je devrais peut-être lancer cette

fondation que j'avais en tête – pour aider les jeunes enfants à aller voir le monde – ou peut-être est-il préférable que je trouve une organisation ou une personne qui s'occupe déjà de cela ? Il faut que je me renseigne, mais indépendamment de ce à quoi servira cet argent, j'en ferai don. Il ne me reste qu'à trouver de quelle manière le faire, que ce soit à une organisation ou à un individu en particulier. Une fois de plus, je sollicite une guidance d'en haut, afin de trouver qu'elle est la solution la plus bénéfique.

UNE CERTITUDE : C'EST BIEN LONDRES

Bien sûr qu'il faut que je sois à Londres ! C'est évident que je dois rester ! Il y a tout juste dix minutes, j'étais à deux doigts de penser que le mieux était que je reparte. Vous savez, le monde s'accélère aujourd'hui, de sorte qu'on est parfois soumis à tout un flot d'idées et de peurs. Il est donc important de prendre du recul, d'accueillir les choses et de ne pas prendre de décisions importantes dans les vingt-quatre heures qui suivent une réflexion de fond. Il vaut mieux laisser les choses sédimenter en se demandant, « Quelle serait la meilleure solution ? ». Rester à Londres est sans doute la meilleure option pour moi, en ce moment. En restant ici, j'ai l'impression de faire appel à ce pouvoir que je possède, et d'utiliser les ressources remarquables et le potentiel qui sont donnés à chacun d'entre nous à la naissance !

Il est facile d'être positif quand tout est parfait. C'est aussi facile de cultiver une tournure d'esprit positive, mais il n'est pas question ici de pensée positive, ni de prendre ses désirs pour des réalités. Il est question d'appliquer consciemment la Loi de l'Attraction, à une époque où c'est vraiment nécessaire. C'est vraiment l'énergie, le flot créatif et votre propre puissance qui sont à l'origine de tout, et dans mon cas, c'est dans cette ville que je le ressens le plus fortement. Londres va me permettre de mettre en œuvre mon pouvoir et de trouver le job de mes rêves. C'est ici qu'il se trouve. Je dois avoir la foi et savoir que les choses vont arriver et que je recevrai l'aide et les conseils dont j'ai besoin. Tout cela peut arriver vite, si je n'y fais pas obstacle.

LE TEMPS, L'ARGENT, ET AUTRES RÉFLEXIONS SUR LONDRES ET NANTES

Il faut apprendre à gérer la pression que nous impose le temps, en comprenant qu'en réalité le temps n'existe pas ou, en d'autres termes, qu'on peut l'élargir et l'étirer, afin d'attirer les choses très rapidement. Il est possible de dilater le temps, pour en avoir assez pour tout faire. En d'autres termes, notre compréhension du temps et de l'argent doit changer radicalement. Je sais que c'est difficile. Je me débats justement avec ça en ce moment. J'ai du mal à voir comment l'argent qui se trouve sur mon compte en banque peut augmenter pour que j'aie de quoi payer mes factures et que je puisse continuer d'avancer jusqu'à ce que les choses s'améliorent. Toutefois, la Loi de l'Attraction, mais aussi mon être spirituel tout entier et tout ce que je porte en moi, me dit qu'il y a autre chose, que quelque chose m'attend et que je dois rester ici. Il faut que je reste à Londres. Je dois faire partie de cette ville et observer vraiment ce qui se passe ici, au lieu de me cacher, d'aller faire une petite virée avec mes parents. Je peux continuer d'écrire mon livre depuis ici. Je peux continuer de suivre le courant de cette ville, afin qu'il s'intensifie.

Oui, Nantes est une belle ville. Oui, ma mère a une maison magnifique, mais qui est un peu un cocon. Oh oui, pas de doute, elle ferait la cuisine pour moi et je passerais des après-midi agréables à taper tranquillement sur mon ordinateur tout ce qui me traverse l'esprit. J'aurais aussi le temps de lire, mais le rythme serait beaucoup plus lent, alors qu'ici plane un sentiment d'urgence. Il s'agit vraiment de faire quelque chose pour le monde. Et aussi pour les membres de ma communauté CCOR. Je dois me trouver une nouvelle source de revenus. Et... je pense qu'il faut à nouveau que je sois indépendante. J'en ai les larmes aux yeux, car je me rappelle l'époque où je l'étais, les hauts et les bas que j'ai connus... N'empêche que je gagnais ma vie. Pas assez pour le genre de vie à laquelle j'aspirais, alors qu'ici, en travaillant pour quelqu'un d'autre... Oui, j'ai connu la sécurité, mais d'un autre côté, cela ne me correspondait pas pleinement. Donc je vais à nouveau relever ce défi et prendre ce risque. J'ai 31 ans et je vis seule. Je n'ai ni famille ni enfant. Le côté positif, c'est que la situation est beaucoup plus claire, du coup : il faut vraiment que j'affronte la réalité et que je ne m'intéresse qu'à ce qui me fait du bien. Des possibilités étonnantes s'offrent à moi, je peux travailler à la maison et gérer des contrats pour diverses personnes. Je sais que je peux trouver plusieurs sources de revenus, mais si je devais faire ça en France, ma mère en deviendrait folle. Au moins, au Royaume-Uni, j'ai un cadre agréable et je peux faire très attention à mes dépenses.

UNE DÉCLARATION D'UNE PAGE

Je dois m'en tenir à la pensée qu'il sera toujours pourvu à mes besoins – c'est mon droit de naissance – et laisser l'abondance venir à moi. Pour m'aider dans ce sens, je vais élaborer une déclaration d'une page, que je me destine à moi-même. Je vous encourage à faire la même chose. Vous déclarez sur une page à quoi ressemblera votre vie et comment vous vous sentirez à l'avenir. Par exemple, je vais moi-même déclarer quelque chose du genre :

Je vis dans la joie et dans l'amour, animée d'un but, et les choses se font naturellement et sans effort. Des idées me viennent, et je bénéficie chaque jour d'une guidance d'en haut pour les décisions que j'ai à prendre, et il continuera d'en être ainsi.

Vous comprenez le principe ? Je vous livrerai sans doute ma déclaration complète, une fois que je l'aurai achevée. Ouaip. Si vous restez fixé sur le besoin et sur le manque, vous tomberez sur ces écueils-là un peu partout, raison pour laquelle j'ai décidé de prendre les choses comme une preuve d'abondance, même si j'aurais bien besoin d'aide en ce moment. Je reconnais avoir peur de manquer, ce qui est compréhensible dans une ville comme Londres.

LONDRES N'EST PAS FORCÉMENT CHER

Mais vous savez, ce n'est que ma perception de Londres, l'idée que ce soit une ville chère. Est-ce vraiment ma perception, d'ailleurs, ou est-ce que je me contente de recycler automatiquement un préjugé ? Quand je me pose la question, je me dis que ce n'est pas forcément le cas, ou tout au moins, que les choses ne sont pas nécessairement comme ça. J'ai découvert qu'on peut faire des tas de choses à Londres sans débourser beaucoup ; ce n'est donc pas forcément une ville chère ! Donc, je dois rester consciente à chaque instant du regard que je porte sur cette ville. Je prends la résolution de voir cela comme une opportunité merveilleuse, où tout me vient en abondance, que ce soient des occasions de faire la fête, des vacances avec des amis, le soutien de diverses personnes, ou encore diverses manières de faire les choses sans avoir à me ruiner.

UNE AUTRE POSSIBILITÉ POUR MON CD DE MÉDITATION

À ce jour, je n'ai pas reçu de réponse de Gary. Frustrée, j'ai envoyé un e-mail à Chris Dines que j'ai rencontré à Londres, voici quelques semaines. C'est l'auteur de *Power, Love, and Abundance*. Il était autrefois DJ et a conservé beaucoup de contacts dans l'industrie du disque. Peut-être pourra-t-il m'aider.

LA SALADE DU CHEF

Je viens de faire une salade exceptionnelle. Je vais l'appeler la salade du chef, car non seulement elle est délicieuse, mais elle me nourrit bien le corps. C'est un pur plaisir ! Au départ, j'ai pourtant simplement pris ce qu'il y avait dans le réfrigérateur, mais le résultat est excellent. En général, je mets toujours de la laitue dans mes salades, mais celle-ci n'en a pas. Elle comprend la moitié d'un poivron rouge, coupé en fines tranches. J'y ai aussi mis des pois bio germés, des pousses de soja et des pois chiches germés (on trouve ces deux ingrédients dans des préparations toutes faites). J'ai ensuite rajouté de huile d'olive, du vinaigre de cidre et du sel de l'Himalaya. C'est vraiment très très bon, et ça fait du bien à mon corps.

SOYEZ INFORMÉ, MAIS MONTREZ-VOUS SÉLECTIF QUANT À VOS SOURCES D'INFORMATION

Tout en mangeant ma salade, je lis quelques nouvelles provenant du site de Pierre Jovanovic. Elles sont en français et contiennent des informations très utiles sur ce qui se passe dans le monde, le genre de choses que les médias locaux populaires ne nous disent pas. C'est assez négatif, mais je veux voir la réalité en face, du moment que mes informations proviennent d'une source fiable, et pas seulement des médias dominants. Jovanovic me sert de filtre intelligent, puisqu'il sélectionne un large éventail d'articles dans les médias du monde et qu'il présente ainsi une autre perspective sur ce qui se passe dans le monde. C'est à la fois très intéressant et un bon moyen de m'ancrer, et je crois que j'en ai besoin. À titre d'exemple, je regarde en ce moment une vidéo d'une interview de Gerald Celente, intitulé « L'effondrement économique le plus grave à ce jour ». Allez y jeter un œil, c'est fascinant : *http://digg.com/world_news/Worst_economic_collapse_ever_Gerald_Celente*.

UTILISER LA LOI DE L'ATTRACTION NE SIGNIFIE PAS FUIR LA RÉALITÉ

La recherche par mots-clés sur Google que j'ai faite l'autre jour a représenté un cap pour moi, quand j'ai vraiment pris conscience de la situation. Jusque-là, j'étais restée dans ma petite bulle de positivité ! Maintenant que j'ai pris conscience des choses, je consulte l'un des blogs les plus importants, pour m'informer comme il faut, pour m'ancrer dans la réalité, tout en continuant d'aller de l'avant. La Loi de l'Attraction n'a pas pour objectif de fuir la réalité, mais au contraire de l'affronter. On peut alors pleinement s'approprier son propre pouvoir – qui l'on est vraiment –, créer des choses somptueuses et être là pour les autres.

Je ne suis pas en train de vous dire de « suivre ce que disent les médias », car je pense que les grands médias populaires sont tous... enfin, disons qu'ils ne racontent que ce qu'ils veulent bien raconter ! Non, je vous recommande de chercher plutôt des sources d'informations alternatives, de trouver par exemple un bon blog dans votre langue, rédigé par un journaliste qui rassemble des informations de multiples sources mondiales. C'est ce genre de choses qui sont utiles. Allez puiser dans les nouvelles internationales et voyez par vous-même ce qui se passe dans le monde, au lieu d'attendre simplement que les médias locaux s'en chargent pour vous. Un bon moyen d'illustrer ce dont je vous parle, c'est justement cette vidéo de Gerald Celente, un homme qui, depuis plusieurs années, a fait des prédictions très exactes sur les tendances du marché.

UNE RÉVOLUTION HUMAINE SE PRÉPARE

Nous vivons des temps particulièrement difficiles. Il se passe beaucoup de choses, et il va encore s'en passer davantage. Il n'y a pas longtemps qu'est survenue la révolution Internet, et je pense qu'il va prochainement se passer quelque chose de similaire, qui va nous aider à sortir du pétrin actuel. Pour ma part, je pense que ce sera une révolution humaine. Il y aurait beaucoup à dire à ce sujet. Voici un mois ou deux, j'avais eu l'idée d'écrire un livre sur le thème « Oser déclarer », dans la même veine que le livre de Barak Obama, *L'audace d'espérer*, sauf qu'il ferait explicitement la démonstration que nous sommes désormais entrés dans une ère où les découvertes qui auront le plus d'impact concerneront le développement humain, et non plus la technologie. Plusieurs éléments pointent dans cette direction.
Qu'est-ce que j'entends par là ? Je pense que la société devrait avant tout s'intéresser à ce qui est nécessaire pour former un être humain totalement accompli. Nous devrions tous pouvoir exprimer tout notre potentiel, utiliser toutes nos compétences et non la seule partie dont notre éducation nous a rendus conscients. Nous devrions également bénéficier d'une éducation qui traite du champ d'énergie globale, du pouvoir des pensées, de la Loi de l'Attraction... appelez ça comme vous voulez. J'espère que ce livre vous ouvrira les yeux sur ce qui est possible quand on se trouve à la pointe de l'évolution humaine. Il devrait pouvoir vous démontrer le genre de synchronicités incroyables et merveilleuses qui se produit, d'une façon si magique, et la vie savoureuse à laquelle cela conduit ! Une vie passionnée, animée d'un but.

ATTIRER DE L'ARGENT POUR UN MAC

J'aimerais attirer de l'argent pour m'acheter le nouvel iMac 24" ; ça doit être de l'argent en plus de ce que je touche pour mon travail, pour que je puisse effectivement le consacrer à cet achat. Je pense que ce Mac coûte environ 1300 £, aussi dois-je attirer environ 1500 £, afin de me procurer également les périphériques nécessaires. Je déclare donc à l'univers que j'attire 1500 £ de nulle part. Je devrais ajouter que cet argent servira à l'acquisition de cet iMac, afin que je puisse écrire mon livre. Je pourrai ainsi faire les recherches dont j'ai besoin, monter toutes mes vidéos, les téléverser, etc., ce qui me permettra d'être créative et d'apprécier à 110 % le développement de ce livre et des projets à venir !

UNE JOYEUSE GUEULE DE BOIS ET D'AUTRES RÉFLEXIONS SUR LE LIVRE

Bon sang, j'ai la gueule de bois après la soirée d'hier. C'était la soirée d'adieu de mon entreprise, mais également l'anniversaire de Richard (le président de la compagnie). Je me suis bien amusée, mais j'ai également bu trop de vin rouge ! J'ai eu l'occasion d'avoir une bonne conversation avec mes collègues (ex-collègues, désormais !) Et j'ai appris que Marc Holland, graphiste très doué, travaille aussi un peu pour son compte, ce qui fait que je peux lui demander de concevoir la couverture de mon CD et de mon livre. Je suis très très excitée de l'avoir rencontré. Voilà une chose de réglée.
J'ai également été en contact avec Rebecca Lori (*www.littlebombay.co.uk*) qui a aussi travaillé autrefois pour

cette entreprise. Quand j'ai été licenciée, je l'ai appelée pour lui demander si elle pourrait retravailler mon texte, parce qu'elle fait ça très bien, auquel cas je n'aurais pas besoin de solliciter Stéphanie à New York. Tout dépendra de la façon dont les choses vont s'organiser, mais de toute évidence j'ai plusieurs options à disposition, et j'adore ça. Vraiment, ça me plaît. Depuis l'instant où je me suis réveillée, ce matin, j'ai l'impression d'avoir de la chance. Oui, j'ai la gueule de bois, mais je suis tellement reconnaissante de tout ce qui m'arrive et de pouvoir désormais créer tout ce que je veux. Cela ne dépend que de moi, et j'aime ça. C'est très stimulant.

DIEU JOUE UN RÔLE PLUS IMPORTANT DANS MA VIE, DÉSORMAIS

Alors, j'ai dit merci à la vie et je découvre en moi une foi plus importante. Je suis tellement reconnaissante d'avoir l'occasion de mettre pleinement en pratique la Loi de l'Attraction (qui fait partie des lois universelles ou des « lois qui régissent l'univers »). Je suis remplie de gratitude d'avoir ouvert les yeux à la réalité des choses, car j'en ai d'autant plus de pouvoir.

Je parle ici du pouvoir du cœur. Le pouvoir d'aider les autres, la confiance nécessaire pour encourager un inconnu, la volonté de contribuer à changer les choses, le lâcher-prise, et cette joie et cette satisfaction permanentes que peut nous apporter la vie. Je parle également de l'expression de notre « Soi », à mesure que la vie nous traverse.

LA CONNAISSANCE, C'EST LE POUVOIR

Hier, j'ai fait une autre vidéo sur la Loi de l'Attraction. Ce n'est pas la même chose que la positivité, vous savez. Il y a des gens qui s'imaginent à tort que la Loi de l'Attraction, c'est la pensée positive, c'est prendre ses désirs pour des réalités. Non. À une époque, je la mettais moi-même en pratique en me disant, « Oh, il faut que je sois positive, alors moins j'en sais sur ce qui se passe dans le monde, mieux c'est ». En réalité, je constate désormais qu'on acquiert véritablement du pouvoir en acceptant de voir les choses telles qu'elles sont, puis en exprimant ce que l'on veut. Cette approche est autrement plus solide et ancrée que la seule pensée positive. Elle est aussi beaucoup plus puissante.

MON RÊVE D'AIDER LES ENFANTS À VOIR LE MONDE

J'ai envie d'aider des milliers d'enfants à voyager, afin qu'ils puissent découvrir le monde. C'est quelque chose que j'ai toujours voulu faire, de lancer une fondation qui permettra aux enfants de voyager. Voyez-vous, j'estime avoir eu la chance de grandir à la fois en France et aux États-Unis, et de posséder la double nationalité. Cette expérience m'a ouverte au monde et aux autres. Je me sens chez moi à peu près partout. Les différences ne m'effraient pas, parce que j'ai été exposée très tôt à différentes cultures, différentes valeurs et façons de penser. Je m'entends avec des gens de tous milieux. Alors, j'ai envie de procurer aux enfants dont les parents ne peuvent se le permettre la possibilité de voyager. Je veux qu'ils aient l'occasion de voir quelque chose de neuf, de découvrir d'autres pays, de se rendre en Asie, en Afrique, aux États-Unis... Ça devrait vraiment changer leur vie, tout en leur donnant un but et une raison de se réjouir, quelque chose qui leur ouvrira les yeux et les motivera à réaliser leurs rêves. Alors, je dis *Oui* à cela !

L'IMPORTANCE DE LA GRATITUDE

Je viens de voir une vidéo de Louise Hay sur YouTube où elle parle de la façon dont nos pensées forgent notre réalité (*http://www.youtube.com/wtach?v=58f-RHI3UUM*). J'adore Louise Hay. C'est une femme extraordinaire. J'aime beaucoup sa façon de dire les choses.

L'une des choses les plus efficaces que nous puissions faire, c'est de nous montrer reconnaissants pour ce que nous avons, mais aussi pour ce que nous n'avons pas, de bon comme de mauvais. La vie aime la gratitude, comme dit Louise Hay. Il y a toujours moyen de dire merci pour quelque chose. Observez la façon dont votre énergie se modifie dès que vous le faites. Rien que d'y penser, je me détends. Et vous ?

J'ai de la chance. Oui, je suis très reconnaissante d'avoir perdu mon job et d'avoir ainsi l'occasion de vivre mon rêve, à partir de maintenant. Je suis reconnaissante d'avoir un toit sur la tête. J'éprouve de la gratitude pour mes amis, pour toute la communauté du « Défi de 100 jours... », pour toutes les personnes que j'ai attirées dans ma vie. Je suis reconnaissante d'avoir besoin de manger sainement, d'avoir découvert la Loi de l'Attraction il y a quelques années, d'avoir l'opportunité d'écrire ce livre, du soleil qui brille aujourd'hui, de mon lit douillet. Je suis reconnaissante... Je suis reconnaissante...

Oui, j'avais ma propre entreprise, mais je ne la considérais que comme un moyen de payer mes factures. Je concevais des sites Web et je m'occupais de marketing Internet pour diverses entreprises américaines, mais ce n'était pas le job de mes rêves ; ou ça l'a été autrefois.

J'adore voyager. D'ailleurs, l'une des raisons qui m'a poussée à lancer mon entreprise après le 11 septembre, c'était de pouvoir travailler depuis n'importe où dans le monde, chose que j'ai d'ailleurs faite par la suite. Mais mon âme s'est vraiment mise à chanter quand, en 2005, j'ai cofondé le « Défi de 100 jours pour tester les lois de l'univers ». À dater de ce jour, j'ai pu travailler les week-ends et le soir à enrichir le site Web de « Co-Creating Our Reality », à améliorer le « Défi... » et à faire des vidéos pour YouTube. À ce stade, il est devenu évident que mon « vrai » job n'était pas satisfaisant et que j'étais lâche de ne pas l'avoir pleinement admis plus tôt. Je n'irai pas jusqu'à dire que j'ai perdu quatre ans de ma vie, mais je me réjouis de découvrir quel est l'emploi de mes rêves !

Deepak Chopra décrit cela avec talent dans *Les sept lois spirituelles du succès* (j'adore ce livre !). La septième loi, la Loi du « Dharma », stipule que chacun a un but dans la vie, un talent, et qu'il est venu au monde pour l'exprimer de tout son cœur. Si on ne le fait pas, alors, on commence à pourrir de l'intérieur, et on « pue de l'âme » ! (Ce ne sont pas là les propos de Deepak, mais ceux de Brian Johnson, dans le résumé audio mp3 de 22 minutes qu'il a fait du livre de Deepak.)

Alors, pour la première fois de ma vie, je vais me consacrer à 100 % à ce que j'aime.
Le fait que j'estime devoir être indépendante pour pleinement me réaliser ne veut pas dire pour autant que je ne puisse pas créer quelque chose de merveilleux tout en travaillant pour quelqu'un d'autre ; une telle situation pourrait même être une bénédiction.
Toutefois, je suis très reconnaissante de pouvoir aller de l'avant, malgré la petite voix qui se manifeste parfois et me dit, « Continuons de concevoir des sites Web pour des entreprises. Ça paye bien. » Oui, je sais qu'il me serait facile de trouver des gens ayant ces besoins-là, et de gagner ainsi de l'argent, mais cela me détournerait du chemin que j'ai choisi, sur lequel je pourrai exprimer ce pour quoi je suis vraiment faite. Je suis reconnaissante d'avoir saisi cette occasion de réaliser mes rêves et d'aider d'autres personnes à réaliser les leurs.
Attendez-vous à des miracles, les gars ! Les choses vont se mettre en place. Elles commencent déjà à le faire !

DES LEÇONS

J'ai appris beaucoup de choses à mon poste actuel – enfin, à mon poste précédent ! – des choses qu'il fallait vraiment que j'apprenne. Par exemple, que je ne peux pas tout faire par moi-même ! La liste est d'ailleurs assez longue. Je vais la dresser maintenant et je vous suggère de faire de même : faites la liste de tout ce que vous avez appris à tel poste ou dans telle expérience, et dont vous êtes reconnaissant. Voici donc certaines choses que je n'aurais jamais apprises sans mon dernier emploi :

- *J'ai appris à organiser mes idées d'une manière plus efficace.*
- *J'ai approfondi ma connaissance du fonctionnement de l'industrie du tourisme.*
- *J'ai appris à utiliser Google Analytics, un merveilleux site Internet de traçage.*
- *J'ai appris à être plus détaillée et plus précise.*
- *J'ai appris comment communiquer d'une manière plus efficace avec mes collègues, mes responsables et de petits groupes de personnes.*
- *J'ai appris l'humilité, bien que j'aie toujours eu un ego important, ce qui reste toujours le cas. Comme aurait dit mon patron, « une tête dure » !*
- *J'ai appris que nous avons tous une spécialité et que je n'ai pas besoin de tout faire par moi-même. Je peux compter sur les autres.*
- *J'ai appris qu'on en fait beaucoup plus quand on fait partie d'une équipe.*
- *J'ai pris conscience que le marketing Internet n'était pas ma passion.*
- *Je pense que j'ai appris à être quelqu'un de meilleur, et que j'ai un peu arrondi mes angles.*
- *Je suis également reconnaissante que ce job m'ait conduite au Royaume-Uni. Est-ce que j'ai déjà dit que j'adore vivre à Londres ?*

UN TIMING IDÉAL

Je rentre chez moi (je vis tout près d'Abbey Road), après avoir fait mes courses. Il fait une journée magnifique et ensoleillée. Je passe à côté du studio des Beatles – au

5 Abbey Road – sur lequel est écrit le mot « Imagine ». IMAGINE. J'ai longtemps eu envie d'habiter là : je le ressentais chaque fois que je passais à côté de ce studio. C'est une source d'inspiration de se rappeler constamment que les Beatles venaient enregistrer ici. Depuis, des centaines de gens viennent là – le jour et la nuit, qu'il fasse beau ou qu'il pleuve – ils veulent tous voir le célèbre studio d'Abbey Road et écrire de petits mots sur les murs, des mots de remerciement qui disent l'impact que ce groupe a eu sur eux. J'aime ce quartier de Londres. St John's Wood est très élégant. Mais je déménage vendredi à Earl's Court. J'adore la sensation de « nouveauté » que cela me procure. J'aime bouger, changer, faire mes bagages, tout redémarrer à neuf. C'est une formidable occasion. Un timing idéal. Ça ne pourrait pas tomber mieux. Je pense qu'il est important de trouver un espace émotionnel en soi où il est possible de reconnaître que tout ce qui nous arrive tombe au bon moment, et que l'on peut en être reconnaissant.
Ça y est, je suis rentrée.

UN TABLEAU DE VISION POUR MON IMAC 24"

J'adore réaliser des tableaux de vision, car ça m'aide à visualiser – *à ressentir* – ce que j'ai envie d'attirer, mais aussi à avoir une vision plus claire de ce que je désire. En ce moment, je souhaite attirer un iMac 24", qui coûte environ 1200 £. Je désire donc attirer 1500 £ (pour avoir de quoi acheter ce qui va avec) ou attirer directement cet iMac. Je reste ouverte quant à la façon dont les choses vont se faire, mais quelle qu'elle soit, je pense que je serai ravie ; en effet, je pourrai avancer plus vite dans ce projet. C'est pourquoi je souhaite attirer ce Mac rapidement. La confection d'un tableau de vision va accélérer le processus. Je me visualise déjà en train de taper sur cet ordi, de surfer sur le Web en savourant ce nouvel outil, fascinée par sa rapidité. J'éprouve déjà de la gratitude pour le Mac que j'aurai prochainement... Je m'efforce d'ajuster mes émotions dès maintenant.

JE DÉCLARE QUE JE GAGNERAI BIEN MA VIE EN FAISANT CE QUE J'AIME

Je peux faire ce que je veux, désormais, puisque j'ai du temps libre, alors je me rappelle que je ne cherche pas simplement à trouver du travail, mais à décrocher le job de mes rêves. À quoi pourrait-il ressembler ? Qu'est-ce qu'un job de rêve pour moi ? Qu'est-ce que j'aime faire dans la vie ? J'aime par exemple planifier de grands événements. J'adore réunir des gens. J'aime les groupes sociaux. J'adore interviewer des gens avec une caméra. J'aime aussi réaliser des vidéos pour YouTube. J'aime inspirer les gens et, maintenant que j'y pense, je ne me suis jamais donnée à 100 % à toutes ces choses-là. J'avais toujours un autre job, même quand j'étais indépendante. Je ne me suis jamais exclusivement consacrée à mes passions. Je concevais des sites Web et je m'occupais de marketing Internet pour gagner ma vie, tandis que « Co-Creating Our Reality », mes vidéos YouTube et l'émission de TV que j'ai réalisée à Chicago étaient toujours des à-côtés. Je n'ai jamais eu le courage de dire,

« Je vais gagner ma vie avec ça ! ». Je crois que le changement radical, c'est cela : prendre conscience que c'est *ça* qu'on veut faire jusqu'à la fin de ses jours, qu'on *mérite* d'avoir un job aussi merveilleux et gratifiant.
Je me demande pourquoi je me suis contentée de moins que cela. Peut-être que je craignais de me donner à fond ce que j'aime, parce que si jamais j'échouais, je me serais sentie anéantie ? L'explication doit être de cet ordre-là.
Je crois aussi que j'attendais le moment idéal. J'attendais un miracle, qu'un producteur de TV m'enlève sur un cheval blanc, et qu'ensuite la vie soit merveilleuse pour toujours.
Alors, désormais, je déclare que – oui – je peux gagner ma vie (et même la gagner très bien !) en faisant ce que j'aime. Voilà ce que je veux. Je ne l'avais jamais dit avant ce jour. Je n'avais jamais pleinement assumé cela jusqu'ici. Je me suis toujours laissée intimider par cette voix plaintive, dans ma tête, qui disait : « Oh, oui, mais il faut bien que je paie mes factures, alors je dois me trouver un boulot normal ». Plus maintenant. J'en ai fini avec ça, et je vais désormais vivre pleinement ma passion.

LE REIKI GUÉRIT LA GUEULE DE BOIS, ET PLEIN D'AUTRES CHOSES !

Je viens de me faire une séance rapide de 20 minutes de reiki. Ça m'a fait beaucoup de bien. J'ai passé 5 minutes sur chacun des points d'énergie. Ma gueule de bois est partie, maintenant, je me sens beaucoup mieux. Je file à mon club de fitness. Si vous ne connaissez pas le reiki, je vous recommande de vous renseigner. C'est une technique de guérison. C'est mieux de trouver quelqu'un pour

vous faire une séance (de nombreux centres de soin proposent cela aujourd'hui), plutôt que je tente de vous l'expliquer. Le charme de cette méthode, c'est qu'elle travaille sur l'énergie et qu'elle aide donc à rééquilibrer et à harmoniser le corps. Quand je vais dans un centre de soin, je demande toujours une séance de 30 minutes de reiki, suivie d'une séance de 30 minutes de massage profond, pour profiter pleinement de ces deux univers. Depuis janvier dernier, je suis moi-même une praticienne certifiée de reiki de Niveau 1. Je me suis dit que cela m'aiderait à équilibrer mon énergie et à contrer les effets de l'environnement négatif dans lequel je travaillais à l'époque.
C'est extrêmement agréable et ça permet effectivement de se soulager de la gueule de bois, ou encore d'un mal de tête, du stress ou que sais-je. C'est une méthode japonaise, hé oui, ces gens-là connaissent plein de trucs ! J'adore ça. Un de ces jours, j'irai au Japon.

INCITÉE À ACHETER *THE ARTIST'S WAY*

Je suis sur Amazon, en ce moment, en train d'acheter *The artist's way*, parce que ça fait trois fois de suite qu'on m'en parle. Quand ce genre de choses m'arrive, je passe à l'action. C'est aussi ce qui m'a poussée à partir à Chicago : la troisième fois que l'une de mes très bonnes amies, Sandra, m'a explicitement dit que c'était une ville faite pour moi. Alors, je suis allée voir sur place. Tant de choses me poussaient dans ce sens.
Sitôt que j'ai vu l'endroit, j'ai su que je devais y déménager. Mon ami Hank était venu me chercher dans sa nouvelle Cadillac décapotable flamboyante (il vit à une ou

deux heures de Chicago, dans le Michigan) et on est descendu le long de Michigan Avenue (les Champs-Élysées de Chicago) et de Lake Shore Drive, par ce merveilleux jour ensoleillé d'août 2006. Tout me plaisait (sauf les taxis jaunes qui klaxonnaient tout le temps, sans raison apparente). Il m'a suffi de 24 h dans cette ville pour me décider. J'avais entendu parler des longs hivers froids et venteux de Chicago, mais je me suis dit, « J'ai envie de changer et j'ai demandé du changement ». Miami était devenu trop ennuyeux et prévisible. J'avais soif de culture et j'avais le sentiment que quelque chose de plus important m'attendait ici. Alors j'ai déménagé !

Il en va de même avec le livre que je viens d'acheter. Il est conçu pour vous aider être plus créatif et propose des petits exercices quotidiens, alors il doit bien y avoir une raison qui fait que tout me pousse à l'acheter. La dernière incitation date d'aujourd'hui : une amie m'a envoyé un e-mail me signalant que son titre est la 4e meilleure vente sur Amazon. J'ai cliqué sur le lien qu'elle m'a envoyé, et sur la même page web, je suis tombée sur *The artist's way* ! Incroyable !

TRAVAILLER À MI-TEMPS : GROUPES DE DISCUSSION ET TEST DE CONVIVIALITÉ

En faisant une recherche sur la perte d'un emploi, sur YouTube, je suis tombée sur une vidéo où quelqu'un parlait des avantages du chômage. Je n'ai pas trop aimé la connotation de ses propos – notamment l'idée de rester sans travailler durant un certain temps – mais par contre, ça m'a donné l'idée que je pourrais également participer à des groupes de discussion. J'aimerais bien avoir plusieurs activités à temps partiel, n'exigeant pas trop d'engagement et me permettant de gagner quelques sous. Je serais également intéressée de participer à des groupes de discussion et de faire des tests de convivialité. (Un test de convivialité, c'est ce à quoi l'on soumet un site Web avant qu'il devienne public.) En général, ça se fait le soir, ce qui me va bien.

J'ai pris contact avec l'entreprise qui a effectué les tests de convivialité du site de mon dernier employeur, et je leur ai offert mes services. Ils vont au moins me mettre dans leur banque de données. Ensuite, j'ai cherché les groupes de discussions qui existent à Londres et j'en ai trouvé un qui est toujours en quête de nouveaux participants. J'ai soumis mon profil, ce qui m'a pris deux minutes, et maintenant j'attends de leurs nouvelles.

Comme vous pouvez le voir, je suis ainsi en train de me doter de plusieurs petites sources de revenus, mettant mes billes là où cela me semble judicieux et où ça me fait plaisir, alors, pourquoi pas ? Pourquoi ne pas envoyer un e-mail, pourquoi ne pas téléphoner ou passer sur place pour voir ce qui est possible ? Je pense cependant que pour tirer parti d'idées de ce genre, il faut se dire : « C'est d'accord, je suis ouverte à ce genre d'éventualités ». Ce n'est qu'à cette condition que les choses se font. Toutefois, je dois admettre que l'idée de travailler à temps partiel ne m'enthousiasme pas tant que ça. Ce qui est bien, par contre, c'est que mon inscription ne m'a pas pris longtemps, et que je reste en mouvement.

DÉFINIR LE JOB DE MES RÊVES

Ces petites activités mises à part, il est clair que j'ai bien l'intention d'attirer à moi le job de mes rêves, et je le dis avec fermeté et audace. Il faut donc que je le définisse un peu, que je sois parfaitement alignée et que je sache ce que je souhaite manifester. En ce qui me concerne, le job de mes rêves est un emploi que j'aime sans réserve, qui m'apporte du bonheur chaque jour, dont l'objectif me convient tout à fait et qui m'aide à développer mes capacités, du seul fait que j'aime le faire. Dorénavant, je me réveille chaque matin pleine de gratitude et toute excitée à l'idée de gagner ma vie de cette manière. C'est un emploi grâce auquel je gagnerai au moins la même chose qu'à mon dernier poste, soit au minimum un bon salaire. J'imagine qu'ensuite les choses évolueront d'une manière exponentielle, mais pour commencer, et pour déclarer les choses d'une manière concrète, je dirais que c'est un vrai travail qui me procurera au moins autant d'argent que le précédent. La somme que je gagnerai me permettra d'avoir un style de vie confortable, de manière à ce que je n'aie pas à faire de compromis. Je jouirai ainsi de tout ce que j'aime et l'argent affluera. Je serai en mesure d'aider les autres... Quoi qu'il en soit, je le redis : mon objectif de départ est de gagner au minimum autant d'argent qu'à mon dernier poste.

PROGRAMME DE PARTENARIAT AVEC YOUTUBE

Bien sûr, cela fait longtemps que j'ai semé les graines que j'ai désormais l'intention de cultiver. Nous avons tous des hobbys et, franchement, je crois qu'il est relativement facile de se faire des revenus supplémentaires par ce biais. Ce que je souhaite aborder, c'est la façon dont je vais me doter de nouvelles sources de revenus, tout en continuant d'affiner la définition du job de mes rêves... le temps que les choses prennent forme. Je veux me sentir bien. Je souhaite commencer à gagner de l'argent. Un peu de cash en plus, ça ne fait de mal à personne, n'est-ce pas ?

Je fais partie du programme de partenariat de YouTube (*http://www.youtube.com/partners*) depuis 2008. Chaque fois que quelqu'un clique sur une publicité, à côté de l'une de mes vidéos, je touche un petit pourcentage. C'est pareil que pour Google Adsense (d'ailleurs, le programme YouTube est lié à Adsense). Les revenus que cela me rapporte n'ont cessé d'augmenter. À l'heure actuelle, entre 3000 et 5000 de mes vidéos sont visionnées chaque jour. Quand la qualité du contenu s'améliore, les vidéos sont vues encore plus souvent, donc, si je m'investis davantage dans cette activité, je devrais passer d'un revenu approximatif de 350 $ par mois, sur YouTube, à environ cinq fois cela, ou au minimum trois fois. Mais mon objectif doit être d'avoir des gains exponentiels, puisqu'il y a des gens sur YouTube, comme Michael Buckley (*http://www.youtube.com/user/whatthebuckshow*) qui gagnent des fortunes. C'est quelqu'un de très drôle, très joyeux, qui parle très vite. Il est hilarant ! Au début, il faisait son show – dans lequel il raconte des potins à propos de diverses célébrités – à côté de son emploi principal. Je crois qu'il s'est acheté une caméra pour 2000 $. (Vous n'avez pas besoin de dépenser autant. Je crois qu'une caméra Flip suffit et fournit une image satisfaisante. C'est ce que j'utilise. Elle est très facile à utiliser et je l'emporte partout. Ajoutez un bon éclairage et vous pouvez vous lancer !) Michael a aussi une activité secondaire, ce qui est sans doute une bonne idée : il faudrait que j'y réfléchisse. Mais ce que je voulais dire, c'est que désormais il gagne très bien sa vie – plus de 100'000 $ par an, avec ses vidéos – et que c'est désormais son emploi à plein temps. Oui, c'est vraiment le chemin que je vais suivre : réaliser davantage de vidéos et augmenter les revenus que je tire de ce programme de partenariat avec YouTube. S'il y a quelque chose que j'aime faire, c'est bien cela : mon journal personnel sous forme de petites vidéos !

COMMENT GAGNER DE L'ARGENT GRÂCE À DES ÉVÉNEMENTS : SUITE

Une des autres idées que j'avais, pour développer d'autres revenus, consistait à organiser des événements. J'aimerais en faire davantage ici à Londres. J'en ai organisé quelques-uns pour des célibataires, avec l'aide de mon délicieux ami british Patrick Drake, mais, pour dire la vérité, l'idée de faire payer des célibataires pour qu'ils se rencontrent ne me semble pas juste, donc je vais continuer de faire cela gratuitement. Par contre, je pourrais peut-être négocier quelque chose avec un club lorsque j'y emmène des gens ? Je crois qu'on appelle cela un promoteur de club. Oui, il faut vraiment que j'explore cette option.

J'adore réunir des gens, donc, toujours pour les célibataires, je pourrais organiser des week-ends de sortie pour célibataires londoniens. Ça pourrait être très sympa !

JE DÉCIDE DE M'AUTOPUBLIER

J'ai décidé de publier moi-même mon livre. Je n'ai pas besoin de chercher un éditeur. Cela fait plusieurs jours que cette idée me trotte dans la tête et je pense que j'ai désormais les idées claires.

Que je décide de m'autopublier ou non, je dois de toute façon rédiger un solide projet de livre. Il s'agit en quelque sorte d'un business plan qui décrit quels sont le public cible, la stratégie de marketing et le plan d'action pour promouvoir le livre. De toute évidence, c'est quelque chose à faire, d'autant plus important, d'ailleurs, quand on se publie soi-même. Donc, même si je m'autopublie, il faut quand même que j'élabore ce document.

Ce qu'il y a de bien, avec les éditeurs, c'est qu'ils vous paient parfois une avance quand ils voient le potentiel de votre manuscrit, mais on dit que c'est devenu rare, aujourd'hui. De plus, ils s'attendent à ce que vous fassiez tout le marketing vous-même, alors, je me pose la question : que peuvent-ils m'apporter que je ne sois capable de faire par moi-même ? Je pense avoir trouvé quelqu'un pour m'aider à corriger le livre, et Marc Holland peut s'occuper de la couverture. Donc, il ne reste plus que le marketing, et il se trouve que j'ai acquis une certaine expérience dans ce domaine, depuis huit ans.

Laura Duksta, auteure d'un livre à succès pour les enfants, intitulé *I Love You More*, possède déjà une solide expérience de l'autoédition, aussi puis-je lui poser la question. De nos jours, je pense que pour que ça marche, il faut que l'intérêt pour un nouveau livre se propage comme un virus ; ce qui veut dire qu'il faut aller vite, et pour aller vite, il faut que je me débarrasse d'un des maillons de la chaîne, à savoir l'éditeur. Oui, un éditeur peut vous aider à avoir votre livre en librairie, mais désormais beaucoup de gens achètent en ligne, et comme c'est justement le marché que je maîtrise – je passe beaucoup de temps en ligne – autant que je commence par là. De plus, quand on se passe d'éditeur, on gagne plus d'argent par volume vendu. Les éditeurs ne reversent qu'un tout petit pourcentage du prix public à l'auteur, or j'aimerais bien que ce livre se vende moins de 10 £. Il doit être accessible, pour que les gens n'aient pas à réfléchir à deux fois avant de l'acheter. J'ai envie qu'il se vende bien, pour que son message touche beaucoup de gens. Donc, tout bien considéré, l'autoédition est vraiment le meilleur choix, surtout pour ce premier livre. Sans compter que, compte tenu du climat économique actuel, les éditeurs sont un peu frileux. Ma décision est donc prise !

UNE ANNONCE POUR TROUVER UNE DACTYLO

Bon, je vais passer une petite annonce sur Gumtree (qui est l'équivalent british de la Craig's List, aux États-Unis), car j'ai pris conscience que ça ne me va pas de dactylographier moi-même ce que j'enregistre sur mon iPhone. J'ai l'impression de perdre mon temps, même si, théoriquement, j'ai le temps de le faire et qu'une partie de moi aimerait le faire. Mais cette tâche pourrait être assumée par quelqu'un à la recherche d'un emploi, qui pourrait ainsi gagner quelques sous. Avec un peu de chance, l'information qu'il ou elle y trouvera pourra lui être utile ! Je veux aussi attirer quelqu'un en qui j'ai pleine confiance, qui tapera ces mémos rapidement. Cela ne demande pas de compétences en écriture. J'envoie donc ma petite annonce. À partir de maintenant, je ne travaillerai plus que sur les notes retranscrites, pour les corriger et les réorganiser si nécessaire. Ensuite, on passera un cran au-dessus, car j'ai conscience que ce que j'enregistre sur mon dictaphone, à mesure que me viennent des pensées, est loin d'être de la bonne prose. Je m'occuperai surtout de surveiller la tonalité générale, et je trouverai sans doute quelqu'un aux États-Unis ou au Royaume-Uni pour se charger des corrections et de la finition.

REBECCA ME DONNE D'AUTRES IDÉES POUR LE LIVRE

Je viens de recevoir un e-mail de Rebecca qui travaillait dans la même entreprise que moi, mais qui a été licenciée un mois avant moi. Elle se trouve être une excellente correctrice. Je lui ai donc répondu en lui demandant par la même occasion si elle avait envie de retravailler le contenu de mon livre.

LA SEMAINE DE LA MODE : DISTRACTION, CRÉATIVITÉ, MODÈLES ÉMACIÉS ET CONVERSATION UTILE

Je vais à la semaine de la mode, à 15 h. Mon Dieu, il est déjà 14 h 25 ! Le temps file. J'aime ça ! Mais il faudrait que j'arrange mes cheveux et ma tenue. Zut ! Il faut que je file. Ça y est, je viens de rentrer du défilé. Je m'y suis bien

amusée, il y avait des caméras partout. Je trouve très excitant de voir toute la créativité que déploient ces grands couturiers, mais – bon sang ! – que ces modèles sont maigres ! J'ai cru qu'elles allaient tomber dans les pommes. Honnêtement, je n'avais jamais vu des créatures aussi émaciées, de toute ma vie. C'est tout bonnement ridicule ; je ne peux pas croire qu'elles soient heureuses. Elles avaient sur le visage une expression totalement vide. On n'y discernait pas la moindre vie. C'est peut-être ce qu'on leur a dit de faire, mais je peux vous dire qu'il n'y avait pas la plus petite étincelle dans leurs yeux ! Je me demande comment notre société a pu en arriver là ?
Quoi qu'il en soit, c'était amusant et j'ai eu une excellente conversation avec Henrik, mon futur colocataire. Nous avons évoqué diverses possibilités de travail, ainsi que sa propre situation actuelle. Ç'a été un très bel échange, concret et sain, qui m'a aidée à clarifier mes idées et mes priorités.

INDÉPENDANTE OU PAS ?

Avant de me coucher, la nuit dernière, j'ai pris quelques minutes pour me faire une séance de reiki, puis j'ai demandé à recevoir une guidance d'en haut durant la nuit. J'ai effectivement eu de nouvelles idées ; j'envisage de créer du contenu pour une WebTV. D'un autre côté, c'est déjà ce que je fais avec mes propres vidéos sur YouTube, qui me rapportent quelques sous. Mais ça vaut quand même la peine de regarder si cette autre option est possible et/ou pratique. Plus j'y réfléchis, plus je me dis qu'il est préférable que je sois indépendante. Je suis plus productive, plus vivante et plus créative.

RESTER EN MOUVEMENT

Je dois bien reconnaître qu'une partie de moi est préoccupée : comment vais-je assurer mes revenus, en ce moment ? Je dois avoir foi, faire confiance au processus. Tout ce qu'il y a de négatif peut être transformé en positif, alors concentre-toi sur le positif et de bonnes choses ne tarderont pas à se matérialiser ! J'en ai déjà fait l'expérience par le passé, or actuellement j'entame une nouvelle aventure. Cela ne fait qu'une semaine que j'ai été licenciée et je tiens absolument à garder ma forme et mon énergie. Plus je doute de l'avenir, plus il faut que j'applique les méthodes dont je connais l'efficacité.
Je crée donc la possibilité qu'aujourd'hui soit un jour productif et merveilleux, durant lequel je serai pleinement en harmonie avec mon moi supérieur et guidée à chaque pas, avec l'assurance qu'il sera pourvu à mes besoins et que je n'aurai pas à m'inquiéter de mes finances ni à laisser d'autres peurs remonter à la surface.

UN E-MAIL DU COPRÉSIDENT DE WAYN

Je viens de recevoir un e-mail de Jérôme Touze, coprésident de WAYN (Where Are You Now, *http://www.wayn.com*). Je ne sais pas si vous avez déjà entendu parler de ce réseau social sur Internet qui permet de localiser ses amis ?

Quoi qu'il en soit, j'avais déjà été en contact avec lui lors du dernier événement que j'avais organisé pour des célibataires. Auparavant, je l'avais entendu intervenir lors de divers événements organisés par des médias sociaux, auxquels j'avais assisté en Allemagne, voici quelques mois. Grâce à la Loi de l'Attraction (cela ne fait aucun doute), il a été l'une des premières personnes à venir à mon événement. Nous allons donc déjeuner ensemble le 5 mars prochain et nous évoquerons alors la possibilité de créer un événement WAYN à Londres, une idée que nous avions déjà soulevée précédemment. Jérôme possède une énergie très charismatique, raison pour laquelle je suis très curieuse de voir la tournure que prendront les choses et de bénéficier de ses connaissances.
Je ne sais pas du tout comment tout cela va tourner, mais une chose est certaine, je fais des choses qui me font du bien et qui m'aident à progresser.

ACCORDEZ-MOI LE BÉNÉFICE DU DOUTE

À chaque carrefour, à chaque revers ou obstacle, nous devrions nous demander : « Bien, quelles sont les possibilités ? Comment puis-je transformer cela en une expérience positive ? ». C'est un cercle vertueux : plus nous cultivons cet état d'esprit, plus nous restons dans cette énergie-là, plus nous nous sentons dynamisé et donc plus nous avons d'idées. En l'occurrence, j'ai de nouvelles idées à la pelle et je crois que cela vient du fait que je ne me suis pas permis de m'apitoyer sur moi-même. J'ai perdu mon emploi voici une semaine et il m'aurait été très facile de m'inquiéter sur mon avenir :

« La vie ne vaut rien, je suis nulle ! Je ne vais pas arriver à retrouver un emploi, aujourd'hui, vu la situation économique... ». Plus on pense de cette façon-là, moins on a de chances d'attirer le job de ses rêves, alors autant essayer tout de suite une approche différente.
Faites quelque chose de neuf. Accordez-moi le bénéfice du doute et essayez ce dont je vous parle ! Si vous parvenez à vous sentir bien, en ayant pleine conscience de ce qui vous est arrivé, de bonnes choses vont immanquablement se passer. Il ne s'agit pas de nier la réalité, ni d'essayer d'être positif juste pour être positif, tout en se sentant « misérable » à l'intérieur et en étant dans le doute. Non, il s'agit de se sentir véritablement bien.

CONCENTREZ-VOUS SUR CE QUI EST POSSIBLE ET, SI NÉCESSAIRE, POSEZ LA QUESTION

L'idée est donc de se concentrer sur ce qui est possible. Il faut se demander : « Que puis-je faire ? Comment trouver une activité que je puisse faire chaque jour en y prenant vraiment plaisir ? ». Si vous n'en êtes pas encore à ce stade – si vous avez encore des ressentiments et de l'énergie négative – alors, posez simplement la question, « Que puis-je faire ? Donnez-moi un signe ! » ou « Je sollicite une guidance d'en haut. Quelle est la prochaine étape ? Comment puis-je retrouver la joie ? Qu'est-ce qui me procura du plaisir dans mon travail ? ». Vous pigez le truc, j'en suis sûre ! Surtout, ne dites pas, « Oh, ça y est ! Je suis fichu ! ». Avec un tel état d'esprit, vous n'attirerez rien de nouveau. Les idées ne se déverseront en vous que si vous ouvrez le robinet et si vous vous ouvrez vous-même : « Je suis ouvert à recevoir ce qui vient... à faire preuve de créativité. » Si vous dites que c'est nul, alors ce sera nul, et l'expérience que vous en ferez sera nulle elle aussi. Si vous dites que c'est bien, *et que vous le croyez vraiment*, l'expérience sera excitante et incroyable. C'est comme si vous acquerriez un nouveau point de vue duquel vous avez une bien meilleure vision des choses. Des idées vont immanquablement vont venir.

Comme vous, j'ai toutes sortes de peurs. On est tous dans la même situation. Même la personne que vous admirez et respectez le plus a parfois peur elle aussi. En ce moment, je ne sais pas du tout comment les choses vont tourner. Il faudra bien que je paie mes factures. Mais je n'en cultive pas moins un état d'esprit conforme à la Loi de l'Attraction, grâce aux diverses méthodes que je mentionne ici.

UN PENSE-BÊTE À PROPOS DU CD DE VISUALISATION

Il est maintenant 10 h 30. Je viens de recevoir cet e-mail :

Je suis un fan de vos méditations, que j'ai découvertes sur YouTube. Je les utilise au travail, elles m'aident à passer la journée. Je viens de trouver une info sur votre CD de visualisation et la méditation sur la Loi de l'Attraction, sur votre site Web. J'aimerais savoir comment l'obtenir. Pouvez-vous me dire où et quand je peux le trouver ?

J'ai enregistré ces méditations en novembre dernier avec Gary, un producteur de musique du sud de la Floride.

C'est bien dommage qu'il n'en soit rien sorti, car j'ai l'impression d'avoir fait du bon boulot. Peut-être faudrait-il que je les réenregistre ici à Londres, pour qu'elles soient encore meilleures ?

UNE INSPIRATION FRANÇAISE

J'ai regardé divers livres sur Amazon.com pour voir quels étaient ceux qui se rapprochaient le plus de celui que je veux écrire. J'ai envie que ce soit un journal où se mêlent un côté narratif, des exercices pratiques et des conseils. Je viens de commander un livret intitulé Petit cahier d'exercices du lâcher-prise, en France, que mon ami Chantal m'a recommandé. Je devrais le recevoir d'ici trois ou quatre jours. Ça se vend dans les 6 ou 7 euros. Ce livret a été publié en octobre 2008 par Jouvence, un éditeur franco-suisse. J'ai l'impression que c'est ce livre-là qui est le plus proche de ce que je compte faire. Il semble assez ludique et abordable. Et le prix est très correct !

POSSIBLE INTERVENTION SUR LA RADIO BBC 2

Je viens de recevoir une demande urgente du Chris Evans show sur la radio BBC 2 :

Chère Lilou,

Voulez-vous prendre contact avec le Chris Evans show, sur radio BBC 2. Nous aimerions en savoir plus sur le « Défi de 100 jours pour tester les lois de l'univers ». Passez-moi un coup de fil quand vous recevez cet e-mail.

Ha, ha ! C'est comique ! Je les ai rappelés, mais apparemment il était trop tard pour leur parler aujourd'hui. Je ressaierai demain. C'est l'un de leurs auditeurs qui leur a parlé du « Défi ». J'ai quand même renvoyé un e-mail à la BBC pour leur donner plus de détails sur notre communauté.

Nous avons actuellement 3000 membres dans 125 pays. Le *Oprah Winfrey show* voulait parler de nous l'année dernière. L'émission qu'elle a consacrée à la Loi de l'Attraction, où elle a évoqué *Le Secret*, a eu un gros succès. Oprah a donc décidé de faire d'autres émissions sur la Loi de l'Attraction. C'est dans cette optique que ses producteurs nous ont contactés. Dans la mesure où nous sommes LA communauté qui rassemble le plus de personnes cherchant à mettre en pratique la Loi de l'Attraction, et où nous avons produit des milliers de vidéos qui en attestent l'efficacité, il était tout naturel qu'ils nous appellent ! Après avoir passé en revue des centaines de vidéos de divers participants, ils en ont choisi 18 dont ils ont fait un montage. Toutefois, à la dernière minute, ils ont décidé de ne pas le passer à l'émission. Je dois vous avouer que je n'ai pourtant pas renoncé et que j'ai même déclaré que nous finirons par passer dans l'émission d'Oprah.

De toute façon, j'ai également dit aux représentants de la BBC que j'avais perdu mon emploi et que j'étais en train d'attirer le job de mes rêves. Je leur ai précisé que j'ai réalisé diverses vidéos sur le processus, alors, avec un peu de chance, ça va aussi les intéresser et nous pourrons peut-être en parler. Ce serait génial de pouvoir faire passer le message à la radio.

MANIFESTER ÉRIC

Voici une autre petite histoire sur la Loi de l'Attraction pour vous... Je me suis abonnée aux Google Alerts pour mon nom, ce qui fait que chaque fois que mon nom apparaît quelque part sur Internet, j'en suis informée par Google. Aujourd'hui, j'ai reçu un e-mail me disant que quelqu'un avait mentionné mon nom. Parfois, je clique sur le lien de ces alertes, d'autres fois je ne le fais pas. Cette fois, je l'ai fait, et j'ai été redirigée vers un blog intitulé « *biowrite.wordpress.com* », tenu par un monsieur du nom d'Éric (en réalité, le Dr R. Éric Swanepoel). Et voici ce que je lis au milieu de l'un de ses commentaires :

Parmi les bénéfices secondaires importants que j'ai retirés de la lecture des livres sur les sujets ci-dessus (et, bien sûr, du visionnement des vidéos de la délicieuse Lilou Macé – http://www.liloumace.com*), il y a le fait que je me suis retrouvé en mesure d'aider des gens à écrire des livres de développement personnel et sujets apparentés.*

Comme il mentionnait mon nom, je me suis dit qu'il fallait que je lise cela et c'est ainsi que j'ai découvert qu'il aidait des auteurs. Étonnant ! Du coup, je me dis qu'il aura sans doute les compétences nécessaires pour retravailler mes mémos. Je lui ai donc envoyé un e-mail en le remerciant de m'avoir citée dans son blog et j'espère que mon projet lui plaira !

Bien. Je vais maintenant aller faire un bon entraînement au club de fitness où je vais également rencontrer une cocréatrice, Sophia (*http ://www.cocreatingourreality.com/profile*

/SofiaBustamante), qui a pris contact avec moi par l'intermédiaire de YouTube !

ENCORE 11 !

C'est drôle, il est 17 h 11. J'ai regardé ma montre je ne sais combien de fois, et à chaque fois il était X h 11. Ça m'a fait bizarre, cette fois, mais j'adore ça. Chaque fois que ça me fait le coup, je me sens très connectée. J'ai l'impression d'être sur la bonne voie.

D'AUTRES EXTRAITS DU BLOG D'ÉRIC

Je continue de consulter le blog d'Éric. Il parle de la Loi de l'Attraction et du film *Le Secret* et explique qu'on peut faire remonter l'origine de la Loi de l'Attraction au livre de Napoléon Hill, *Pensez et devenez riche* (un livre formidable que j'ai lu il y a quelque temps), et il ajoute :

Alors, qu'est-ce que la « Loi de l'Attraction » *? À en croire le dernier lien que je vous ai donné :*
« Le secret du Secret consiste à cultiver des pensées positives : dites-vous que vous possédez tout ce que vous souhaitez, à chaque instant, visualisez-le, montrez-vous-en reconnaissant dès maintenant et éprouvez dès aujourd'hui les sentiments positifs qui vont avec, car la pensée positive ne fonctionnera pas sans eux. Vous avez deux catégories de sentiments à disposition : les bons et les mauvais. »
Puis, il poursuit :

Aucune discussion sur ce sujet ne serait complète sans mentionner la charmante Lilou Macé (www.lilou-

mace.com) dont les contributions sur YouTube sont une source de joie constante. Ici, par exemple (http://www.youtube.com/watch?v=FZZ5Ubj3uW0), elle parle de la différence qu'il y a entre la pensée positive et la Loi de l'Attraction...

C'est justement la vidéo que j'ai enregistrée voici deux ou trois jours, ce qui veut dire qu'il a dû écrire cela tout récemment !

... et ici (http://www.youtube.com/watch?v=hwshffMkZPw) elle explique comment elle a réagi après s'être fait virer.

Ah ! Voilà une autre expression – « se faire virer » ! Vous savez, je dis toujours que j'ai « perdu mon emploi » ou que j'ai été « licenciée ». Alors, « virée ». Ah ! J'ai désormais plus de vocabulaire. Il faut que je trouve d'autres expressions pour parler de « perte d'emploi ». On dit que les habitants de l'Alaska ont plus d'une vingtaine de mots pour la neige. Peut-être m'en faut-il tout autant pour exprimer le fait que « j'ai été virée » ou que j'ai « perdu mon emploi » ! Voilà en tout cas une nouvelle expression pour moi.

Comme c'est intéressant ! J'ai continué de parcourir le site Web d'Éric (biowrite.co.uk) et à la fin de la présentation de toutes ses activités autour de l'écriture, il dit :

J'ai découvert que j'ai un vrai talent pour donner vie aux histoires des gens. Ce travail me passionne et je suis fier de le faire le mieux possible...

Il poursuit :

Ma formation en sciences et en art, mes expériences au niveau international et mes contacts dans divers domaines (les médias, la littérature, la musique, les sciences, l'éducation et la politique) ont tous un rapport avec mon travail de biographe. En aidant les gens à rédiger leurs biographies, j'ai trouvé un champ d'action dans lequel, en tant que généraliste, j'ai toutes les qualifications nécessaires pour une spécialisation. Mettez-moi à l'épreuve !

C'est ce que je vais faire, Éric. C'est excellent, car cela veut dire que non seulement vous êtes écrivain, mais que votre spécialité consiste à écrire des biographies, ce qui est assez proche d'un journal qui retrace un parcours personnel. Dans mon cas, ce parcours indique comment j'attire le job de mes rêves, donc il semble que ça correspondrait tout à fait à votre créneau. Je suis impatiente de voir ce qu'Éric serait capable de faire !

MA RENCONTRE AVEC SOPHIA : LE PAIEMENT DE LA DÎME DEVIENT EXCITANT !

Et il est 22 h 30. Je reviens de la station de métro de St John's Wood. C'est l'une des dernières fois que ça va m'arriver, puisque je n'habiterai bientôt plus sur Abbey Road. Je viens de rencontrer Sophia au club de fitness. C'est une charmante dame anglaise qui se passionne pour la communauté, dans le but que les gens se soutiennent les uns les autres. Elle me racontait comment elle s'occupe de jeunes dans la région de Brixton, au sud de

Londres : ce sont des ados de 15 ou 16 ans qui ont déjà été en contact avec des gangs ou qui risquent de l'être. Elle les coache et les soutient. « Quel projet fabuleux ! », me suis-je dit. Puis, j'ai pensé, « Si ça se trouve, c'est l'occasion que je cherchais. C'est peut-être à cette femme que je ferai don de l'argent que je voulais offrir pour une bonne cause : voilà le projet que j'ai attiré ». En l'écoutant parler, je me suis encore dit, « Et si on fournissait des webcams à ces jeunes, en leur donnant ainsi l'occasion de participer au « Défi de 100 jours pour tester les lois de l'univers » ? Je pourrais acheter les caméras et tout l'équipement nécessaire, des journaux, des magazines et les tableaux de vision dont ils auraient besoin, puis faire une vidéo d'introduction ou les rencontrer en personne, et leur donner ainsi l'occasion de participer au « Défi ». Il se pourrait qu'une expérience de ce genre permette à de nombreux enfants, dans tout le pays, de mieux s'assumer et s'exprimer. Oui, si ce projet réussit, il constituera peut-être le fondement de quelque chose d'envergure ! Ça, c'est génial, non ? Et Sophia était très enthousiaste : « Oui, ce serait fantastique ! ».

Je me réjouis tellement : c'est si excitant, les amis ! C'est incroyable de voir comment les choses s'organisent, quand on laisse faire : c'est tout simplement époustouflant ! Et il y a un autre avantage potentiel à cela. Si je monte ce projet avec les jeunes du sud de Londres, et que cela contribue à changer leur vie, j'augmente d'autant les chances de passer dans l'émission d'Oprah, donc c'est vraiment une opération gagnant-gagnant-gagnant. Oui, je me dis qu'il y a de bonnes chances pour qu'Oprah s'intéresse à cette histoire ! Ces jeunes n'ont même pas besoin de lire *Le Secret*. Je peux leur envoyer certains liens sur YouTube. Ils y trouveront beaucoup de choses gratuites. On a déjà toute la communauté du « Défi » qui est en place : *www.CreatingOurReality.com*. On a aussi Sophia, qui est coach. Et j'ai des centaines de vidéos pratiques en ligne : bref, ces jeunes auront tout à disposition ! Ça vaut la peine d'essayer.

POURQUOI C'EST BIEN QUE LES ENFANTS VOYAGENT

Aujourd'hui, c'est lundi, et je suis en train de passer la meilleure semaine de ma vie. Voici tout juste une semaine, j'ai annoncé que j'avais été virée – j'aime bien ce nouveau mot, ha, ha ! – et me voilà déjà engagée dans un projet qui pourrait profiter aux jeunes de Londres et peut-être à d'autres ailleurs dans le monde. J'ai également pu faire part à Sophia de mon rêve de créer un jour une fondation pour aider les jeunes à voyager dans le monde. Je lui ai expliqué combien cela avait été important dans mon propre parcours. De fait, même si mes parents étaient tous les deux Français et que j'ai passé une grande partie de mon enfance en France, je suis née aux États-Unis et j'ai célébré mon premier anniversaire dans un avion. Mes parents m'ont fait faire le tour du monde et ç'a été extrêmement enrichissant pour moi. Je pense que c'est pour cela qu'il m'est si facile de voyager partout aujourd'hui, que je me sens partout chez moi et que j'ose rêver en grand et entreprendre tant de choses. J'aimerais donc que les autres puissent bénéficier de la même expérience !

SABOTAGE MENTAL ET INSOMNIE

Il est 4 h 15 du matin, je n'arrive pas à dormir. Je suis trop excitée par tout ce qui vient d'arriver et, en même temps, je suis un peu inquiète. C'est assez courant, quand les choses commencent à se manifester ainsi. Nous n'en avons pas l'habitude, au quotidien, alors ça fait un peu peur. D'où des risques d'autosabotage. Je me suis déjà retrouvée plusieurs fois dans cette situation. C'est comme si, lorsqu'on a réussi à se laisser porter par les choses durant un temps, une partie de nous se réveillait et disait, « Ouah ! Tout cela est vraiment en train d'arriver ! », et c'est ce que je vis en ce moment. Je me répète donc qu'il est important de me relaxer, d'accepter les bonnes choses que je crée dans ma vie et de continuer à me laisser porter par le courant. C'est comme ça que les choses sont censées se passer : de manière fluide. J'inspire et expire profondément, et j'annule toutes les pensées négatives. Je ne vais pas les laisser saboter ce qui m'arrive. Il est crucial que je recrée sans cesse ce à quoi je me suis engagée. Que je reste concentrée sur tout ce qu'il y a de bien. La méditation m'y aide beaucoup. Il est tout aussi important de méditer quand les choses bougent vraiment et qu'elles commencent à se mettre en place, qu'au tout début, quand elles sont encore calmes. En ce moment, je suis en train de manifester plus de potentiel et plus de revenus. Je concrétise un projet pour aider les jeunes qui en ont besoin. Je suis aussi en train de manifester l'achèvement de ce livre. Concentre-toi, Lilou, respire profondément et accepte les choses comme elles viennent.

Je suis très reconnaissante pour tout cela. Il y a une manière simple de se remettre en piste, c'est d'écouter l'une des nombreuses visualisations guidées qui se trouvent désormais sur Internet. Moi, ça m'aide vraiment à me libérer de mes peurs et à être présente. J'envisage d'ailleurs sérieusement d'en enregistrer certaines ici à Londres, pour un CD. Chaque visualisation/méditation traitera d'un sujet particulier, de manière à ce que vous puissiez choisir celui qui correspond à votre situation. Mais au fond, toutes traiteront de l'art d'accepter ce qu'il y a de bien dans la vie, de s'ouvrir à toutes les bonnes choses et de les accueillir dans notre existence. C'est quelque chose de merveilleux. Quand on commence à en prendre l'habitude, on arrive à se maintenir dans le courant et à intensifier les sentiments qui l'accompagnent. À vous de voir jusqu'où vous pouvez aller.

AFFIRMATIONS

« Tout est bien », me dis-je en continuant de respirer profondément. « Oui, j'ai envie que toutes ces choses magnifiques et merveilleuses m'arrivent. Oui, j'en suis reconnaissante. »
Vous pouvez écrire quelques affirmations de ce genre pour vous-même, des déclarations qui vous aideront à continuer de relever le défi d'améliorer constamment les choses. Je n'arrête pas de me répéter : « Oui, je veux que toutes ces choses magnifiques se produisent dans ma vie. J'en suis reconnaissante. Merci. » Je sollicite également une guidance d'en haut, afin de trouver le moyen d'accepter tout ce qui m'arrive dans la vie. Alors, toi la

Vie, aide-moi à accepter toutes ces choses grandioses qui se produisent !

MANIFESTER CE QUE VOUS VOULEZ VRAIMENT, MAINTENANT !

Je suis toujours éveillée et il est maintenant 4 h 30 du matin. Cette petite voix inquiète est toujours là : « Oh, mon Dieu, est-ce que tout cela m'arrive vraiment ? ». Je crois que la meilleure chose à faire est de méditer, et je vais donc écouter ma visualisation intitulée *Effective Meditation / Manifest what you really Want NOW* (*http://www.youtube. watch?v=RQLXTF7FT_c*). C'est gratuit. Elle dure environ 10 minutes et commence par des respirations profondes. Ensuite, ma propre voix me guidera vers l'acceptation de toute cette bonté et cet amour, et je vais continuer de me dilater pour recevoir tout cela...

SOIS CONSCIENTE, N'AIE PAS PEUR

Depuis ce matin, je fais des recherches en ligne pour trouver des statistiques anglaises et américaines sur le chômage. Elles sont en augmentation. Le taux de chômage est de 7,5 % aux États-Unis, en ce moment – il y a 11,6 millions de personnes sans emploi. Cela se reflète dans les blogs et les communiqués de presse. La peur augmente, alors je pense que ce livre est plus nécessaire que jamais. Les gens ont besoin de savoir qu'il y a des possibilités, qu'il est temps de vivre notre passion et de découvrir ce pour quoi nous sommes faits. Même les personnes qui ont actuellement un travail ne sont pas à l'abri. C'est un fait important que je dois garder à l'esprit. Je me rappelle quelle était mon attitude, à mon dernier poste, quand j'avais l'impression que les autres risquaient éventuellement d'être licenciés, pas moi, mais de nos jours plus rien n'est sûr. Je ne dis pas cela pour vous effrayer, mais pour que vous preniez conscience que tout est possible – le bon et le moins bon – dans l'économie actuelle, à cette période de l'histoire, et que si vous n'avez pas le job de vos rêves, si vous ne faites pas un travail qui vous passionne, prenez conscience que quelqu'un risque de le faire mieux que vous... C'est la réalité des choses, aussi est-il temps pour vous de vous dire, « À quoi suis-je bon ? Qu'est-ce que je sais faire, que les autres ne font pas aussi bien que moi ? ». Je vous suggère de continuer à vous poser la question, de vous laisser porter par le courant en étant ouvert aux réponses. « À quoi suis-je bon ? Aidez-moi s'il vous plaît. » Émettez ces questions, restez en mode interrogatif, puis laissez les réponses vous venir. Vous n'avez aucune raison de vous laisser atteindre par les effets du blues de la recherche d'emploi, ni d'avoir peur des statistiques. Oui, des choses terribles arrivent, mais ce n'est pas en vous laissant gagner par la peur que vous allez trouver le job de vos rêves.

TWEETONS !

Je suis tombée sur une merveilleuse liste Twitter : 50 utilisateurs de Twitter à suivre pour votre recherche d'emploi. Voici le lien : *http://www.onedayonejob.com/blog/50-twitter-users to-follow-for-your-job-search*. À ce propos, Twitter a débuté en

2006 et connaît actuellement un énorme succès. Plus de 4 millions de personnes l'utilisent quotidiennement pour s'envoyer des microblogs, c'est-à-dire de brèves mises à jour de leur statut et de leurs activités. J'adore ça. Je trouve cet outil très convivial et amusant ! Allez le découvrir ! Et puisque je parle de ce sujet, mon compte Twitter est le suivant : *http://twitter.com/liloumace*. Suivons-nous l'un l'autre !
Ce qui me fait penser qu'il faut que je fasse un peu de nettoyage dans les blogs que j'ai commencés l'année dernière. Nous avions un blog CCOR et j'ai également le blog *LilouMace.blogspot.com*. Je vais commencer à y mettre des vidéos, des liens et des réflexions.

ATTIRER UNE ÉQUIPE DE RÊVE

Pour l'instant, je suis en train d'attirer ma « Dream Team », un concept que je trouve intéressant. Jusqu'ici, j'ai toujours essayé de faire les choses par moi-même. Je dois admettre que c'est pour cela que j'ai échoué à faire évoluer mon entreprise aux États-Unis, une activité dont je me suis occupée durant sept ans. Oui, j'ai fait appel à quelques personnes en free-lance – un bon nombre, d'ailleurs – mais je n'ai jamais vraiment construit une équipe. Je dois même dire qu'à l'époque je n'avais pas tellement l'esprit d'équipe.

SE FIXER DES OBJECTIFS AMBITIEUX

Je déclare que je ferai en sorte d'écrire ce livre en moins d'un mois, ce qui fait que d'ici fin mars tout aura été

rédigé et que le manuscrit sera prêt à être imprimé. D'ici au 24 avril (qui correspond à la fin de ma Saison 11), le livre sera publié. Ouah ! C'est audacieux !
C'est une échéance très courte, mais cela me dynamise de m'y tenir. Je songe à la façon dont les énergies bougent, en ce moment. Les choses s'accélèrent dans le monde, elles arrivent beaucoup plus rapidement qu'auparavant, et pour garder le rythme, il faut être bien ancré. Pour avoir un tel ancrage, il faut commencer par avoir les pieds bien sur terre, c'est-à-dire par affronter la réalité, et ensuite il faut compenser la réalité en développant notre dimension « spirituelle » (à défaut d'un terme plus adapté), à l'aide de pratiques comme la visualisation, la méditation et l'application consciente de la Loi de l'Attraction. À défaut de ces outils, la réalité peut vous submerger et la peur vous paralyser. Inversement, si vous êtes trop « dans les nuages », trop dans la visualisation, trop passif ou trop craintif pour n'avoir ne serait-ce qu'un œil sur ce qui se passe au dehors, les choses ne marcheront pas non plus.

ÉVEILLER LE LEADER QUI SOMMEILLE EN NOUS

Avec mon amie Laura Duksta, nous discutions de la nécessité de nous affirmer comme des leaders, maintenant, car le monde en a grand besoin. J'estime être l'un des leaders de cette nouvelle révolution, de cet éveil des gens à leur véritable pouvoir. Oui, quelque chose d'immense est en train d'arriver : tout le monde se réveille. Ce changement est en cours. Alors j'ai envie de dire : « Oui, allons-y. Faisons-le ! Nous en sommes capables. »

Les anciennes façons de penser n'ont plus d'utilité. « Laura », ai-je dit, « il est temps. Réveillons-nous. Le monde a besoin de nous, mais pas en tant qu'individus. On a chacun nos petits problèmes. Mettons-les de côté, mettons nos ego de côté et occupons-nous des problèmes du monde. Concentrons-nous, participons à ce grand projet, aidons les autres et inspirons-les ! »

LAURA ME CONSEILLE DE M'AUTOPUBLIER

J'ai dit à Laura que j'écrivais un livre. Elle m'a donné des conseils sur la façon de démarrer et m'a suggéré de m'autopublier. C'est ce qu'elle a fait pour son propre livre, un ouvrage pour enfants intitulé *I Love You More*, qui est tiré d'un séminaire. Elle en a vendu 180'000 exemplaires et, l'année dernière, a signé un contrat avec un éditeur de Chicago ! Elle m'a convaincue que l'autoédition était la chose à faire, alors je vais me lancer ! Elle m'a également fourni des tonnes de conseil et de liens que je vais suivre. Je suis stupéfaite de voir toutes les informations que j'obtiens ! Toutes mes questions trouvent leur réponse en chemin.
Tout se déroule à merveille. J'ai mis à jour mon blog et je vais continuer de m'y exprimer régulièrement et de réaliser des vidéos sur le sujet, une fois le livre publié. Je m'amuse beaucoup !

MES ESPOIRS SUR ÉRIC

Je n'ai pas encore eu de retour d'Éric, le biographe. Je pense vraiment qu'il serait la personne idéale pour donner forme à tout ce que j'enregistre.

JE ME SENS BIEN !

Je viens de recevoir un e-mail de quelqu'un qui m'a envoyé une vidéo sur le thème « se sentir bien », avec la chanson « Feeling Good » de Michael Bublé (*http://www.YouTube.com/Watch ?v=ZSK9kkM7GL4*). Les paroles pourraient constituer le début de ce livre, surtout quand il dit, « C'est une nouvelle aube. C'est un nouveau jour. C'est une nouvelle vie pour moi. » Ça correspond tellement à ce que je ressens en ce moment ! Quelle chanson merveilleuse. Je l'ai mise en boucle !

UNE CONVERSATION PROMETTEUSE

Désolée... Le téléphone sonne...

Je viens d'avoir une conversation avec Éric, ma *plume* potentielle, et j'ai eu un excellent échange avec lui. Ce sera bien lui ! Je sais, je le sens. Ça fait un moment qu'il s'est inscrit à mes blogs vidéo sur YouTube, et cela fait donc quelques mois qu'il les regarde, à ce qu'il m'a dit, et il en reconnaît tout à fait le potentiel. Il a également ajouté que ce travail-là trouverait sa place dans son agenda, car il n'a pas d'échéances urgentes en ce moment. Franchement, je crois qu'il vaut mieux pour moi que je travaille avec Éric plutôt qu'avec Rebecca. Il a l'expérience qu'il faut pour cela. Je viens de lui envoyer les 30 premiers mémos, pour qu'il puisse les regarder, qu'il me dise s'il y a ou non un potentiel, et s'il peut les améliorer. Il va faire un essai sur les premières pages, et on verra ce que ça donne, mais je crois bien avoir attiré ma *plume* ! Quel est l'autre mot qu'on utilise ? Un « nègre », c'est ça ? C'est lui qui va transcrire mes mémos. Si ça lui convient.

Je suis tout excitée, oui, mais en même temps, je suis terrifiée à l'idée que quelqu'un me fasse part de son opinion. La façon dont j'ai procédé jusqu'ici me semble juste – j'ai simplement exprimé mes pensées, d'une manière simple et directe – et l'idée qu'il en fasse quelque chose de meilleur m'enthousiasme, mais je me sens aussi vulnérable. Quoi qu'il en soit, je vais de l'avant. Il nous faudra ensuite discuter le prix. Je lui ai dit que j'avais l'intention de publier mon livre d'ici la fin de ma Saison 11 du « Défi », ce qui représente beaucoup de travail en deux mois. Je suis très excitée !

À ÊTRE AUSSI HEUREUSE, JE COURS LE RISQUE D'ENNUYER LES GENS

Ai-je déjà dit que j'étais reconnaissante d'avoir été licenciée ? Oh, mon Dieu ! C'est la meilleure chose qui me soit arrivée ! Je me sens tellement vivante. J'ai envie de remercier mon ancien patron pour cela. Je suis tellement heureuse que je cours le risque d'ennuyer les autres, mais, vous savez quoi ? Ça, c'est vraiment moi ! C'est ce que je suis vraiment et ça fait longtemps que je ne me suis pas senti comme ça. C'est génial et j'en suis pleine de gratitude. J'ai envie de faire don de cette énergie à la Vie, car tout le monde en a besoin, en ce moment, en ces temps de crise économique.

VISUALISER

Je peux tout à fait m'imaginer – me visualiser – en train de partager tout cela dans une émission de télévision en Angleterre, afin d'inciter les gens à trouver ce qui les met en joie, à découvrir le job de leurs rêves et à garder l'espoir. Je me vois en train d'insuffler de l'espoir à tout le pays, avec des interviews de ce genre, dans tout le pays ! Oui, je ferme les yeux et je le vois. J'imagine mon avenir. Je le vis.

Vous savez quoi ? Le subconscient ne distingue pas les rêves de la réalité, alors, quand vous fermez les yeux et que vous visualisez quelque chose, pour lui, c'est tout à fait réel. Essayez de garder à l'esprit l'image de ce que vous désirez, durant au moins 17 secondes. (La durée optimale est de l'ordre de 64 secondes – ouais, ça devient très scientifique !) Vivez ce que vous imaginez de manière aussi vraie que possible. Par exemple, je suis capable de me représenter jusqu'au moindre détail l'entrevue télévisée que je viens d'évoquer. Je peux également clairement m'imaginer en train d'être interviewée par Oprah Winfrey. J'entends déjà Oprah parler de mon livre à ses téléspectateurs, citer notre communauté, m'appeler par mon nom, je me vois déjà assise à ses côtés. Hmmm ! C'est agréable !

EST-CE QUE MES FRÉQUENCES TROP ÉLEVÉES RALENTISSENT MES PROGRÈS ?

Je n'arrive pas à téléverser ma dernière vidéo sur YouTube, mon iPhone déraille et mon ordinateur ne coopère plus. Se peut-il que nos fréquences soient si élevées qu'elles interfèrent avec les appareils électroniques ? Je finis par me poser sérieusement la question. J'ai déjà eu ce problème au terme d'un week-end de reiki. Mon iPhone n'arrêtait pas de bourdonner. Et maintenant,

je n'arrive même plus à l'allumer. Je me demande si ça finira par devenir un problème sur toute la planète, si nous continuons à élever notre énergie et notre fréquence créative ? Les miennes n'ont jamais été aussi hautes, et j'aime ça, mais l'électronique apprécie moins !
J'ai sans doute besoin d'appareils plus puissants. Ouais, la bonne excuse ! J'aimerais bien pouvoir enregistrer un mémo à ce sujet maintenant, ou une vidéo, mais je ne peux faire ni l'un ni l'autre, puisque ces deux appareils ne marchent pas. Je râle. Encore heureux que j'aie enregistré tous mes mémos jusqu'à aujourd'hui sur cet ordinateur !
Il faut que je boive quelque chose ! Un petit verre de vin me ferait du bien, maintenant. Comment puis-je attirer un ami pour qu'il m'accompagne au pub, si je ne peux même pas utiliser mon portable pour l'appeler ? Je peux seulement envoyer un e-mail. Je pourrais également aller au pub et peut-être y rencontrer quelqu'un, au hasard. Ou alors, utiliser simplement le pouvoir de la pensée et imaginer que quelqu'un de sympa m'appelle ? Est-ce que c'est de la télépathie ? Il faudrait aussi que j'essaie ce truc-là. Qui sait ? Je suis toujours prête à essayer quelque chose de nouveau au moins une fois !
Je pense qu'il y a une raison à tout cela. En général, quand l'électronique me lâche, c'est qu'il est signe que je dois me reposer. Toutefois, je me sens pleine d'idées en ce moment et j'ai besoin de les exprimer. Peut-être devrais-je poursuivre en les écrivant ?
Je me demande si à un certain stade de l'évolution humaine, nous cesserons d'utiliser tous ces appareils électroniques. Il y aura peut-être un tel clash entre nos fréquences élevées et celles de ces gadgets, Internet, la

radio, etc., que tout s'effondrera et que nous n'arriverons plus à nous en servir. Nous reviendrions alors à un âge pré-électronique : plus de gadgets, plus de communication pour les gens qui nous ont entraînés si loin dans cette direction. Ouah ! De sacrées réflexions. On les croirait tirées d'un livre de science-fiction, mais ce n'est peut-être pas de la fiction. Je me dis qu'il y a sans doute une part de vrai là-dedans, et qu'il serait intéressant de voir comment tous ces appareils électroniques – ou leur absence – finiront par affecter l'évolution des êtres humains.

Toutefois, ce ne sont pas ces difficultés électroniques qui vont m'empêcher de partager mes réflexions, de terminer ce livre et d'achever ma quête du job de mes rêves. Je sais que je pousse la Loi de l'Attraction à l'extrême, en ce moment. Je me sens tellement alignée et tellement vivante. Mon âme est vivante. C'est magnifique. J'ai même le sentiment que mon énergie est tellement élevée qu'elle pourrait perturber le conformisme ambiant, la façon dont les choses se sont passées jusqu'à présent.

REMETTRE EN QUESTION L'ORDRE ANCIEN : C'EST LA RÉVOLUTION !

Celui ou celle qui développe une nouvelle manière de penser peut déranger le reste de la population, les organisations, le gouvernement et même les médias. Les gens préfèrent conserver leur manière d'être habituelle et continuer de fonctionner comme ils l'ont toujours fait. Ils trouvent cela moins dangereux. Je crois que notre planète est prête à effectuer de grands changements dans la façon dont nous envisageons et faisons les choses. Le

temps de notre révolution est venu. Ce n'est pas une révolution contre quelqu'un ; c'est une révolution intérieure. Il est temps de nous libérer de toute peur, du jugement d'autrui et de la manière traditionnelle de penser.
Je ne pense pas que nous puissions continuer de fonctionner comme nous l'avons fait jusqu'ici. Il y a la guerre, le chômage, la dette, le crime et les catastrophes naturelles, tout cela à une échelle beaucoup plus importante que ce que la plupart d'entre nous ont jamais connu. Nous ne pouvons tout simplement plus continuer de fonctionner et de penser de la même manière. Pour le salut du monde, nous devons apprendre, évoluer et assumer ce que nous sommes vraiment.
Chacun d'entre nous est unique. Si nous voulons vraiment assumer notre rôle dans la société, il nous faut fonctionner à un niveau supérieur, et alors la paix s'instaurera. Chacun de nous a un rôle unique à jouer. Je suis différente de vous. Je ne suis pas meilleure. Juste différente. Oui, il y a certaines choses que je sais mieux faire que vous, tout comme il y en a que vous faites mieux que moi. Nous avons besoin l'un de l'autre. Il nous faut nous entraider. Nous sommes frères et sœurs (comme le dirait Laura Duksta), et si vous êtes confronté à certains problèmes, ce sont également les miens. Nous faisons partie d'une seule conscience, d'un vaste ensemble d'idées et de pensées. Nous pouvons tous puiser dans ce potentiel infini, apprendre à collaborer et ainsi à nous libérer.
J'espère que vous participerez avec moi à cette vaste entreprise, à cette révolution. C'est super et notre avenir est lumineux. La nuit dernière, j'étais naturellement dans

un état d'euphorie. Tous les gadgets refusaient de fonctionner, alors je les ai éteints et je suis sortie. J'ai rencontré mon nouvel ami, Paul, à qui j'ai raconté mes dernières aventures. C'était chouette qu'il ait pu venir au dernier moment ; le timing était parfait. Nous avons passé une soirée délicieuse, très excitante !

RETOUR AUX DÉTAILS PRATIQUES

À mon réveil ce matin, je suis allée regarder mon compte YouTube, comme je le fais chaque jour. Mes vidéos étaient en ligne et j'ai reçu plusieurs commentaires encourageants. J'adore en recevoir ! Je suis également allée consulter Book Surge. J'ai découvert qu'ils vous reversent 35 % du prix de votre livre, mais qu'il y a aussi des coûts de mise en place, des coûts de conception, des coûts de promotion, etc., et j'ai commencé à paniquer un peu. Ça tombe d'autant plus mal que je viens de faire un virement bancaire pour mon nouveau logement : je dois payer deux mois de loyer. Pour dire les choses franchement, j'ai pris peur et je n'arrive pas encore à me recentrer. Je vais faire une séance de méditation et de reiki pour recharger mes batteries.
Mon enregistreur audio me manque. Il faut que je trouve une solution. Et mon iPhone est très lent en ce moment... Il faut que j'y aille doucement aujourd'hui, aussi bien avec moi-même qu'avec tout ce qui m'entoure. Je n'ai pas beaucoup dormi, donc il faut que je reprenne des forces pour pouvoir faire quelque chose d'intéressant de ma journée. Je sollicite également une guidance d'en haut, pour déterminer la meilleure voie à suivre. Des réponses claires me viendront en temps voulu.

Je me suis également renseignée sur un nouvel ordinateur, en ligne, et j'ai décidé de me procurer le magnifique iMac 24'', très inspirant ! J'adore les nouveaux gadgets et en particulier les Mac, comme vous l'avez sans doute deviné. Ils me rendent très créative.
Je viens juste de faire une méditation, en inspirant et en expirant très calmement. Ça me fait du bien de sentir toute cette énergie circuler en moi, maintenant. Malgré ça, j'ai... Oh, non, je recommence ! Mais j'annule aussitôt cette pensée négative et je décide qu'aujourd'hui je passerai une journée agréable et facile, où les choses vont se faire d'elles-mêmes, de façon agréable et naturelle.

MANIFESTER DE L'ARGENT

La frustration que me vaut ce iPhone qui ne marche pas ne m'aide pas du tout, donc il faut que je m'en occupe. Je vais peut-être finir par aller au magasin Apple... Oui, il est temps que je m'achète cet iMac ! J'ai besoin d'une bouffée d'énergie, alors il est temps que je le « manifeste ». Bon sang, je n'en reviens toujours pas de la façon dont la Loi de l'Attraction fonctionne par moments. Demandez, et il vous sera donné. Ce matin, j'ai reçu exactement 900 £ sur mon compte bancaire, en paiement de travaux que j'ai effectués. Je ne m'attendais pas du tout à ce que cet argent rentre maintenant ! C'est génial ! Si j'y ajoute le reste, je peux acheter cet iMac... Je pourrais d'ailleurs prendre celui qui coûte exactement cela : 900 £. Le 24'' est tentant... J'adore ! Il est temps d'aller faire mes courses !

LAISSEZ TOMBER CE QUI VOUS PLOMBE

Aujourd'hui, j'aurais dû aller à un séminaire de deux jours de marketing Internet, à Londres. Tous les leaders de l'industrie y sont, mais – vous savez quoi ? – je me suis rendu compte que ça ne m'enthousiasmait pas du tout : je n'ai pas du tout envie d'y aller. Et je ne me suis pas forcée. Personne ne m'y oblige. Oui, ce sera intéressant et j'y aurais sans doute trouvé de nouvelles idées, mais désormais je ne suis plus dans cette industrie. Maintenant, je suis une auteure, une présentatrice TV et un gourou de la Loi de l'Attraction ! Ha ! Je n'ai plus besoin de me former sur le marketing par e-mail ni sur les réseaux sociaux. J'en connais déjà beaucoup et il est temps pour moi d'appliquer mes connaissances. Du coup, je me sens de nouveau libre, je me sens bien. Quel soulagement ! Depuis le début de la journée, quelque chose me déprimait. L'idée d'aller là-bas me plombait. Il n'y a pas d'obligations dans la vie. Il est temps de me rendre le cœur joyeux au magasin Apple. Ouais !

IL FAUT DU CRAN

Dans le bus, pour aller au magasin Apple, j'ai lu quelques pages du livre *Le Secret*. Je l'ai ouvert là où Rhonda Byrne explique combien elle s'estimait reconnaissante, chaque jour, d'avoir fait le film du même nom, puis comment, forte de ce sentiment de gratitude, elle laissait se manifester les aventures de chaque journée.
C'est comme ça que je me sens, en ce moment. Je sais que ce qui sortira de cette période sera extraordinaire.

Pour l'instant, je suis sans emploi et je me concentre sur l'abondance, alors que dans ma réalité quotidienne (celle du monde extérieur) cette abondance n'est pas encore là. Même si intérieurement j'ai l'impression d'avoir déjà atteint ce stade, je me surprends néanmoins à observer parfois cette réalité extérieure et à prendre peur, du fait que la manifestation complète de mon état intérieur n'est pas encore réalisée. Je dois donc rester concentrée sur ma conviction interne. Ça demande du cran, je dois le dire, mais vous pouvez me croire quand je vous dis que ça vaut la peine. Des petits signes et des preuves me disent chaque jour que je suis bel et bien sur la bonne voie. J'estime que j'ai de la chance.
Je me demande si la raison pour laquelle je me retrouve assise sur ce canapé, aujourd'hui, sans emploi, c'est que j'ai affirmé un jour que je voulais toucher des millions de gens ? Est-ce la raison pour laquelle j'ai obtenu mon dernier poste, pour que je vienne dans ce pays, puis que je perde mon emploi ? Est-ce cette ville qui va réveiller tout mon potentiel et entraîner la manifestation de mes rêves les plus fous ?

UN LUXE MÉRITÉ OU UNE DÉPENSE INUTILE ?

J'ai rendez-vous à 8 h 15 au magasin Apple pour le problème de mon iPhone. En ce moment, je travaille sur mon nouvel iMac. Il est vraiment top et... immense ! Ça me fait tout bizarre de travailler sur un écran aussi grand. Je me sens coupable. Si ça se trouve, le 20'' aurait été suffisant et je me dis que j'aurais sans doute été plus à l'aise de travailler sur un écran moins grand. Strictement parlant, je peux me permettre celui-ci, mais mon désir de manifester ce dont j'ai besoin pour mon travail aurait été pleinement satisfait avec un 20''.

D'un autre côté, ce ne sont pas là des pensées d'abondance : voilà que je réfléchis de nouveau avec un point de vue de « manque », avec la mentalité de quelqu'un qui manque d'argent et de foi. Je me sens déchirée. Je ne peux pas rester dans cet état-là. Je me sens mal et aussi coupable de m'être mise dans cette situation. La différence entre le 20'' et le 24'' correspond à 2125 £ – 785 £, ce qui fait 340 £, ce qui n'est pas tant que ça pour un grand projet. Mais cette somme aurait aussi pu me permettre de payer un infographiste.

Je pensais que je me sentirais mieux avec cet ordinateur et que je serais plus inspirée, mais ce n'est pas le cas. La différence ne représente peut-être que 340 £, mais si c'est le succès du projet qui est en jeu, je peux sacrifier cela et échanger mon ordi contre un 20''.

UNE IDÉE À 1 MILLION DE DOLLARS DE PERDUE ?

Je sollicite une guidance d'en haut. Aidez-moi ! Je souhaite ressentir l'abondance de la Vie, maintenant, et savoir que je mérite cet ordinateur, en ce moment et pour ce projet.

Ouah, je n'en reviens pas que je passe autant de temps à me demander si c'est ou non la bonne chose à faire ! Mais est-ce que cela ne nous arrive pas à tous, parfois, de perdre du temps sur des décisions triviales, au lieu de le consacrer à des choses importantes, comme de déve-

lopper une idée brillante, par exemple vendre des millions d'exemplaires de mon nouveau livre, jusqu'à ce que cela devienne contagieux et qu'il se retrouve N°1 sur Amazon et sur la liste des best-sellers du New York Times, durant plusieurs semaines ? Durant tout le temps que j'ai passé à me torturer les méninges au sujet d'un ordinateur, j'aurais pu trouver une idée géniale qui aurait pu avoir un impact important.
Peut-être que je n'ai pas un point de vue d'abondance, mais, après tout, c'est l'argent pour le 20'' que j'ai manifesté au départ. Chose intéressante, en allant l'échanger, je n'ai pas l'impression de renoncer à l'abondance de l'univers ; j'ai plutôt le sentiment de me faire confiance et de savoir déterminer ce qui me convient le mieux. De plus, je pourrai ainsi m'acheter du mobilier, des plantes et des lampes, et quelques chaises pour mon nouveau logement, qui correspondent à mes goûts.

QU'EST-CE QUI VOUS RAPPROCHE DE VOTRE ÉTAT NATUREL ?

Au fond, ce n'est pas une question de prix, mais de savoir qu'est-ce qui vous fait du bien, qu'est-ce qui vous rapproche de votre état naturel. Un club de fitness plus petit et meilleur marché me met mal à l'aise, quand j'y vais, mais inversement un écran d'ordinateur trop grand ne me convient pas en ce moment, donc il est temps que je le rapporte et que je retrouve mon état intérieur positif naturel.
Ai-je déjà dit que j'adore les gadgets ? Oui, c'est quelque chose d'important pour moi. Rien n'est gravé dans la

pierre. On pourrait dire que le « banc d'essai » ne s'est pas révélé positif, dans mon cas ! Je vais donc ramener cet ordi au magasin et faire réparer mon iPhone.
Bien, je possède donc désormais le nouvel iMac 20'', au lieu du 24''. Ça me va tout à fait : c'est le bon format. Maintenant, il est temps d'aller dormir. À propos de ce qui me régénère, je me dis qu'un bon nettoyage me ferait du bien, avant d'entamer ce nouveau chapitre. Je ferai un petit régime de détoxication de quelques jours, que je commencerai vraisemblablement le 1er mars. Bon, je vais emballer quelques affaires et aller faire un tour sur Twitter. Est-ce que vous tweetez aussi ? Connectons-nous. Hors propos ? OK !

DES ENREGISTREMENTS FRÉQUENTS ME DYNAMISENT

J'ai parlé avec Megan Castran d'Australie (*http://www.YouTube.com/jewelchic*), qui est membre du CCOR et aussi une bonne amie, une vraie source d'inspiration. Elle a fait passer mes vibrations en mode positif, comme toujours ! Son sourire, sa joie de vivre et son enthousiasme sont contagieux.
Mon iPhone est aussi réparé, maintenant. Je ne suis pas sûre du mode vibratoire dans lequel je l'ai mis, mais quand le type de l'Apple Genius Bar l'a touché, il fonctionnait. J'en ai vidé les enregistrements pour les sauvegarder sur mon nouvel iMac. Ça ne posait pas de problème, mais je n'arrive toujours pas à enregistrer avec. Ça me manque. Quand je peux faire beaucoup d'enregistrements, ça me dynamise. Ça m'aide à rester en piste,

encore plus que les vidéos. Peut-être qu'il faudrait que je fasse davantage de vidéos ?
Il est 22 h 47. Bonne nuit.
P.S. Demain, je commence mon enregistrement. Pendant que j'emballe mes affaires, oui : j'emballerai tout, en me laissant porter par la vie !

IL NOUS FAUT PLUS DE CHAMPIONS

Notre économie n'aurait-elle pas besoin de champions qui nous inspirent ? Je pense vraiment que dans la situation économique actuelle, nous aurions grand besoin de personnes inspirantes, de champions qui aident la population à porter un regard positif sur tout ce qui est possible. Je pense que ce que je cherche à dire, c'est qu'il me paraît urgent de publier mon livre, d'autant plus si je veux décrocher le job de mes rêves. Oui, mon livre et le CD de méditation sont des projets valables, mais ils ne sont pas une fin en soi. Un emploi à la télévision serait effectivement un job de rêve pour moi, à condition de pouvoir y tenir un discours ouvert et indépendant, de pouvoir y faire une vraie contribution, sans me retrouver coincée à courir après les taux d'écoute. Cette dernière option me semble plus faisable sur Internet, encore que cela puisse aussi le devenir à la TV, à mesure que les spectateurs exigent de plus en plus de « vraies choses ». Quoi qu'il en soit, je vous souhaite une bonne nuit. Il est pratiquement 0 h 23.

GRATITUDE MATINALE ET DEMANDE D'AIDE

Ce matin je me suis réveillée pleine de gratitude. Dans ma tête, j'ai énuméré tout ce qui fait l'objet de ma reconnaissance (tout ce qui m'arrive en ce moment), et j'ai ajouté que je souhaitais être guidée aujourd'hui, à chaque étape du chemin. Je demande à la Vie, « Comment puis-je trouver le job de mes rêves ? À quoi ressemble-t-il ? Comment puis-je bien gagner ma vie avec mes vidéos ? ».

UNE VIDÉO DE VISION ?

Je sais qu'on peut très bien gagner sa vie en étant partenaire de YouTube. Et Internet me correspond bien. Ce serait génial que de pouvoir diffuser des vidéos sur Internet, en faisant partie d'un réseau connu. Dans le job de mes rêves, j'interviewerais les auteurs de livres de développement personnel dans un studio TV, à la maison ou directement sur Internet, mais j'aurais besoin d'une équipe et de diverses ressources, et je souhaite bien gagner ma vie avec ça. Cette idée me plaît bien. Je devrais peut-être réaliser un petit tableau de vision numérique, avec des images de mon équipe, du réseau, des caméras, des collaborateurs, etc. Oui, je vais y travailler et ce sera une bonne façon de me familiariser avec iMovie, version 09, dont je ne me suis pas encore servie, même si j'en ai déjà utilisé d'anciennes versions sur de vieux Mac.

JE SURPRENDS UNE PENSÉE NÉGATIVE ET JE L'ÉLIMINE AUSSITÔT

Je me suis surprise à penser que ce nouveau logiciel serait beaucoup plus compliqué ! Je dois changer de façon de penser, car je sais que si je crois que ce sera compliqué, je vais moi-même compliquer les choses sans raison. Alors, je me dis désormais que je vais me débrouiller très facilement, que ce sera une expérience formidable et que mon petit film sera prêt en un rien de temps, et que je pourrai le mettre sur YouTube. Je me dis que ça va être un excellent exercice. Je me réjouis de le faire et de l'essayer avec vous !

QUAND MOINS C'EST MIEUX

J'aime bien l'idée d'en faire moins et de visualiser davantage et, grâce à cela, de réaliser finalement plus de choses. Je crois que je fais partie des gens qui ont tendance à être tout le temps au charbon, à faire mille et une choses, et à être tout le temps active. J'apprends à identifier mes priorités, à faire ce qu'il y a de plus important, mais est-ce que je prends assez le temps de visualiser, pour avoir une idée claire de ma vision ? J'estime que c'est cette partie du processus créatif qui doit être la plus longue ou, tout au moins, qui doit recevoir le plus d'attention. J'ai commencé à m'occuper de ma vidéo de vision. Je vais sur Google.com et, à partir de là, je vais cliquer en haut à gauche sur « Images ». Une fois que je serai dans la section recherche d'images, je vais taper des mots-clés comme « télévision ». Et si

j'essayais « équipe de télévision », puisque l'important justement c'est l'équipe : « équipe de télévision », nous y voici. J'ai des milliers de résultats. Je vais juste cliquer sur ceux qui m'inspirent. Je ne sais pas pourquoi, j'aime la BBC alors, au lieu de « équipe de télévision », j'ai tapé « équipe de télévision de la BBC ». J'ai également copié le logo de la BBC et je continue mes recherches.
Quand on fait un travail de ce genre, il faut choisir ses images avec soin, car, comme vous le savez, les choses arrivent vraiment ensuite. Il faut donc prendre le temps de les regarder et d'observer les sentiments qu'elles évoquent en nous. Si l'une de ces images vous stresse ou vous met mal à l'aise, ou si elle n'évoque tout simplement aucun sentiment agréable, ne l'utilisez pas. En regardant les images que j'ai trouvées, je me pose maintenant la question, ai-je vraiment envie d'avoir une équipe ? Donc, ce processus m'aide à définir ce que je veux, ce qui me paraît juste, ce qui résonne en moi.

COMPTER DÉSORMAIS EN MILLIONS

J'ai également trouvé une image qui reflète une vidéo de YouTube qui a été visionnée 33 millions de fois. Je vais donc incorporer cette image pour illustrer le trafic élevé et la popularité Internet auxquels j'aspire ! Je suis également un grand fan de la caméra Flip (*www.theflip.com*), alors je vais aussi en incorporer une image. En réalité, j'en ai déjà une, mais j'aimerais bien avoir la caméra Flip HD, et, plus encore, j'aimerais bien que des sponsors comme Flip prennent contact avec moi et me disent, « Nous souhaitons que vous représentiez notre marque ».

Comme je vais de toute façon faire des vidéos, ce serait bien que je fasse la promotion des marques auxquelles je crois et, en retour, que je bénéficie de nouveaux produits, de commissions sur les ventes effectuées par l'intermédiaire de mes sites, d'un parrainage ou d'un salaire.

CRÉÉE PAR LA PENSÉE

Maintenant, je viens de taper « interviews TV », mais je n'obtiens pas ce que je veux. Toutes ces images ont l'air beaucoup trop formelles. Ce n'est pas vraiment mon style. Il faut donc que j'élargisse mes recherches, en y incluant des interviews par webcam ou encore des interviews de voyage, car j'aimerais bien faire des entrevues dans des endroits exotiques – avec un paysage spectaculaire à l'arrière-plan ! Je peux tout à fait m'imaginer une émission qui mélange le voyage et l'inspiration. Oui, j'adorerais attirer cela, concevoir une émission de TV sur mesure, qui satisferait à la fois ma soif de voyage et ma quête de sagesse. Je peux tout à fait imaginer qu'un producteur TV s'empare de mes idées et dise quelque chose du genre, « Oui, il y a là une bonne idée, et Lilou est la personne idéale pour la réaliser. Nous allons construire cette émission autour de ce concept. » Attention, je ne dis pas cela d'une manière arrogante, j'espère : ha ! ha ! Je ne fais qu'illustrer de quelle manière vous pouvez aboutir à quelque chose qui vous plaît totalement... qui vous correspond parfaitement. L'émission que j'ai imaginée peut être créée à partir de rien... ou simplement à partir d'une pensée ! Oui, nos pensées ont cette puissance-là. Les choses n'ont pas à exister dès maintenant. Il faut simplement que je garde l'esprit ouvert sur ce sujet.

VOYAGE EN PREMIÈRE CLASSE SUR VIRGIN ATLANTIC

Curieusement, je n'ai toujours pas trouvé d'images pour illustrer mes interviews de voyage, mais je suis tombée sur une photo d'avion. Or, il se trouve que j'adore les avions. Rien que d'y penser, ça m'excite, alors je viens de taper « First Class Virgin ». J'adorerais voyager en première classe et j'aime bien Virgin. Je pense que Richard Branson est un leader exceptionnel, très inspirant. Je suis en train de lire son livre, *Business Stripped Bare*. Et si je mettais une image d'une cabine de première classe d'un avion de Virgin Atlantic ? Cette idée me plaît, je vais donc le faire. Je me vois déjà avec une coupe de champagne et quelques amis, à profiter pleinement du luxe d'un vol transatlantique en première classe, pour me rendre à Hawaï ! Je n'ai jamais voyagé en première classe, mais je m'imagine tout à fait pouvoir m'y habituer ! Mon imagination carbure à fond ! « Lovely », comme diraient les British.

LE SOMMET DE LA MONTAGNE

Maintenant, je m'imagine des montagnes avec une vue à couper le souffle. C'est quelque chose qui m'inspire beaucoup, alors je cherche également quelques images de ce genre. Les sommets montagneux ont une forte connotation symbolique. Cela fait déjà un certain temps que j'ai clairement cette image à l'esprit.
Voilà, je regarde actuellement les photos que j'ai trouvées en tapant « sommets de montagnes ». Je viens de

tomber sur un cliché absolument magnifique. On y voit un coucher de soleil, pris au-dessus des nuages, et on distingue un petit sommet montagneux qui perce tout juste au-dessus de cette mer de nuages. C'est stupéfiant. J'en ai aussi trouvé une autre où l'on voit une personne les bras grands ouverts, au sommet d'une montagne : là aussi, le symbolisme est fort, ...la liberté, et cette proximité irréelle et magnifique avec Dieu et la création. Maintenant, je tape le mot « Dieu », bien que je le mentionne rarement. Je l'utilisais d'ailleurs encore plus rarement autrefois, mais plus j'avance dans ce travail, plus je me sens liée à « la Source », à l'Univers, à la Vie. Pour moi, Dieu est un peu comme une énergie très puissante, au-delà du mental, et cependant étroitement liée à lui. C'est un sentiment divin d'unité et de puissance créatrice. Voilà ce que m'évoque la vision de ce sommet de montagne. Ça me donne l'impression que mon âme est légère et parfaitement alignée. Cela évoque aussi ce sentiment de bien-être que l'on s'efforce constamment d'atteindre. C'est d'ailleurs ce sentiment-là qu'il faut chercher à recréer en soi quand on choisit ces images. Alors, nos soucis disparaissent.

UN CONSEIL TIRÉ DE « RICH DAD, POOR DAD »

À propos, je voudrais partager quelque chose avec vous. Le site PhilosophersNotes.com est vraiment étonnant. Je vais aller y écouter le résumé de *Rich Dad, Poor Dad*, que j'ai d'ailleurs téléchargé sur ce site. C'est un livre que je n'ai jamais lu, mais dont j'ai entendu dire beaucoup de bien. Alors, combien de temps cela va me prendre ? 18 minutes, 17 secondes : c'est tout ! Je peux tout à fait trouver ce temps-là. Et si j'écoutais cette séquence en préparant mon déménagement ? Fabuleux ! D'une pierre deux coups.

QUE FERIEZ-VOUS, SI VOUS SAVIEZ QUE VOUS ALLEZ RÉUSSIR ?

Ce que m'a appris l'écoute du résumé de *Rich Dad, Poor Dad*, de Robert Kiyosaki, c'est que la question cruciale à se poser, c'est : « Que feriez-vous maintenant, si vous n'aviez pas peur, si vous étiez sûr de réussir, quoi que vous décidiez de faire dans la vie ? ».
Prenez quelques minutes maintenant pour y réfléchir, puis notez votre réponse dans votre journal. Que feriez-vous, si vous pouviez faire n'importe quoi ? C'est de ce principe-là qu'émane tout mon discours sur l'importance de suivre sa passion et ses rêves. C'est pour cela que la création d'une vidéo de vision (ou d'un tableau de vision) est extrêmement utile, car ça va vous apprendre à rêver. Vous devez vous mettre dans un état où tout est possible, et ensuite les choses se feront d'elles-mêmes. Ça vaut la peine d'y réfléchir. Que feriez-vous, si vous pouviez faire tout ce que vous voulez, avec la certitude de réussir ? À quoi ça ressemblerait ?

COMMENT RÉAGIR À L'ÉCHEC

Robert Kiyosaki, d'après le résumé de Brian Johnson, évoque également combien la façon dont on réagit à un échec est importante. La manière dont vous réagissez à de telles circonstances est même cruciale et, comme vous pouvez le constater à la lumière de tout ce qui m'est arrivé jusqu'ici, c'est exactement de cela que traite ce livre. Votre attitude peut tout changer dans votre vie. Il n'est pas trop tard.

Certaines personnes inventeront des choses, lanceront un nouveau projet ou établiront de nouveaux partenariats, et bon nombre d'entre elles peuvent réussir. Des idées étonnantes voient le jour en période de crise. C'est l'occasion de se réinventer. Mais on ne peut le faire que si l'on considère tout ce qui nous arrive comme une opportunité à saisir.

Levez-vous avec moi et dites : « Je suis très reconnaissant(e) d'avoir attiré le job de mes rêves. Merci pour ce cadeau. » Répétez cette affirmation chaque matin au réveil. Vous savez, les États-Unis n'étaient pas encore indépendants des Anglais, au moment de la rédaction de la Déclaration d'Indépendance. C'est dire si une déclaration est puissante !

NOUS AVONS UN NOUVEAU JOB !

Vous savez ce qu'est ce nouveau job ? C'est de trouver ce que nous voulons. Oui ! Voilà le boulot qui nous attend !

DIX PETITS CAILLOUX DE GRATITUDE

Voici environ un mois, j'ai rendu visite à des amis à Mougins-le-haut, non loin de Cannes, dans le sud de la France. Quelle région magnifique ! J'ai adoré, même si les conditions climatiques ont contrecarré notre envie d'aller skier. Au final, nous sommes seulement allés nous balader en bord de mer, Isabelle, Christophe, leur nouveau-né Marine et moi-même. Ça nous a beaucoup détendus, mais quelques inquiétudes à propos de ma situation professionnelle ont quand même fait surface, alors j'en ai profité pour mettre à jour mon CV.

J'ai ramassé quelques cailloux, que j'appelle des « cailloux de gratitude », comme le font beaucoup de ceux qui appliquent consciemment et délibérément la Loi de l'Attraction. L'idée, c'est de toujours avoir ce caillou dans sa voiture, dans son porte-monnaie ou encore à la maison, et, chaque fois qu'on le voit, de se rappeler d'exprimer sa gratitude pour une raison ou une autre. J'en ai ramassé dix et je me rappelle m'être dit, « Vous savez quoi ? Je vais ramasser ses dix petits cailloux de gratitude et, un jour ou l'autre, je trouverai des gens qui pourront les utiliser ».

Le mien, je l'ai ramassé dans le parc national Zion, dans l'Utah, à l'époque où ma mère et moi nous nous préparions pour le Rock'n'roll Half Marathon que nous avons couru ensemble voici deux ans, à Phoenix, Arizona. Nous avions vécu en Arizona voici plus de 20 ans, entre l'âge de six et huit ans pour moi, et y revenir nous a donné l'occasion de passer du bon temps, de retourner à Scottsdale et de bien nous dépenser !

J'avais donc ramassé ces dix petits cailloux sans savoir pour qui, et c'est curieux, car, maintenant que j'emballe mes affaires pour mon déménagement, je me dis soudain, « Mais bien sûr, je sais à qui étaient destinés ces cailloux : les dix garçons qui participent au projet de

Brixton, au sud de Londres. C'est vraiment parfait ! ». La vue de ces petits cailloux me renvoie directement sur cette plage : je me rappelle très clairement la certitude bizarre que j'avais qu'il y avait une raison à ce que je les ramasse.
Cet épisode est en soi très inspirant. C'est un autre signe qui m'indique que je suis sur la bonne voie. Par ailleurs, si vous ne possédez pas encore une petite pierre de gratitude, c'est également une suggestion à votre attention ! Les cailloux, les rochers et les pierres : voilà encore un sujet fascinant en soi. Il y en a tant qui ont des formes magnifiques. Comme les montagnes et les arbres, je trouve en eux un fort pouvoir d'inspiration. Je ne sais pas si vous avez déjà vu de grandes montagnes, mais pour ma part, leur aura me donne un sentiment d'ancrage, tout comme ce petit caillou que je tiens dans ma main. C'est comme si je lui infusais plus d'énergie chaque fois que je le touche, de sorte qu'il est maintenant devenu très puissant. Je suis tellement contente d'avoir trouvé à qui offrir les dix autres !

EXERCEZ-VOUS À VISUALISER VOS BUTS

Je suis en train de lire le commentaire qu'a fait quelqu'un sur l'une de mes vidéos :

Je pense que même si je visualise d'une manière très précise, je suis pratiquement sûr que l'univers ne leur permettra pas de se réaliser.

Eh bien, devinez quoi, mon ami ? C'est effectivement ce qui se passera. Notre tâche ne consiste pas seulement à nous asseoir et à visualiser, et à ne rien faire d'autre que de nous dire que ce que nous désirons va spontanément venir à nous. Notre tâche consiste à nous aligner sur le sentiment – la certitude – que nous le méritons, et à savourer le fait que ce soit agréable. Si ce n'est pas agréable, alors ce n'est peut-être pas pour vous. Commencez à envisager d'autres choses. Essayez d'autres possibilités. Expérimentez à la manière d'Edison, comme me l'a expliqué Sarah Caldicott, son arrière-petite-nièce, que j'ai interviewée dans mon émission à Chicago.

J'adore réaliser des interviews avec des auteurs de livres de développement personnel ! Or, Sarah avait des choses très intéressantes à dire, notamment à propos du tempérament très ludique d'Edison. (Cf. « Edison Loved the Journey » : *http://www.YouTube.com/Watch?v=lktDPlh8hlE*). Cet homme a tout de même fini par inventer l'ampoule électrique, au terme de plus d'une centaine de tentatives infructueuses, aussi fallait-il bien qu'il prenne plaisir au processus. Une bonne manière de trouver la bonne attitude à adopter dans la vie consisterait à tenter diverses approches, comme on essaye des habits différents : essayez autre chose, adoptez un nouveau style. Je sais que le changement peut parfois nous effrayer, alors, « enfilez-le » et testez-le avec ce que vous choisissez de visualiser. Quels sentiments éveillent en vous vos images mentales ? Plus vous vous entraînerez, plus ça deviendra facile ! C'est l'entraînement qui nous rend parfait !

AMUSEZ-VOUS !

J'arrive très bien à m'imaginer un jour dans un grand studio avec beaucoup de caméras et un public nombreux. Ça ne me dérangerait pas d'être interviewée dans ce cadre-là, mais être moi-même celle qui réalise l'entrevue et avoir ma propre émission de télévision, ce n'est pas encore exactement où j'en suis aujourd'hui ; ça ne me paraît pas juste. Ce n'est pas exactement ce que je désire attirer, mais, d'un autre côté, être dans le monde, être reliée aux gens par YouTube et pouvoir voyager, tout en ayant le soutien de personnes pleines de talent... oui, il y a quelque chose de juste là-dedans, donc il faut que je continue d'ajuster mon idée, d'expérimenter et d'expérimenter encore, de tester divers scénarios tout en amusant ! Faites la même chose. Jouez avec des images. Amusez-vous avec votre imagination. Prenez pleinement plaisir au processus. Arrêtez d'être sérieux !
À ce propos, ça vous intéressera peut-être de voir ma vidéo de vision qui vous donnera une idée de la façon dont mes idées se sont développées depuis que je l'ai filmée, en juillet 2007 : *http://www.YouTube.com/watch?v=DpdEàahRnak*. Elle a été visionnée environ 12'000 fois.

VOTRE INTUITION SE MANIFESTE QUAND VOUS ÊTES DANS LE COUP

J'ai récemment téléversé une vidéo sur la différence entre la Loi de l'Attraction et la positivité (*http://www.youtube.com/watch?v=FZZ5Ubj3uW0*), des concepts que beaucoup de gens confondent. Un des commentaires sur cette vidéo dit, « Il y a quelque temps tu as interviewé Sonia Choquette. Pourquoi est-ce que tu ne l'appelles pas pour qu'elle te donne des idées, des infos et des encouragements ? Tiens bon. » (Le titre de cette interview était, « Qu'est-ce que l'intuition et comment la développer ? », et vous pouvez la visionner ici : *http://www.YouTube.com/Watch?v=QiX3WeaPbE*). Oui, paradiseonearthNL, Sonia Choquette est quelqu'un de merveilleux. J'ai eu beaucoup de plaisir à la rencontrer. Elle a écrit des livres étonnants. J'en ai acheté un (*Trust Your Vibes*). C'est effectivement une experte sur l'intuition et, oui, ça pourrait être une bonne idée que de lui passer un coup de fil, mais, tu sais quoi ? Je crois que lorsqu'on s'entraîne à utiliser la Loi de l'Attraction et qu'on fait en sorte de rester dans le coup, de se laisser porter par le courant, alors notre intuition et notre ressenti se font toujours plus justes et plus forts.

LES CARTES DES ANGES M'ONT APPRIS À UTILISER MON INTUITION

À ce propos, l'utilisation de cartes est un outil qui m'a beaucoup aidée. Prenez les cartes des anges, par exemple : je les utilisais il y a quelques années et, quoi qu'en pensent certains, elles m'ont vraiment aidée. Je tirais une carte du paquet, qui disait peut-être, « Mange sainement » ou « Passe du temps dans la nature », ou encore « Suis ta guidance intérieure ». Ce ne sont là que quelques exemples. En apparence, je posais des questions aux anges, mais en réalité je me les posais à moi-même, puisque c'était évidemment moi qui interprétais les cartes. Cet outil m'a donc permis de développer le « muscle » de mon intuition, et c'est finalement ce qui m'a conduite à adopter un régime crudivore.

UN RÉGIME SAIN FAVORISE L'INTUITION PHYSIQUE ET MENTALE

J'ai fait la cure de jus de citron, que j'expliquerai plus loin, et à partir de là je n'ai plus mangé que du cru. Désormais, j'adore manger des aliments sains. Quel rapport avec l'intuition ? Eh bien, plus votre corps est en bonne santé, plus vous avez d'intuition ; mieux vous vous nourrissez, plus votre intuition s'affine. C'est comme si les nuages disparaissaient et que vos pensées devenaient plus claires. Dès lors, tout devient fluide et naturel...

Vous pouvez également pratiquer d'autres exercices pour développer votre intuition. Posez-vous simplement certaines questions, ou encore sollicitez une guidance d'en haut, et vous obtiendrez des résultats. Cette guidance ou ces réponses peuvent vous venir de l'intérieur ou se manifester dans le monde physique, mais quelle que soit la forme qu'elles revêtiront, c'est toujours vous qui en ferez l'interprétation.

Par conséquent, je ne solliciterai pas les bons conseils de Sonia Choquette. Par contre, j'aurai plaisir à l'interviewer à nouveau, un jour ou l'autre. Je n'ai pas l'impression que c'est le bon moment maintenant ; mais il est pratiquement certain que nos chemins se croiseront à nouveau. Pour l'instant, je vais simplement puiser dans ma propre intuition et la suivre pas à pas ; les choses me sont données à mesure que je les demande.

LA LOI DE L'ATTRACTION : UN MANAGER IDÉAL

Hier, j'ai vu une merveilleuse vidéo de Jerry et Esther Hicks sur YouTube. Il y était expliqué que la Loi de l'Attraction peut être considérée comme le manager idéal, quelqu'un à qui vous pouvez demander ce que vous voulez, du genre : « Je voudrais plus d'argent » ou « S'il te plaît, j'aimerais trouver l'équipe dont j'ai besoin pour mettre ce projet en place », ou encore « Je souhaite que mes affaires prospèrent ». Faites vos demandes de cette manière, si vous le voulez, comme si vous vous adressiez à une personne plutôt qu'à un univers impersonnel. J'aime aussi la technique du « napperon » et celle du « billet de 100 $ dans votre porte-monnaie ». Mais j'en parlerai une autre fois !

QUE VOS DÉSIRS SOIENT PETITS OU GRANDS, LA VIE NE FAIT PAS LA DISTINCTION, SI VOUS NE LA FAITES PAS !

Posez vos questions : exprimez-les, sans vous chercher d'excuses, sans douter et sans vous sentir coupable de demander. Contentez-vous d'affirmer les choses et elles arriveront. Je vous le promets. Et plus vous vous entraînerez, plus vite ça arrivera. Au début, quand vous essayerez de manifester certaines choses, ça prendra parfois trois mois, six mois ou une année, en fonction de l'importance de ce que vous voulez manifester. Mais si vous prenez confiance en vous, en commençant par de petites choses, votre évolution sera exponentielle : vous

manifesterez de plus en plus de choses, de plus en plus rapidement. Dans mon cas, ce n'est souvent plus qu'une question de jours, selon que ce que je demande est petit ou grand, ce qui est assez étonnant !
Je me rappelle toujours que la vie ne fait aucune distinction entre ce qui est grand ou petit. C'est notre perception qui façonne les choses. C'est donc parce que nous pensons que « ceci va prendre du temps ; cela, pas » que nous accélérons ou ralentissons la vitesse à laquelle les choses se manifestent.

UNE NOUVELLE VIDÉO DE VISION

Je travaille actuellement sur un nouveau « tableau » de vision, que je réalise directement sur mon ordinateur, au format vidéo. Je suis en train de sélectionner les images que je vais y inclure. Ce sont évidemment des images qui me font du bien, qui sont justes à 100 % et dont je suis absolument certaine.
Ça y est, j'ai fini ; ça a été rapide. Je vais me faire un ultime et délicieux déjeuner dans ce quartier, que je vais bientôt quitter. Ensuite, je ferai un petit tour, pour faire mes adieux.

LE FITNESS CAFÉ : QUAND ON FAIT CE QU'ON AIME, ÇA SE VOIT

Je viens juste de rentrer de mon petit tour dans le quartier. Finalement, j'ai déjeuné au Fitness Café, juste à côté d'Abbey Road. On y respire un tel parfum d'abondance... Cet endroit est si plein de vie... La nourriture est fraîche et délicieuse, et la décoration est riche en détails merveilleux. On voit que les gens qui dirigent cet établissement aiment ce qu'ils font, et qu'ils sont passionnés par la santé et le bien-être. Cet endroit respire la pleine forme ! Il y aurait tant de choses à dire sur les personnes qui vivent leur rêve de cette manière-là. Ça fait tellement de bien de voir des gens qui ont vraiment atteint leur but. Ils sont très créatifs et leur niveau d'inspiration est contagieux. Ils font tout leur possible pour bien vous servir et pour que vous vous sentiez bien accueilli. C'est une expérience inoubliable : on ressent vraiment de l'amour. C'était génial, et ça m'a fait penser que dans notre monde compétitif, si on ne fait pas ce qu'on aime, il y a peu de chances qu'on soit à la hauteur. Je crois que seuls les gens qui aiment ce qu'ils font finiront par réussir : des gens qui poussent leur travail au-delà de ce qui est juste « acceptable », des gens qui sont vraiment créatifs et pleins de ressources.

MON DERNIER JOB ÉTAIT INCOMPATIBLE AVEC MA DÉCLARATION DE MISSION

Il est 3 h 11 du matin : encore une fois 11 ! Je consulte mon propre site Web (*http://www.liloumace.com*), car j'ai besoin d'une photo de moi pour ma vidéo de mission. J'ai pris un moment pour relire ma déclaration de mission personnelle, sur la page d'accueil. Pour l'instant, voici ce qu'elle affirme :

1. *Inspirer, motiver et donner les moyens à des millions de personnes de poursuivre leurs rêves.*

2. *Contribuer à répandre la joie, la liberté et la responsabilisation.*
3. *Démontrer que tout est possible.*
4. *Travailler avec intégrité et passion, à chaque instant.*
5. *Encourager des milliers d'enfants à voyager à l'étranger, et leur en procurer le financement.*
6. *Rester humble et reconnaissante, quel que soit le succès que je connaisse.*
7. *Transformer l'industrie du développement personnel.*
8. *Partager librement mon énergie et ma joie avec chacun, en cours de route.*
9. *Aimer, donner et partager chaque jour davantage.*
10. *Appliquer quotidiennement les lois et les principes universels.*

À la lecture de cette déclaration, il est évident que mon dernier job ne me correspondait pas. Aucun des dix points ci-dessus n'y était satisfait. Alors qu'aujourd'hui, j'ai le sentiment qu'ils sont tous en train de prendre vie, à mesure que j'élabore ce livre et que j'imagine la forme que prendra mon rêve pour qu'ils se concrétisent tous. Ça fait longtemps que j'ai défini ma mission, telle qu'elle se trouve sur mon site Web. Pas étonnant que je me sentais si mal à ce dernier poste. Pas étonnant non plus que mon moi intérieur ressentait un manque. Ce travail n'était pas en correspondance avec ma déclaration, avec ce que je désire vraiment, à savoir avec ce que j'ai déclaré et que j'ai en ce moment sous les yeux ...même si je l'ai écrit voici plusieurs années. Il faut que je garde constamment à l'esprit cette déclaration de mission personnelle. Je vous recommande d'ailleurs d'en élaborer également une pour vous. C'est un outil très puissant. Peut-être devrais-je la réécrire et la lire chaque jour. J'ai également l'intention de rédiger une autre déclaration, d'une demi-page à une page, indiquant comment je vois la vie et de quelle manière les choses vont se réaliser et se manifester.

UN PROCESSUS ORGANIQUE

La mise en pratique de la Loi de l'Attraction est un processus souple et organique, et non quelque chose de rigoureux et de programmé. Quand on se laisse porter par le courant, le bon conseil ou la bonne information nous arrivent naturellement.

J'ai rencontré des gens. J'ai reçu des e-mails. Je partage leur travail, et tout cela se fait naturellement. On est là pour s'aider les uns les autres, et j'aide effectivement autrui, mais sans arrière-pensées. Je laisse la vie m'apporter les divers éléments dont j'ai besoin pour concrétiser mes intentions.

UNE NOUVELLE GÉNÉRATION DE LEADERS

J'ai l'impression qu'on voit apparaître un nouveau leadership. Ces nouveaux leaders font partie des groupes qu'ils influencent et ils en partagent les problèmes : ils n'ont pas la prétention d'avoir tout résolu. On est tous dans le même bateau. Tous, nous sommes confrontés à des difficultés. Je ne crois pas qu'on acquiert plus d'autorité, en tant que leader, en évoquant seulement ses succès, en disant, « J'ai réalisé ceci et cela, et voilà comment il faut faire ». Les gens se sentent davantage inspirés quand ils voient quelqu'un qui est confronté aux mêmes difficultés qu'eux et connaît les mêmes revers, en même temps. C'est ce que permet la vidéo sur Internet ; les livres aussi d'ailleurs, et j'adore ça. Je suis tellement reconnaissante d'avoir ces moyens d'expression à disposition. J'espère contribuer à cette révolution du leadership, si on peut l'appeler ainsi, et je me réjouis de voir la tournure qu'elle va prendre.

DÉCLARATIONS

Voici une petite déclaration que je viens de rédiger. Ça m'a pris vingt minutes. Sur mon écran d'ordinateur, elle ne fait qu'une demi-page, quelques paragraphes. Il n'est pas nécessaire de passer des heures sur sa déclaration. Ces textes n'ont pas non plus à être longs. J'en ai déjà fait un autre auparavant, mais celui-ci me semble bien correspondre à l'instant présent.

La déclaration de Lilou :

Je vis dans un contexte où tout est possible, parce que je le déclare, je le revendique et le visualise. Je déclare que j'inspire, que je motive et que je donne les moyens à des millions de personnes, chaque jour, de poursuivre leurs rêves. Je contribue à répandre la joie, la liberté et la responsabilisation sur la planète. Ma vie est excitante, les choses se passent comme par magie, dans l'abondance. Je fais la démonstration que tout est possible. J'applique quotidiennement les lois et les principes universels, et je distribue mon énergie et ma joie à des millions de personnes, en cours de route. Je travaille avec intégrité et passion, à chaque instant. Je donne, j'aime et je partage davantage, de jour en jour, et je dis merci pour chaque jour de ma vie.

Je déclare que mon énergie, mon enthousiasme, ma détermination, ma passion, ma sagesse, ma créativité et mon amour inspirent un producteur de télévision visionnaire et plein de talent, ainsi qu'une chaîne de télévision, à me choisir comme leur nouvelle présentatrice. Cette émission est à la fois drôle, éducative, distrayante et branchée. Des millions de téléspectateurs de tous âges et de tous milieux y découvriront le moyen de vivre pleinement leur existence : d'avoir une vie savoureuse ! Mes interviews, mes voyages et ma passion pour ce travail ont un effet contagieux, les gens ne ratent pas un seul épisode. C'est un vrai succès, à tous les niveaux. Je transforme l'industrie du développement personnel et je vis ma passion de vouloir avoir un impact sur les gens.

Ma collection de livres connaît un réel succès et tous les ouvrages sont des best-sellers du New York Times. Le premier exerce un attrait magnétique et des millions de gens l'achètent tant pour eux-mêmes que pour leurs amis et leurs familles, pour me témoigner leur soutien. C'est un acte d'amour. Je me sens très reconnaissante envers toutes les merveilleuses personnes qui m'ont aidée et qui ont rendu ce projet possible.

Je lance la fondation « One-World, One-Travel », et des milliers d'enfants dans le monde entier prennent l'avion pour la première fois et découvrent de nouvelles cultures. Leur vie en est transformée à jamais. Ils commencent à rêver en grand. Ils partagent cette magie avec leur entourage et deviennent des champions dans leur domaine.

Moi, Lilou Macé, je déclare être un leader formidable. J'accompagne une nouvelle forme de révolution. Celle-ci permet aux gens d'accéder à leurs rêves et à tout ce qui est possible. Mes déclarations et mon rêve se réalisent.

Comme vous le constatez, cette déclaration n'est pas très longue, mais si vous en rédigez une du même genre, et que vous la lisez tous les jours, vous vous sentirez de plus en plus profondément animé par un but.
Je vous recommande d'ailleurs de commencer dès maintenant la rédaction de votre propre déclaration, dans votre journal. Commencez par en faire un brouillon, puis dactylographiez-le. Une fois qu'il sera tapé, vous pouvez le modifier – changer un mot ici ou là – et en relativement peu de temps, vous aboutirez à un texte qui résonnera puissamment avec votre moi intérieur. Il vaut mieux qu'il soit court et qu'il traite de choses qui vous sont très chères, sur lesquelles vous n'avez aucun doute. J'avais autrefois une déclaration qui tenait sur quatre pages et vous pouvez m'entendre la lire sur cette vidéo : *http://www.youtube.com/watch?v=rkTD0BcTPu*. Je ne sais plus où j'en ai mis la version écrite. Celle que je viens de créer est un peu plus courte, ce qui me permettra de la lire quotidiennement et de me concentrer encore plus efficacement sur ce qui est possible dans ma vie.
J'ai aussi toujours sur moi une mini-déclaration dans mon portefeuille. Je l'ai notée sur un bout de papier, voici quelques mois. Elle ne fait que quelques lignes, mais chaque fois que je la vois, je la relis, où que je me trouve. C'est un autre outil d'appoint que je vous recommande également d'essayer.

Enfin, je possède également une petite carte qui stipule : « Ma mission consiste à aider des millions de gens à vivre une vie passionnée et animée d'un but, une vie excitante ». Je la regarde très souvent. C'est une carte plastifiée qui a été réalisée par Sandy (*http://www.cocreatingourreality.com/profile/Sandy65*), l'un des membres anglais de notre communauté CCOR. Cette petite carte me rappelle constamment de vivre une vie excitante !

J'AI TERMINÉ MA VIDÉO DE VISION

Bien, j'ai donc fini ma « Vidéo de vision de Lilou » (*http://www.cocreatingourreality.com/video/lilous-vision-video*). Elle présente divers chapitres de ma vie. On y voit Oprah et j'évoque également l'idée d'écrire des best-sellers du New York Times, et diverses autres choses. Tout cela n'est pas tout à fait dans l'ordre – j'ai eu un peu du mal avec ça – mais l'ensemble est assez amusant. Je crois que cette vidéo fait 2 min. 20, et j'ai utilisé diverses images de transition, en ajoutant également du texte et de la musique. C'est une petite vidéo de vision sympathique, pour le mois de mars 2009, que je vais visionner aussi souvent que possible, c'est-à-dire quotidiennement !

Oui, je vais me faire un lavage de cerveau, jusqu'à ce que cette vision me paraisse réelle et que je n'aie plus le moindre doute que tout cela est effectivement en train d'arriver !

Avertissement : faites attention à ce que vous demandez ! Cette méthode marche, vous savez ! J'ai déjà eu l'occasion de la tester de nombreuses fois.

UNE HISTOIRE SUR LA LOI DE L'ATTRACTION : LA MARIÉE ARRIVE EN L'ESPACE DE SIX MOIS

C'est ma dernière nuit à St John's Wood et je me promène sur Abbey Road. Je viens de passer un excellent dîner avec ma grande amie Nami, dont j'ai fait la connaissance peu de temps après être arrivée ici. Elle m'a raconté une histoire étonnante. Son frère jumeau est retourné en Inde et a retrouvé une amie d'enfance à elle, au mariage de leur cousin. En l'espace de deux jours, il a su que c'était elle qu'il voulait épouser : ils se sont fiancés une semaine plus tard. Ils ont tous deux 37 ans et vont se marier bientôt. J'ai trouvé cela étonnant. C'est une merveilleuse petite histoire sur la Loi de l'Attraction, dans la mesure où il avait déclaré six mois auparavant : « D'ici six mois, j'aurais rencontré la femme idéale et je serai marié ». C'est vraiment une belle histoire !

JE DÉMÉNAGE À EARL'S COURT ET J'ANNULE DES PENSÉES NÉGATIVES

Aujourd'hui, j'emménage dans mon nouvel appartement. Je suis très excitée, même si, en raison du stress de la préparation et de tout ce qui se passe aujourd'hui, il m'arrive d'avoir des pensées négatives. Chaque fois qu'il s'en présente une, je l'annule aussitôt et j'en crée une autre. Ce n'est qu'une question d'entraînement. Il suffit d'en prendre conscience, sitôt qu'elle se manifeste, et de s'en occuper aussitôt, sans quoi une pensée en entraîne une autre, et bientôt la journée est pourrie, comme si, par

exemple, vous vous cognez un orteil en sautant du lit, puis vous renversez quelque chose sur votre jupe fraîchement repassée. C'est à peu près la même chose, dans le cas présent. Vous devez consciemment mettre un terme à toute négativité, sans quoi les choses échapperont à tout contrôle. Je crée donc l'opportunité de passer une journée délicieuse, fluide et agréable, où tout se passera à la perfection. Puis... ouais, une autre idée me vient... Oups, une pensée négative ! Je vais annuler et recréer autre chose de plus drôle et de positif.
Tiens, il est 11 h 11. Oh, mon Dieu ! Ça doit vouloir dire que je suis vraiment branchée : chaque fois que je regarde ma montre (c'est-à-dire souvent), elle indique toujours X h 11 : 3 h 11, 4 h 11. Et maintenant, 11 h 11. Je suis super contente !

J'AI FAIT LA CONNAISSANCE DE JUSTIN

J'ai emménagé dans mon nouveau logement sur Earl's Court, hier. Le déménagement s'est bien passé. C'est drôle, j'ai eu un coup de main de Justin, qui emménage chez mon ancien colocataire et qui passe lui aussi par une période de transition. Il vient de rompre avec sa petite amie et démarre une nouvelle vie. Nous avons donc passé la journée ensemble. Nous sommes mutuellement donné un coup de main pour tout l'aspect physique du déménagement, mais également au niveau émotionnel. Je ne le reverrai peut-être jamais, mais nous avons passé l'un de ces moments où l'on partage soudain sa vie avec quelqu'un, en ayant le sentiment qu'il y a une raison à cela. Il y avait tant de parallèles entre nos histoires respectives – nous étions tous les deux en train de déménager et de commencer quelque chose de neuf – que c'en était vraiment intéressant. J'aime à penser que cet échange nous a été utile à tous les deux pour tourner la page de notre passé et redémarrer à neuf.

LA CRÉATIVITÉ

Quoi qu'il en soit, le déménagement s'est vraiment bien passé et ensuite je me suis installée. J'ai acheté du nouveau mobilier, avec une petite touche zen, ainsi qu'un petit bonsaï. Je les ai disposés dans ma grande pièce, ce qui lui confère une atmosphère accueillante et créative. (À ce propos, je partage ce grand appartement avec Henrik, un génie danois des technologies de l'information, et avec Giada, une jeune femme italienne artistique et branchée de 27 ans). Après m'être installée, j'ai passé une bonne nuit de sommeil, comme vous pouvez l'imaginer, et ce matin j'ai découvert à mon réveil que j'avais reçu les livres que j'ai commandés sur Amazon. Il s'agit de *The Artist's Way*, du *Petit cahier d'exercices du lâcher-prise* et du *Petit cahier d'exercices d'estime de soi*, dont je ferai la critique. Le truc génial, c'est que je viens de lire quelques pages de *The Artist's Way*, sur l'art de puiser dans ses ressources créatives, or c'est exactement ce que je fais depuis le début de cette aventure. Oups ! Je me dirigeais vers la station de Earl's Court, mais je suis partie dans la mauvaise direction, alors je vais devoir marcher un peu plus...

MON LIVRE DEVIENT RÉALITÉ !

Au fait, j'ai découvert que le meilleur moment pour enregistrer mes mémos, c'est justement quand je marche dehors, puisque je n'ai pas envie de déranger mes nouveaux colocataires.

J'ai lu l'e-mail que m'a envoyé mon correcteur, et j'ai été très touchée. C'est exactement ce que je recherchais ; c'en était étonnant ! Il a effectivement récrit mes mémos, mais en restant très proche de ma pensée, se contentant d'améliorer la grammaire et de changer un mot ici ou là, sans modifier mon énergie. J'en ai été très émue. Nous avons également mis des titres à chaque mémo, pour la clarté du récit et pour mieux en suivre la progression ; il estimait que c'était utile.

Quoi qu'il en soit, je trouve son travail remarquable. Je ne me suis pas encore décidée sur le titre, mais tout ce projet est vraiment excitant, les choses avancent, et quand je lis la présentation qu'il a faite... Oui, il a également écrit un texte de présentation pour me montrer ses compétences : ça m'a émue aux larmes. Je me suis dit, « Eh bien, on peut dire que ça avance. Tout cela est en train de devenir bien réel ! ». À cet instant-là, je me suis vraiment imaginé le produit final et l'impact qu'allait avoir ce livre. J'étais tellement contente et reconnaissante d'avoir attiré Éric dans ma vie pour m'aider à écrire cet ouvrage !

MASCHA DONNE UNE IMPULSION, ET UN ÉVÉNEMENT PREND FORME

Ensuite, j'ai reçu un e-mail de Mascha, en Hollande, l'une des toutes premières membres de notre communauté et également l'une des premières participantes au « Défi de 100 jours pour tester les lois de l'univers » (*http://www.cocreatingourreality.com/profile/Mascha*). C'est vraiment un ange : Mascha, tu es vraiment un ange ! Avec ses cheveux blonds – très blonds ! – et ses yeux bleus hollandais. Elle m'a demandé si nous pouvions nous rencontrer le 24 avril et j'ai commencé à répondre à son mail : « Oui, je serais ravie de te rencontrer. Ce serait pour moi la manière idéale d'achever ma Saison 11. J'ai l'impression de te connaître depuis toujours, alors qu'on ne s'est jamais rencontrées ». Je suis tellement emballée de voir comment les choses s'arrangent, car alors que je rédigeais ma réponse, je me suis dit que nous pourrions peut-être également rencontrer les autres participants du CCOR. Ça m'avait l'air d'une bonne idée ! Dans la foulée, j'ai élaboré le programme de tout un week-end où nous pourrions nous revoir et visiter divers lieux intéressants à Londres. Nous pourrions également faire une séance de méditation dans un parc et sortir au théâtre.

Cela pourrait même coïncider avec le lancement de mon livre à Londres. Je pourrais en donner un exemplaire à chaque participant. Oui, je pourrais les inviter des quatre coins du monde à venir me rejoindre à Londres pour une rencontre, pour parler du livre et échanger nos idées. Ça pourrait être génial !

JE RECYCLE D'ANCIENNES IDÉES

Je viens donc d'envoyer un e-mail à Mascha pour lui présenter mes idées, et j'ai hâte d'avoir son retour. Je suis sûre qu'elle sera enthousiasmée. Bien sûr, je lui ai parlé du petit programme que j'ai élaboré, avec la méditation et tout le reste. Je crois qu'on pourrait facilement avoir 30 à 50 personnes – au moins 30 ! – et qu'on pourrait organiser des dîners... et tout le reste ! Le plus drôle, c'est que comme j'avais prévu d'organiser deux événements pour célibataires (un dîner et une sortie), j'ai déjà tous les éléments à disposition. Sauf qu'au lieu de le faire pour des célibataires, je le réaliserai pour la communauté du CCOR.

Bon, la voie est libre et j'ai hâte d'avancer. Tout se met en place ! C'est étonnant. Aujourd'hui, je vais poursuivre mon installation dans mon nouveau logement, mais j'ai hâte d'avoir des nouvelles de Mascha et d'Éric, pour qu'on puisse vraiment aller de l'avant.

CÉLÉBRATION AU CHAMPAGNE ET UNE PENSÉE POUR DANIEL

Je viens juste d'aller chercher une bouteille de champagne de la Veuve Clicquot, label jaune, un de mes favoris. En effet, il me rappelle l'un de mes meilleurs amis en Floride, Daniel. Je me rappelle nos virées en Floride, en limousine : qu'est-ce qu'on s'est amusés ! Daniel est une âme sœur. Je l'aime infiniment. J'ai tant appris de lui ; nous avons eu de nombreuses conversations passionnantes, dont nous avions besoin tous les deux, à l'époque. C'est vraiment quelqu'un de merveilleux et de magnifique. Je pense donc à toi, Daniel, et je fête cet événement avec toi, car aujourd'hui il y a beaucoup à célébrer, alors, la veuve Cliquot est le bon choix ! C'est un peu comme si tu étais là à mes côtés pour célébrer tout ça : la sortie du livre et tout ce qui se met en place.

Célébrez dès aujourd'hui vos succès à venir : vibrer d'une manière très intense est l'une des clés de la Loi de l'Attraction ! Se montrer reconnaissant pour ce qui va arriver, c'est une célébration ! Il y a tant à célébrer en ce moment, tant à apprécier, tout en restant responsable : rien qu'un petit verre de mousseux, avec un peu de ce délicieux houmous qu'a fait mon colocataire, un peu de saumon fumé et du pain danois, avec un petit verre de Mimosa (c'est-à-dire du champagne mélangé à un jus d'orange frais : génial pour un brunch !).

POURQUOI JE SUIS VÉGÉTARIENNE CRUDIVORE

Je sais, tout cela n'est pas très conforme à mon régime végétarien crudivore. Je dois reconnaître que j'ai fait quelques écarts ces derniers jours. Très prochainement – sans doute d'ici quelques jours – je vais refaire une cure de jus de citron, pour nettoyer mon corps et ne plus avoir ce genre d'envie. Cela dit, je mange plutôt sainement ; c'est ma mère qui m'a donné l'habitude de manger ainsi. J'aime ce qui est sain, mais là, je me suis fait plaisir quelques jours, et il n'y a pas de mal à cela. Je reviendrai à mon régime végétarien crudivore après. C'est tout pour l'instant.

J'aime toujours le pain, le beurre et le fromage. Après tout, je suis française ! Mais j'ai choisi de manger végétarien et cru pour des raisons de santé, afin d'avoir de l'énergie toute la journée et de ne pas prendre de poids. Je me méfie également des aliments industriels et de ceux qu'utilisent les restaurants. Mais j'ajouterai que si mon corps a vraiment envie de quelque chose, que ce soit du poisson ou du yaourt, par exemple, j'en prends. C'est mon corps qui est mon guide et qui me dit ce dont il a besoin, guidé non par mes dépendances, mais par de vrais besoins.

LE FENG SHUI

Ma nouvelle chambre est face au Nord. Je vais y faire un peu de feng shui. Chaque partie de votre maison correspond à un aspect de votre vie. Je trouve que c'est une manière formidable d'harmoniser votre logement et la façon dont les énergies y circulent. C'est drôle, car on peut voir ce qui cloche dans la vie de quelqu'un en observant dans quel environnement il vit : vous constaterez peut-être, par exemple, que les coins qui correspondent aux aspects perturbés de sa vie sont complètement en désordre. Le feng shui est une technique japonaise vieille de 4000 ans. C'est quelque chose de très complexe, dont je ne pratique qu'une version simplifiée. La signification de telle ou telle partie de la maison dépend de son orientation par rapport à l'entrée principale. Par exemple, dans mon appartement, le Sud correspond à la réputation et à la célébrité. Il y a une autre partie qui représente les voyages, une autre pour les amis, une autre encore

pour la santé, pour l'argent, etc. Dans chacun de ces coins, vous pouvez modifier certaines choses pour améliorer votre vie.
Bien, alors un peu de feng shui dans mon nouveau logement ! Pour l'instant, je n'en ferai que dans ma propre chambre, puisque je partage cet appartement. On commence par diviser le plan de sol du logement en neuf sections, ou neuf zones, que l'on nomme « guas ». Si la chose vous intéresse, allez sur Internet et recherchez « feng shui carte » ou rendez-vous sur le site que j'utilise en ce moment : *www.fengshuipalace.com*

La célébrité et la réputation

Je commence par le coin de ma chambre qui représente la célébrité et la réputation. D'après ce site Web, on doit y utiliser la couleur rouge et des objets qui reflètent de quelle manière on souhaite être vu par les autres. Il est également bon de disposer des objets en bois dans cette section, et d'y ajouter quelques bougies. Que cet endroit brille !

Les relations

Je m'occupe maintenant du gua des relations (mariage et amitié). Ouah ! Il faut vraiment que je fasse attention à celui-là ! Je suis célibataire. Donc, pour cette partie-là de la maison, il est bon d'y disposer des objets qui vont par paires, ainsi que des photos qui évoquent les relations ou l'union. Instinctivement, j'avais mis la photo du mariage d'une de mes meilleures amies. En effet, à mes yeux Isabelle et Christophe incarnent l'amour véritable : ils forment un bel exemple de ce qui est possible. Je vais également y disposer quelques paires d'objets. J'ai ajouté quelques photographies de bons amis, y compris de bonnes amies de ma mère, que je connais depuis que je suis toute petite et qui étaient clientes du restaurant que mes parents tenaient autrefois à Santa Barbara, Californie. Oui, Nina et Marcel sont là : un beau couple qui illustre à merveille comment on peut bien vieillir ensemble, un exemple d'amour et de dévotion qui perdurent. Pour illustrer mes propres amitiés, j'ai mis une photo de Cécile et moi. Toujours dans ce même coin, j'ai mis deux coussins sur mon petit siège, ainsi que deux bougies rouges, puisque les couleurs rouge et rose sont recommandées dans ce gua. Je ne vois pas ce que je pourrais ajouter d'autre.

La créativité

Je vais maintenant m'occuper du gua de la créativité, qui se trouve au-dessus de la cheminée, dans le coin Est de ma chambre. Je vais y mettre quelques livres pour développer la créativité. Je vais également y ajouter quelques objets insolites, que je juge créatifs, ainsi qu'un tableau réalisé par un ami de mon colocataire. Il ira très bien là. Je fais également preuve de créativité moi-même en utilisant la bouteille vide de la Veuve Cliquot pour y insérer une bougie et la mettre sur la cheminée. C'est marrant !

Les voyages et les personnes ressources

Ce coin correspond au nord-ouest de ma chambre. Voici ce que dit le site Web : «... vous trouverez les personnes dont vous avez besoin, pile au bon moment. Peut-être s'agit-il de quelqu'un que vous connaissez ou d'une personne qui semble surgie de nulle part. » Tout cela me paraît bien. Je vais donc y ajouter ma petite statue du « cercle d'amis », ainsi que des photos de mes meilleures amies, de ma mère, et mon diplôme de reiki. J'envisage également d'y mettre les cartes des anges, mon album photo et mes livres de voyage (en lien avec les pays que je souhaite visiter, comme la Thaïlande et le Costa Rica). Je m'accorde maintenant une petite pause, avant de finir le feng shui, et je mange un excellent avocat. Ai-je déjà dit que j'adore les avocats ? Ces aliments nous font beaucoup de bien. J'y ajoute juste une pincée de sel de l'Himalaya, un peu de persil, et voilà ! C'est délicieux.

La carrière et le chemin de vie

J'en suis maintenant au gua de la carrière et du chemin de vie, qui se trouve au nord pour moi. C'est là que j'ai mon bureau. Le site Web dit qu'il faut prêter particulièrement attention à ce gua si l'on veut gagner de l'argent en affaires ou décrocher un emploi, ou encore pour trouver ce qu'on est censé faire de sa vie. Excellent ! C'est tout à fait ce qu'il me faut !

Bon, bon, bon... Regardons ce coin-là de plus près ! Il est dit qu'il faut y disposer de l'eau – des vases et un aquarium, par exemple. Apparemment, il est très important d'y mettre des objets susceptibles de suggérer une nouvelle direction ou un nouvel emploi. Il faut faire cela consciemment et délibérément : le fait d'y infuser une intention accélère les choses. OK, cela me paraît sensé ! Il se trouve que mon bureau est justement dans le coin carrière. L'élément qui y correspond le mieux est l'eau, ou alors le métal. Et la meilleure couleur est le noir. C'est parfait ! Mon bureau est en métal. J'ai aussi mon ordinateur, qui a également beaucoup de métal. Quant à la couleur noire, c'est celle de mon imprimante et de ma lampe. Tout va bien ! J'ai aussi des plantes qui représentent l'eau à mes yeux. Je vais donc aller chercher les fleurs que j'ai mises dans le coin créatif pour les disposer plutôt sur cette table. J'avais aussi mis quelques vieux coquillages à la poubelle, mais je vais récupérer pour les placer dans le gua de la carrière. Quoi d'autre ? Il faut que je trouve d'autres choses en métal. En fait, j'ai de nombreux objets métalliques, dont plusieurs sont déjà là, donc il semble que je m'en sorte plutôt bien, mais je vais voir si j'en trouve d'autres pour mieux équilibrer ce coin-là. De manière générale, je me suis très bien débrouillée dans cette section ! Yesss ! Je suis assurément sur la bonne voie – et je vis actuellement le job de mes rêves – donc cela n'a rien de surprenant.

LA CONNAISSANCE

Passons maintenant à la partie qui correspond à la connaissance, à savoir le nord-est, pour moi. J'y ai mis un grand miroir, à droite de mon bureau, car lorsque j'y suis assise, j'ai le dos à la porte. J'ai toujours entendu dire qu'en pareil cas il faut mettre un miroir devant soi ou sur le côté, de manière à savoir qui entre dans la pièce, sans quoi les gens ont tendance, symboliquement parlant, à vous planter un couteau entre les omoplates ou à parler dans votre dos. J'y ai également mis quelques coussins et des bougies, car il est dit que c'est un endroit idéal pour la méditation. Enfin, j'y ai disposé mon bonsaï, à droite de mon bureau, endroit qui correspond au gua de la connaissance.

LA FAMILLE ET LES FONDATIONS

Bon, ça ne va pas être facile, car c'est là que se trouvent mon armoire et mon lit. Il faudra peut-être que je mette quelque chose sur l'armoire qui symbolisera mon lignage. La seule chose que je peux ajouter, c'est mon magnifique crucifix en pierre blanche, sur lequel est gravé un poisson. Je l'ai acheté sur l'île de Sanibel, voici plusieurs années. C'est pour moi un symbole de Dieu. Je crois que c'est l'endroit idéal où le mettre.

LA PROSPÉRITÉ ET L'ABONDANCE

Le dernier coin dont il faut que je m'occupe est celui qui correspond à la prospérité et l'abondance. C'est la partie sud-est de ma chambre, où se trouve une armoire pas vraiment rangée, alors que je viens juste d'emménager, donc il va falloir que je m'en occupe !
Il faut que je trouve une solution, car j'ai beaucoup de bazar là-dedans : des chapeaux, des gants, des sacs et toutes sortes de choses. Quoi qu'il en soit, la couleur la plus adaptée dans ce coin-là est le violet ; on peut aussi y mettre du rouge, du vert et de l'or, et les éléments qui conviennent sont l'eau et le bois. Je vais donc ranger cette armoire, mettre une petite table ici, sur laquelle je poserai ma boîte à bijoux, ainsi que mes photos d'Oprah Winfrey. Sur la même table, je vais également mettre *La science de l'enrichissement, Les quatre lois spirituelles de*

la prospérité, et mon livre favori, *La petite bible de l'argent*. Super ! J'ai fini. :)

COMMENT VA S'ACHEVER MON LIVRE ? QUE FERAIS-JE ENSUITE ?

Je suis dehors, maintenant. Ma chambre est belle et harmonieuse, elle me paraît très bien. J'ai eu le sentiment de m'occuper de tous les aspects de ma vie, en veillant à ce que tout fonctionne bien. Je suis ainsi prête pour réussir, pour que tout se passe comme prévu, alors j'ai maintenant envie de déclarer – imaginez un roulement de tambour ! – qu'il est temps que je manifeste quelque chose de grand pour achever ce livre ! Il faut que je trouve quelque chose en guise de conclusion. Je vis mon rêve. Je suis en train d'écrire ce livre et tout se met en place, y compris cet événement CCOR que je suis en train d'organiser. Pour ce qui est de mon livre, tout se passe très bien : j'ai trouvé un correcteur et un graphiste. Bien sûr, il me reste quelques détails à régler, mais je déclare d'ores et déjà qu'il sera lancé le 24 avril. Oui, c'est la date à laquelle il sera disponible sur Amazon, imprimé, etc. Donc, il ne me reste plus qu'à... ? Je ne sais pas trop !
Je n'ai aucune idée de la façon dont cette histoire va se terminer, ni de la manière de conclure ce livre. Il faudra bien que je l'achève, quoique, quand j'y pense, l'histoire pourrait continuer indéfiniment. Oui, il y aura une suite. Je suis une chercheuse d'emploi, à la recherche du job de ses rêves. Quelle serait l'issue idéale de ce parcours ? Je ne sais pas. Si je trouvais un éditeur, ça pourrait être cela, mais pour l'instant je n'en suis pas sûre, alors je sollicite

une guidance d'en haut. Je demande de l'aide : on verra bien.

Pour l'instant, je me suis organisée pour interviewer Brian Johnson à propos de son site *PhilosophersNotes*. Ça sera l'une de mes petites vidéos de cinq minutes sur YouTube. Ça devrait être sympa !

J'ai envoyé un e-mail à Margie, aux Philippines (sur la recommandation de Laura), qui va taper tous les mémos que j'ai enregistrés. J'en ai environ 180 à ce jour, ce qui fait beaucoup. Je suis tout excitée. J'ai l'impression que Noël approche sans du tout savoir à quoi ressemblera mon cadeau, mais j'ai l'impression que ce sera bien. Je déclare qu'il va se passer quelque chose d'énorme qui va tout mettre en place. On verra bien. Pour l'instant, je suis en route vers mon super centre de fitness.

NE PAS FAIRE LES CHOSES TOUTE SEULE

Je dois dire que je suis reconnaissante d'avoir pris la décision d'embaucher quelqu'un pour taper tous mes mémos. J'aurais pu le faire moi-même. Je sais dactylographier. Mais s'il y a bien une chose que mon dernier emploi m'a apprise, c'est l'importance de déléguer. Ça prend beaucoup de temps de retranscrire tous ces mémos. En plus, je n'y prends pas plaisir. Donc, il vaut mieux que je me consacre à quelque chose qui me plaît. Le projet aura ainsi plus de chances d'aboutir. Tout cela semblera sans doute évident à certains d'entre vous, mais pour moi ce n'est pas une mince affaire. Je suis sûre que les entrepreneurs ne comprennent. La plupart d'entre nous ont commencé tous seuls. Du coup, on a l'habitude de tout faire par soi-même. La plus grande leçon que j'ai apprise, jusqu'ici, a donc été de savoir lâcher prise et déléguer, pour aller encore plus loin. Je crois que j'ai fini par comprendre cette leçon. Pour qu'un projet réussisse, il faut une équipe !

JE ME RÉJOUIS DE MA CURE DE JUS DE CITRON

J'ai décidé que ma prochaine étape consistera à refaire une cure de jus de citron : j'ai envie de me purifier le corps. Au cours des derniers jours, j'ai mangé du pain et d'autres trucs qui n'étaient pas crus, alors je vais faire un bon petit nettoyage de, disons, trois ou quatre jours, afin de me purifier et de me détoxifier le corps. Oui, ce sera juste un petit nettoyage, puis je prendrai encore un jour pour revenir à mon alimentation normale, où je ne boirai que du jus d'orange, avant de me remettre aux aliments crus. Je m'arrêterai dans un magasin bio en revenant du centre de fitness, pour y acheter ce dont j'ai besoin. Mais, au lieu d'acheter seulement des fruits et des légumes, comme d'habitude, je vais également me procurer du sirop d'érable, des citrons et du poivre de Cayenne. (Si vous voulez avoir plus de détails à ce sujet, tapez simplement les mots « cure de jus de citron » dans un moteur de recherche. Il existe même un petit livre à ce sujet.) C'est génial ! J'ai fait cela pour la première fois voici un an, et ça a été étonnant. Ça m'a permis de me débarrasser de plusieurs addictions, au thé, au sucre, et aux hydrates de carbone. Je ne consomme plus du tout de sucre. Désormais, je vérifie systématiquement les étiquettes afin d'éviter tout aliment industriel et de manger sainement. Tiens, je viens de voir qu'on est le 1er mars. Joyeux 1er mars à vous tous !

JE REPORTE MA CURE

Je viens de sortir de mon centre de fitness et j'ai constaté que le magasin bio était malheureusement fermé. Bon, eh bien comme tout ce qui nous arrive dans la vie, tout dépend de la façon dont on prend les choses. Comme il sera ouvert demain matin à 8 h, je commencerai ma journée par une petite infusion de menthe poivrée, je retournerai ensuite m'entraîner au centre de fitness, puis j'irai acheter ce dont j'ai besoin pour ma cure de jus de citron. Je sens que je démarre un merveilleux mois de mars !

MON AUTRE COLOCATAIRE, HENRIK

Mon nouveau colocataire, Henrik, est âgé de 40 ans et vient du Danemark. Pendant que je faisais du feng shui dans ma chambre, cet après-midi, il a aussi entrepris de faire quelques changements dans ses pièces à lui. Il dit qu'il se sent beaucoup mieux, maintenant. Franchement, c'est assez drôle de voir l'influence qu'on a quand on est aligné, quand on est vraiment soi-même et qu'on suit la Loi de l'Attraction avec autant de zèle que je le fais.
Si j'en suis là où j'en suis dans la vie, c'est parce que cela fait un certain temps que je mets en pratique la Loi de l'Attraction, et, franchement, si certaines personnes pensent que je suis un peu « cinglée », tant pis pour elles.

Elles pourraient pourtant l'essayer elles aussi et verraient ainsi des choses merveilleuses, magiques et amusantes se produire dans leur vie à elles.
Je disais donc hier à Henrik qu'il n'y a pas de coïncidences dans la vie, et que si nous nous retrouvons à vivre sous le même toit aujourd'hui, il y a une raison à cela. Je ne sais pas où cela va nous conduire, mais il semble en tout cas que nous soyons destinés à vivre l'un à côté de l'autre au cours de cette étape de notre existence. Henrik est vraiment doué pour la technologie et l'élaboration de produits. Il a des idées géniales, tout en étant très réaliste et scientifique, ce qui fait qu'on s'équilibre bien l'un l'autre, du moins dans nos conversations. Oui, on a déjà eu des échanges passionnants et, oui, nous sommes tous deux des entrepreneurs, ce qui rend cela d'autant plus intéressant : je me réjouis vraiment de ce nouveau chapitre de ma vie.

ÊTRE « DANS LA ZONE »

Quand j'applique consciemment la Loi de l'Attraction, j'ai le sentiment d'être « dans la zone ». C'est un sentiment merveilleux. On en a tous fait l'expérience. Parfois, ça arrive spontanément, de manière tout à fait inattendue. Les idées jaillissent, on se sent super-productif, créatif et joyeux. Tout tourne à notre avantage. Eh bien, les Américains appellent cela « être dans la zone », et c'est ainsi que je me sens la plupart du temps, depuis que j'ai perdu mon emploi et que je mets consciemment en pratique la Loi de l'Attraction, en restant concentrée sur ce qui me fait du bien. Il est très important de viser toujours plus haut. En effet, la Loi de l'Attraction fonctionne en permanence, que vous le vouliez ou non. C'est comme la gravitation universelle. Il ne tient donc qu'à vous de la diriger et d'être conscient de la façon dont elle opère. Soyez conscient et surveillez vos pensées. Vous pourrez ainsi passer en un clin d'œil d'une affirmation, d'une demande et d'une visualisation, à la manifestation de ce que vous voulez. Plus vous avez une idée claire de ce que vous voulez et du sentiment que cela vous procurera, plus vite les choses se produiront. Oui, cela demande un peu d'entraînement, mais, croyez-moi, ce processus opère des miracles. Une fois qu'on se laisse porter par les choses, la façon dont elles s'orchestrent semble purement divine. C'est dans ce sens-là qu'elles semblent magiques. Je n'aurais jamais pu rêver que les choses se passent ainsi. C'est encore mieux que ce que j'imaginais !

YIN ET YANG

J'ai l'impression que toutes les pièces du puzzle commencent à s'emboîter les unes dans les autres. Et, oui, il faut être passé par des moments difficiles pour savoir apprécier ce qui nous arrive de bon. Il y aura toujours de bonnes et de mauvaises choses, dans la vie. C'est le yin et le yang.

D'après la définition qu'on trouve sur Wikipédia, le yin et le yang « servent à décrire comment des forces apparemment disjointes et opposées sont en réalité reliées et interdépendantes dans le monde naturel, s'engendrant l'une l'autre tour à tour ».

Oui, j'ai dû passer par l'insatisfaction et le stress dans mon emploi précédent – des moments plutôt pénibles – avant de savoir que je désirais quelque chose de plus satisfaisant. Oui, il a fallu que je sois licenciée et que je me sente humiliée devant mes collègues, avant de prendre conscience que j'aspirais à autre chose, que j'avais besoin d'aide et que je souhaitais moi-même aider les autres à plein temps. Il me fallait vivre ces expériences-là avant de pouvoir apprécier chaque étape de mon chemin actuel.
Je me sentais très mal à mon ancien poste, mais je n'en avais pas pleinement conscience à l'époque, du moins pas autant qu'aujourd'hui. Désormais, je me sens pleinement vivante, avec tous les sens en éveil.

VIVRE ENSEMBLE : MES SUPER COLOCATAIRES !

8 h 15 du matin. Je suis presque arrivée au centre de fitness. Henrik m'a donné un petit livre intitulé *The xenophobe's guide to the Danes* (Guide du Danemark pour les xénophobes). Comme le dit cet ouvrage, la xénophobie est une peur irrationnelle des étrangers. Il existe en anglais toute une collection de guides de ce genre pour chaque pays.
Je suis fille unique. Je n'ai pas de frères et sœurs, je n'ai pas connu cette joie-là, cet apprentissage du partage et de la vie avec d'autres enfants. Mon rêve de vivre avec d'autres personnes m'a toujours paru lointain. Plus maintenant, même s'il m'a semblé inatteignable durant la majeure partie de ma vie. Je me disais qu'en vivant avec

des colocataires, j'aurais l'occasion d'apprendre à partager. Contrairement à ma vie professionnelle, cependant, je ne pense pas que j'aurai du mal à apprendre quelques leçons dans ce domaine-là ! J'ai attiré de merveilleux colocataires, la seconde étant Giada, une Italienne que je n'ai rencontrée qu'une seule fois et qui se trouve en ce moment à Milan.

Giada a 27 ans et travaille dans l'industrie de l'art. Curieusement, aussi bien Henrik que Giada ont vécu à New York City, ce qui fait que nous connaissons tous les trois les États-Unis. C'est un pays que nous aimons. J'y ai appris beaucoup de choses et j'y ai fait des rencontres incroyables. Je resterai éternellement reconnaissante d'avoir pu passer un certain temps là-bas, mais j'apprécie également le fait d'être de retour en Europe. L'Angleterre est à la fois stimulante et élégante ! En particulier Londres. Et j'ai toujours eu de la chance dans ce pays. Du moins, c'est mon sentiment, c'est ce que je pense, et franchement, c'est effectivement ce qui se passe !

VIVRE MON RÊVE MAINTENANT ?

Il n'est pas forcément difficile de vivre avec les autres. Je l'ai déjà fait plusieurs fois. Parfois, je me montre peut-être trop critique envers moi-même. Quoi qu'il en soit, je prends conscience que je suis maintenant en train de vivre mon rêve. Plus besoin que cela arrive dans un futur lointain, quand je serai parvenue à mes fins. Ça peut se passer maintenant !

Je me trouve maintenant sur Kensington High Street, où je repasserai tout à l'heure pour aller prendre ce qu'il me faut pour ma cure, après mon entraînement. À tout à l'heure !

NE LAISSEZ PAS VOS FAIBLESSES VOUS GOUVERNER

Je suis revenue de la gym et j'ai tout ce qu'il me faut pour ma cure. Je réfléchissais pendant que j'étais dans le métro... Certaines personnes me disent que mes vidéos sur YouTube sont très honnêtes, authentiques et vraies, mais je pense sincèrement que ce livre est la chose la plus authentique que j'ai jamais faite. Oui, il y a de l'authenticité dans mes vidéos, mais ce ne sont que des instantanés, de courts extraits de ma vie.

Il ne fait aucun doute que si vous voulez vraiment faire la même chose, si vous voulez trouver le job de vos rêves, si vous désirez transformer votre vie, vous devez être vrai avec vous-même. Vous devrez affronter la réalité. Découvrir ce qui se passe vraiment. Notre ego a tendance à nous empêcher de voir la réalité, mais je peux vous garantir que vous n'avez aucune raison de vous inquiéter. N'allez pas croire que vous allez découvrir des atrocités à votre sujet. Je sais que je peux être autoritaire, vouloir tout contrôler et me montrer très indépendante. C'est vrai que j'ai ces traits-là, et il est important pour moi de les reconnaître. Une fois que vous connaissez vos tendances, vous pouvez vous les approprier et ne plus les laisser vous gouverner. C'est là une distinction très importante.

Ça ne sert à rien de vouloir copier le style des autres, car vous n'y arriverez sans doute pas aussi bien qu'eux ; chacun est unique. Par exemple, quand elles voient mes vidéos, certaines personnes disent, « Oh oui, j'ai envie de faire la même chose ». Alors, j'ai envie de leur dire : trouvez votre propre moyen d'expression, votre propre point de vue et votre approche à vous.

IDENTIFIEZ VOS PROPRES QUALITÉS ET RÉJOUISSEZ-VOUS-EN

Ce que je veux dire, c'est que vous devriez trouver ce qui fait de vous quelqu'un d'unique, et vous attacher à cela ! Alors, vous aurez toutes les chances d'exceller dans ce que vous ferez. Vous aurez du plaisir à chaque seconde de votre existence. Vous n'aurez pas l'impression de travailler. Ce ne sera que du plaisir. Vous aurez activé votre créativité. Et les bienfaits que vous en retirerez sont immenses ! Vous ne regarderez pas l'horloge toutes les cinq minutes. Non. Il n'est pas drôle de passer son temps à attendre que la journée se termine. C'est ce que j'ai vécu à mon dernier poste. Au moins deux fois, au cours de ces six mois, je me souviens avoir regardé l'heure en souhaitant qu'il soit déjà 17 h 30. Ouah, cela ne me ressemble tellement pas ! Je suis quelqu'un de passionné. Quand je travaille, en général j'oublie l'heure. À l'époque où j'étais indépendante, il m'arrivait de travailler toute la nuit. J'étais à fond dans ce que je faisais et je ne ménageais pas mes efforts. Pourtant, même à cette époque, je ne m'amusais pas. Tout n'était pas que jeu et plaisir, comme ça devrait être le cas. (OK, même quand on a le job de ses rêves, il y a des moments stressants. On peut aussi connaître des difficultés, mais on s'en sort beaucoup plus rapidement et plus facilement, quand on aime son travail et qu'on est animé d'un but.) Alors,... qu'est-ce qui fait de vous quelqu'un d'unique ?

JEU ET AMUSEMENT

Je dois souvent me rappeler de rester ludique et de laisser l'enfant moi s'amuser. J'ai tendance à être trop sérieuse, vous savez. Les Français sont des gens très sérieux : c'est quelque chose dont je dois me souvenir. D'ailleurs, c'est pour cette raison que j'ai acheté *The Artist's Way*. J'espère améliorer ainsi ma créativité et faire des choses marrantes.

À propos d'amusement, mon ami Hank Andries en est un bon exemple. Récemment, à l'âge de 66 ans, il a lancé une chaîne de restaurants qui s'appelle « Menna's Joint », où il sert des « dubs » (sa version personnelle de ces sandwiches que la plupart des gens connaissent sous le nom de « subs »). Les gens qui travaillent dans ses restaurants (des étudiants) portent des T-shirts avec le slogan « Go Dub Yourself ». Je trouve cela hilarant. Il a ouvert cinq de ces restaurants ici, dans le Michigan, au cours des cinq dernières années, et il est désormais prêt à conquérir l'Europe. C'est très excitant, et je me réjouis pour lui. C'est vraiment un exemple pour moi, en plus d'un ami. Se lancer dans une entreprise comme celle-ci, à 66 ans, et connaître à nouveau le succès, eh bien c'est sans doute dû au fait qu'il conserve un esprit très ludique ! Il se comporte comme un gamin. Il n'arrête pas de glousser et ne prend jamais rien au sérieux. J'aime ça chez lui, et je me sens honorée de connaître un homme comme lui, un bel exemple de l'art de s'amuser et d'expérimenter.

Hank n'a pas démarré cette nouvelle entreprise pour des raisons financières. Il avait vendu sa première entreprise de construction quand il était encore dans la trentaine et avait largement de quoi vivre le restant de ses jours. C'est peut-être parce qu'il avait perdu son père à l'âge de 14 ans et qu'il a appris à vivre autrement, ou peut-être aussi en raison de sa fascination pour les femmes, qui le conduisit notamment à se cacher un jour sous le lit de sa sœur, lorsqu'il était enfant, ce dont elle faillit mourir de peur ! Une chose est sûre : quelle que soit l'entreprise à laquelle Hank s'attelle, vous pouvez être sûr qu'il va bien s'amuser et qu'en plus il sera couronné de succès. Il n'en reste pas moins très sérieux en affaires, c'est un entrepreneur efficace. Vous faites mieux de ne pas lui chercher des ennuis, voilà encore autre chose que j'ai appris à son sujet ! Alors, essayez par vous-même ! Amusez-vous ! Pourquoi pas ? Êtes-vous vraiment satisfait de votre vie, en ce moment ? Allez, franchement ! Je suis toujours prête à me lancer dans de nouvelles aventures, et c'est ce qui rend ma vie à la fois drôle et savoureuse. Qui sait dans quoi je vais me lancer cet après-midi ? Ha, ha !

M... !

Je viens de découvrir qu'il faut compter deux à trois mois avant que le livre soit imprimé par BookSurge, le service d'impression à la demande d'Amazon : deux à trois mois ! C'est beaucoup plus long que ce que je pensais. Je voulais que le livre soit imprimé d'ici à la mi-avril, ce qui fait que, comme nous sommes au début du mois de mars, c'est tout simplement impossible. Peut-être y a-t-il d'au-

tres options. Peut-être existe-t-il d'autres entreprises d'impression à la demande, capables de faire cela plus rapidement.
Mais je m'inquiète pour mes revenus. Et voilà que mes peurs ressurgissent. Il va falloir que je trouve une solution. D'après BookSurge, entre le moment où le manuscrit est achevé et celui où il est imprimé, il s'écoule entre deux et trois mois. Ça fait beaucoup de temps. Il faut que je les appelle et que je me renseigne sur les possibilités qu'il me reste. L'idéal serait un maximum d'un mois entre l'achèvement du manuscrit et sa publication. Je vais me rencarder sur les options dont je dispose.
C'est vraiment casse-pieds ! Deux à trois mois ! Ah, c'est déprimant. Comment vais-je m'en sortir ? Comment faire pour que les choses se passent comme prévu ? Je veux être éditée et veiller à ce que tout se passe bien. Je me sens toute perdue. Déprimée. Tout d'un coup, tout me paraît négatif, alors je vais voir si le fait d'aller dans la nature peut me faire du bien. Je vais aller faire une balade dans le petit parc privé que nous partageons avec quelques voisins.

UNE PAUSE DANS LA NATURE, AVEC DES LIVRES

Voilà, je suis dans le parc. J'ai emporté avec moi quelques-uns des derniers livres que j'ai achetés, *The Artist's Way* et *Petit cahier d'exercices d'estime de soi*. Bon sang, je n'aime pas du tout comment je me sens en ce moment, et il faut que je change d'énergie.
Sans lecture, je dois admettre que j'aurais l'impression de perdre mon temps. Je me sens sous pression, à cause

de tout ce que je suis censée faire, et je m'inquiète pour mes finances : d'où va me venir l'argent ? Il me faut au moins un mois pour terminer le manuscrit, ce qui veut dire qu'il faudrait compter trois à quatre mois avant qu'il ne soit publié. Je ne peux pas tenir aussi longtemps avec ce qu'il me reste actuellement sur mon compte en banque. Quoi qu'il en soit, je vais faire quelques respirations profondes, profiter de la nature, me calmer et lire un peu. Du coup, je finis par me dire que j'aurais peut-être dû laisser un éditeur s'occuper de tout cela. Je ne sais plus comment gérer la situation. Il semble y avoir tant de choses auxquelles il faut penser. Je devrais en tous les cas reconsidérer l'éventualité de faire appel à un éditeur. Je sais que tout arrive pour le meilleur, donc, si je reçois cet avertissement, c'est qu'il y a une raison à cela. Sans doute faut-il que j'examine un aspect ou un autre de cette situation d'une manière plus attentive. En tous les cas, le manuscrit avance ; cet aspect-là des choses devrait être réglé d'ici fin mars. Il faut que je prenne en compte toutes les options qui se présentent à moi et que je traite une chose à la fois.

Bon, nous disons donc deux à trois mois. Je voulais que le livre soit publié d'ici le 24 avril. Ça ne marchera pas. Alors, est-ce que je maintiens les événements prévus ? Dois-je organiser ce gros *happening* pour le CCOR à Londres ? Il y a une longue liste de choses à faire, je n'ai pas envie de prendre le premier job venu, juste pour faire rentrer de l'argent. Alors, je sollicite une guidance d'en haut. Je t'en prie, toi mon Moi supérieur, toi la Source, aide-moi à trouver mon chemin. Je m'ouvre à l'abondance maintenant.

Reste qu'une partie de moi a juste envie de se mettre au travail, d'avoir tous les éléments et les chiffres disponibles (Combien ça me coûtera pour imprimer le livre plus tôt ? Est-ce qu'un autre imprimeur pourrait le faire ? Si oui, quand… ?), pour pouvoir agir, agir, agir, sauf que ce n'est pas comme cela que fonctionne la Loi de l'Attraction. Voilà pourquoi j'ai tout arrêté pour faire ces quelques exercices, afin de changer d'énergie et de retrouver le chemin de l'inspiration. J'attends de voir clairement ce qu'il faut que je fasse. Oui, je suis encore loin d'avoir cette clarté-là, alors autant tout arrêter et rester assise dans mon petit parc, à lire des ouvrages inspirants et à faire des exercices qu'ils proposent.

FRANCHIR L'OBSTACLE

Ça me rend folle de ne pas arriver à me sortir cette idée de la tête : après tout ce qui s'est passé jusqu'ici, voilà que je bute contre cet obstacle. Il doit y avoir une raison à cela. Tout ce qui m'est arrivé jusqu'ici avait quelque chose à m'apprendre. C'est à moi qu'incombe la responsabilité de déclarer ce que je veux et de tout mettre en place, comme si j'étais sûre de moi à 100 %, bien qu'une partie de moi continue de douter. Comment ça se passerait, si je m'investissais à 100 % dans ce projet ? Si je passais à la vitesse supérieure ? Une partie de moi redoute de relever un tel défi, car j'ai tendance à assurer mes arrières, à faire les choses de manière provisoire, sauf que dans le cas particulier, je me dis que ce n'est pas la bonne attitude. J'ai envie de passer un cran au-dessus et de faire confiance à fond à la Loi de l'Attraction. Je dois le faire. Il est 15 h 11 : super, c'est de nouveau 11 minutes après l'heure. Je dois donc être sur la bonne voie !

JE DÉVELOPPE MON ESTIME DE SOI ET JE LIS

Bien, il est maintenant 15 h 22, ce qui veut dire que j'ai passé 20 minutes dans le parc, et je me sens effectivement beaucoup plus relaxée. Ce petit livre sur l'estime de soi était carrément *génial* !

NE PAS ACCEPTER UN « NON » COMME RÉPONSE : DE BONNES NOUVELLES

Il est important de ne pas se laisser arrêter, n'est-ce pas ? Eh bien, j'ai décidé de ne pas me contenter d'accepter ce que j'ai lu sur le site Web de BookSurge (à savoir qu'il fallait compter sur un délai de deux à trois mois, qui s'avère trop long pour moi). J'ai donc appelé leurs bureaux aux États-Unis. Je veux que les choses arrivent comme prévu et que je puisse avoir mon livre dans les mains d'ici au 24 avril. J'ai donc parlé avec un représentant de BookSurge et grâce à cette conversation, j'ai pu ramener le délai prévu à deux ou trois semaines. Ce qui implique d'accélérer la procédure – donc, plus de coordination, de planification et de concentration, mais aussi d'argent – mais la chose est possible. L'idée, maintenant, c'est d'attirer l'argent nécessaire.

COMBATTRE LE DOUTE

Je déclare que je vais embaucher quelqu'un, ou que je vais recevoir de l'aide, ou encore que je vais toucher de l'argent qui m'aidera à le financer et à le réaliser. J'y crois beaucoup, mais, en alignant les chiffres, j'ai également conscience que je prends un sacré pari. Je crois que je suis prête à le faire, car je me sens très motivée, mais je tiens à m'assurer que je ne vais pas me casser la figure… Je crois beaucoup à ce que je fais, mais je dois aussi être réaliste. Par ailleurs, je sais également que l'abondance est l'un de nos droits et que l'argent n'est que de l'énergie. Donc, si j'ai besoin d'argent, il viendra à moi si je n'y fais pas obstacle. Oui, c'est à moi de laisser la voie libre et d'arrêter d'avoir des pensées restrictives : il ne faut plus que je me dise que tout cela est impossible, à la lumière de ce qui me reste sur mon compte ! Je vais vraiment faire en sorte que tout cela arrive, vous savez ! Je sais que ça se produira comme prévu, et c'est cette certitude dont j'ai besoin pour réussir. J'ai également sollicité de l'aide financière. Cette fois, j'ai envie de me montrer ingénieuse. Je sais que je peux attirer de l'argent sans avoir à le demander autour de moi. En effet, de l'argent peut me venir de différentes sources dont je n'ai même pas conscience. L'argent est une énergie et je n'ai pas à m'en inquiéter. Je dois ajouter que j'ai vraiment l'impression de faire un saut quantique. Mais j'ai la foi, tout ira bien.

AUTORISE-LE SIMPLEMENT !

Sur mon bureau se trouve une petite bouteille jaune dont le logo est un petit personnage de bande dessinée, les bras en l'air, qui se laisse simplement porter par la rivière. En dessous de cette rivière, on peut lire le slogan, « Autorise-le simplement ! », qui, en anglais (*Just allow it*), rappelle celui de Nike, « Just do it ». Cette bouteille est censée contenir une substance intitulée « Autorisation ! ». Cette idée est due à mon ami Fred Morton, que j'ai rencontré à Chicago dans un groupe sur la Loi de l'Attraction. Bien sûr, en réalité il n'y a rien du tout dans cette bouteille, et pourtant tout y est ! J'aime bien cette idée. L'étiquette précise :

Ce produit n'a pas vocation à remplacer ce que vous consommez ou faites déjà par ailleurs. Il ne remplace que ce que vous pensez. Mode emploi : autoriser les choses, c'est la façon la plus rapide de recouvrer votre bien-être, de transformer vos manifestations et de réaliser vos désirs. Il n'existe qu'un seul courant dans la vie, et c'est celui du bien-être. Libérez-vous de toute pensée de résistance vous empêchant de devenir celui ou celle que vous désirez vraiment être. Trouvez les pensées qui vous procurent un soulagement émotionnel dès maintenant, et le courant du bien-être vous entraînera alors vers la réalisation de vos désirs.

Génial ! J'adore ça. J'avais d'ailleurs plusieurs de ces bouteilles dans mon ancien logement à Chicago. Il y en avait une dans ma salle de bains, de sorte que chaque fois que je regardais dans la glace et que je me découvrais

des boutons ou le début d'une ride, chaque fois que je me surprenais à avoir des pensées négatives à mon sujet, je me disais simplement, « Je vais m'appliquer un peu d'Autorisation ! », ce qui avait pour effet immédiat d'aplanir les difficultés de la journée à venir. Cela m'autorisait à changer de façon de penser.
Alors, je me dis qu'il est grand temps de prendre une bonne dose d'Autorisation ! Je vais ainsi retrouver la foi. Je sais que nous sommes nombreux à être confrontés au même problème. La peur s'immisce facilement en nous après avoir perdu notre emploi, quand il faut en trouver un autre, faire quelque chose, trouver de l'argent… Alors, autoriser les choses à se passer comme elles doivent, c'est un sacré changement de façon de penser. Je ne suis pas en train de vous dire de rester chez vous à ne rien faire, sinon de changer de manière de penser, n'empêche que de nouvelles choses peuvent vous arriver si vous appliquez un peu d'Autorisation. Vous verrez que les choses vont changer et que de nouvelles idées vont vous venir.
Alors, je vais laisser l'abondance de la vie venir à moi et m'aider à réaliser ce projet – ce projet étonnant – afin que je puisse vivre mon rêve et aider à mon tour des millions de personnes. Je demande à être soutenue. On y va. Et je m'applique une bonne dose d'Autorisation ! Ha, ha !

UNE PRIÈRE À DIEU

Il est rare que j'utilise le mot « Dieu », mais j'ai vraiment envie de prier, en ce moment, et de dire :

Cher Dieu, fais en sorte que tout cela arrive. Aide-moi et soutiens-moi à chaque instant. Fais que je me montre créative et ingénieuse, et que je trouve l'argent et l'énergie nécessaire pour réaliser ce projet à temps, afin que je puisse le partager avec les millions de personnes dans le monde qui en ont besoin maintenant. Aide-moi à faire en sorte que ce soit un bon livre. Qu'il permette vraiment aux gens d'entrevoir la possibilité d'un nouveau début dans leur vie, de tout recommencer à neuf. Qu'à travers ces lignes, ils découvrent que quelque chose les attend, spécialement fait pour eux. Donne-leur s'il te plaît le courage de découvrir et de suivre leurs rêves et leur passion. Aide-les à découvrir leur mission et à être sincères. Donne-leur confiance. Donne-leur courage. Aide-les à trouver la lumière.

L'IMAGE DE L'AVOCAT

Il y a quelques instants, je songeais à mettre la photo d'un avocat sur la couverture du livre. Il faut que je découvre pourquoi j'ai cette image en tête.
Aujourd'hui, nous sommes le 3 mars. La dernière fois, je vous ai quitté sur l'idée de l'avocat. Bien sûr, j'adore en manger. Je trouve cela très savoureux. La chair de l'avocat est très riche et le noyau central – dur – pourrait représenter le globe terrestre, mais je ne comprends toujours pas pourquoi me vient cette image d'avocat ? Peut-être que sa richesse symbolise celle de la vie. Mais je ne vois pas pourquoi la planète se trouverait à l'intérieur.

IDENTIFIER TOUTE PENSÉE DE SABOTAGE

À mon réveil, ce matin, je songeais à la façon dont certaines pensées peuvent vous saboter. Par exemple, je peux affirmer, « Je déclare que je veux que de l'argent rentre pour m'aider à financer ce projet », tout en songeant au fond de moi, « Ouais, d'accord. Mais ça n'arrivera pas. » Parfois, on se fait aussi tout un dialogue intérieur sur le thème « Mais est-ce vraiment cela que je veux ? ». Bien entendu, de telles pensées peuvent empêcher les choses de se manifester, d'où j'en ai conclu que soit je me lance à 100 % en disant, « Oui, c'est vraiment ce que je veux. C'est exactement cela », soit je décide que ce projet n'est pas pour moi.

PETITS PROGRÈS

Je travaille également sur le titre du livre. Mes amis Daniel et Hank m'ont fait quelques suggestions. Je les ai également laissés lire les premières pages, afin qu'ils puissent me faire quelques retours.

Je vais aller au centre de fitness. Ce matin, j'ai eu quelques coups de fil, mais pas particulièrement productifs : c'était juste des choses qu'il fallait que je règle. Ce qui me fait penser : ça veut dire quoi, « être productif » ? Vous savez quoi ? Je vais bel et bien de l'avant et les choses sont effectivement en train de se faire ! Donc, au final, je suis tout à fait productive !

DÉFINIR MON RÊVE

Je reviens à la définition de mon rêve. Quel est-il ? Depuis plusieurs années, je dis qu'il consiste à aider des millions de gens à vivre avec passion, en étant animés d'un but. J'ai envie de donner les moyens d'avancer à des millions de gens, chaque jour. Bon, d'accord, mais pourquoi ? Eh bien, pour commencer, je veux que les gens soient heureux, qu'ils aient de la joie dans leur vie, car je pense que si tout le monde savait ce qu'il est censé faire, il y aurait davantage de paix sur la planète. Les gens ne se battraient plus pour toutes sortes de choses (ou du moins, il y aurait moins de conflits), puisque tout le monde ferait ce qu'il veut. Ai-je besoin d'une autre raison que celle-ci ? Voilà donc ce que je veux, mais comment vais-je m'y prendre pour aider ces millions de gens ? Oui, mes vidéos sont déjà visionnées en ligne par des milliers de personnes, chaque jour (au moment d'écrire cela, le nombre total de vidéos vues dépasse les 5,5 millions) ! La communauté du CCOR est sans conteste un autre moyen pour moi d'aider les gens, mais que faut-il faire pour toucher non plus des milliers, mais des millions de personnes chaque jour ?

UNE PERCÉE : LA PIÈCE MANQUANTE DE LA DÉCLARATION !

Ce que je veux déclarer est assez audacieux, mais autant que j'applique la Loi de l'Attraction à fond, alors, en ce troisième jour de mars 2009, je déclare que je vais aider des millions de gens, quotidiennement, très prochainement : très très bientôt. Et je m'ouvre à toutes les idées qui peuvent me montrer comment m'y prendre. Il y a bien longtemps, avant d'avoir suivi des ateliers, je me disais que soit on réussit à avoir un impact sur le monde, soit on gagne de l'argent, mais qu'il était impossible de faire les deux à la fois. Mais désormais, je sais que les deux sont parfaitement compatibles. Donc, je souhaite à la fois aider des millions (de gens) et gagner des millions (de dollars, de livres sterling, d'euros...). Et, vous savez quoi, je n'ai pas à m'excuser de vouloir gagner de l'argent, car c'est ce qui permet d'aider autrui, d'en faire plus pour les autres, et il y a bien des façons d'y parvenir... J'ai reçu une éducation catholique et, parfois, je me dis que les catholiques ont du mal avec ça. Ils ont une curieuse perception de l'argent. Mais, ma déclaration est faite : je vais aider des millions de gens et gagner des millions du même coup. Je pense que ce dernier morceau était la pièce manquante, le bout qui sonnait faux dans ce que je disais avant. Je n'en continue pas moins de vouloir aider des millions de gens, et aucune des deux parties de cette déclaration ne porte atteinte à l'autre. Oui, cette déclaration me paraît juste ! Et ça me fait du bien de dire ça, de vous dire la vérité : c'est beaucoup plus authentique. Bien, alors comment est-ce que tout cela va arriver ? Je n'en ai pas encore la moindre idée, je m'ouvre à toute forme de guidance, pour mieux discerner comment les choses vont se mettre en place.

AVOCAT : LA SUITE

Bien, alors voilà les dernières nouvelles... J'ai fait quelques recherches sur les avocats puisque, pour une raison que j'ignore, je continue d'en voir un dans ma tête et, comme vous le savez, j'adore cet aliment. J'ai donc fait une recherche sur Google et j'ai trouvé la photo d'une femme qui présente son dos nu au spectateur et qui tient dans les mains la moitié d'un avocat, coupé dans le sens de la longueur, avec le noyau apparent. J'aime beaucoup cette image ! Je la trouve à la fois très belle et provocatrice, et je me dis qu'elle conviendrait tout à fait à mon livre, puisque c'est une aventure ouverte. Steven Martine (*www.stevenmartine.com*), qui est à la fois un très bon photographe et un ami à moi, serait la personne idéale pour réaliser ce cliché ! Il vit en Floride, actuellement, mais je sais qu'il ferait ça très bien.

JE ME SENS LIBÉRÉE

Depuis que j'ai reformulé mon rêve – le job de mes rêves – je me sens libérée. C'est comme si la partie manquante de ma déclaration était simplement l'affirmation que je vais aider des millions de gens tout en gagnant des millions. Je ne m'autorisais pas à le dire, auparavant, parce que cela ne me paraissait pas juste. Mais désormais, ça me va et je peux joyeusement œuvrer à la concrétisation de ce rêve. Je vais probablement faire une vidéo là-dessus, car je pense que sitôt qu'on se montre honnête quant à ce qu'on veut vraiment, non seulement les choses peuvent se produire, mais elles peuvent se produire vite. Donc, je suis curieuse de découvrir de quelle manière je vais réaliser les deux volets de mon rêve. C'est la Loi de l'Attraction qui est à l'œuvre, ici, alors voyons comment les choses se mettent en place.

À LA RECHERCHE D'UN GRAPHISTE ET D'UN PHOTOGRAPHE

Je cherche maintenant à attirer un graphiste pour la couverture et l'intérieur du livre. J'ai quelques contacts, alors je me réjouis d'attirer cette personne le plus tôt possible.

À propos de Steven Martine, je vais regarder les vols pour voir si je peux le faire venir à Londres. Sans quoi, je me disais que j'irai moi-même en Floride, mais je pense que ce serait mieux que ce soit lui qui vienne à Londres. Comme ça, on pourrait prendre quelques clichés promotionnels et publicitaires dans Londres. La dernière fois que j'ai fait une séance de photos, c'était à Fort Lauderdale, en Floride, sur la plage. J'aurais bien besoin de quelques photos prises à Londres, aussi bien pour mon livre que pour le site Web... Je vais donc aller consulter les vols. Ce serait vraiment super qu'il puisse venir, que je lui fasse visiter Londres et qu'on fasse cette séance de photos.

DE NOUVEAU EN PISTE

Je suis tout simplement fascinée par la façon dont les choses se mettent en place. En ce moment même, je me renseigne sur la logistique nécessaire pour organiser une rencontre du CCOR à Londres : faire en sorte que tout le monde puisse venir et offrir un livre à chacun. Quand mon regard englobe toute la situation, j'ai l'impression que tous les éléments et toutes les personnes dont j'ai besoin viennent spontanément à moi. Par exemple, l'hôtel : je me dis, bon, j'ai besoin d'un hôtel, peut-être d'un hôtel bon marché ou d'un hôtel dans le centre, ce qui me fait penser à Hyde Park, qui serait l'endroit idéal. Puis je me dis que quand je suis venue à Londres pour la première fois, en mai dernier, pour passer le week-end, j'ai fait la connaissance de Jane qui possède une maison – une demeure très tranquille – qui conviendrait parfaitement à ce projet. Je vais me renseigner sur le nombre de pièces qu'elle comprend, mais j'ai l'impression que c'est une possibilité très intéressante. C'est comme si les réponses me venaient facilement, comme par magie. Toute l'équipe dont j'ai besoin se met en place, que ce soit pour la conception intérieure du livre ou pour l'organisation de cet événement du CCOR. J'ai l'impression d'être de nouveau en piste.

REPOUSSER LES LIMITES

Je viens de recevoir cet e-mail d'une amie :

Chère amie,

j'apprécie votre travail. Chaque fois que je suis en contact avec Lewis, je pense à vous. Voici quelques jours, j'ai reçu un e-mail de lui comprenant un lien vidéo vers la chaîne CNN. J'ai pensé que ça pourrait vous intéresser. (Lewis est une personne tout à fait spéciale, et vous aussi, je crois.)

Très cordialement.

J'ai donc cliqué sur ce lien et je suis tombée sur une vidéo intitulée « Repousser ses limites » : *un reportage de Robyn Curnow sur le projet de Lewis Pugh de se préparer physiquement et mentalement pour nager dans les eaux les plus froides du monde* (*http://edition.cnn.com/video/#/video/international/2009/02/27/vital.signs.pushing.limit.bk.a.cnn*). Lewis a pris contact avec moi peu après que je sois arrivée à Londres. Il m'a dit qu'il utilisait la visualisation pour nager sur de longues distances et, en particulier, que cet outil l'avait aidé à réaliser la première longue distance à la natation au pôle Nord ; il nage effectivement dans ces conditions extrêmes ! On le surnomme d'ailleurs « l'ours polaire ». Vous pouvez le voir ici : *http://www.lewispugh.com*). Il fait un travail remarquable et aime repousser ses limites,

pour sensibiliser les gens à la fragilité de notre environnement et encourager tout le monde à passer à l'action. Il s'est avéré que Lewis avait trouvé mes vidéos sur YouTube et savait que je me trouvais à Londres, et c'est ainsi que j'ai eu l'occasion de le rencontrer. Quelle chance ! Dans cette fameuse vidéo, il souligne l'importance de la visualisation. Avant de plonger dans ces eaux glaciales (qui peuvent tuer quelqu'un très facilement), il visualise tout dans les moindres détails. Il goûte l'eau salée. Il ressent la brûlure de la glace sur sa peau. Il vit des centaines et des centaines de fois, en imagination, le moment où il nagera au pôle Nord. C'est comme cela qu'il prépare ses exploits de natation.
Il m'a raconté comment il s'était entraîné avec l'équipe olympique de kayak pour se préparer à son nouveau défi. Je buvais ses paroles. Je n'en revenais pas qu'un homme aussi séduisant, doux et passionné, trouve quelque intérêt à me rencontrer. Or il était tout à fait intéressé – son intention était des plus claires – puisqu'il était là pour me délivrer un message. Il pense que je suis douée pour réaliser des visualisations guidées. Avec un peu d'entraînement, estime-t-il, je pourrais devenir excellente à cela. Il m'a encouragée à m'y adonner à 110 %. Il va sans dire que je me suis sentie très honorée de recevoir un tel compliment d'une personne ayant travaillé étroitement avec Al Gore, Tony Blair et Gordon Brown, pour ne citer que quelques personnes qu'il connaît personnellement.
Lewis est un formidable exemple de la façon dont les athlètes – ou les champions, devrais-je dire, tous ceux qui repoussent leurs limites en général – savent se servir de la puissance de la visualisation.

Alors, pourquoi n'en faisons-nous pas usage dans notre vie quotidienne, pour mieux atteindre nos buts et réaliser nos rêves plus rapidement ?

STEVEN MARTINE

J'ai dit que j'envisageais de faire venir Steven de Floride pour faire des photos de la couverture du livre et quelques clichés promotionnels. Je suis allée vérifier les vols sur le Web et j'en ai vu quelques-uns d'intéressants pour le prochain week-end. Je n'avais pas prévu de dépenser de l'argent pour cela, mais j'ai le sentiment qu'une bonne photo peut faire toute la différence.
Il faut que j'annule cette pensée, car je tiens vraiment à ce que ce soit quelqu'un de génial qui prenne cette photo, mais je pensais au départ que le photographe que je voulais risquait d'être trop cher ou ne serait pas disponible à temps. Je dois veiller à ce que tout soit bien aligné. Il faut de nouveau que j'annule cette pensée ! Je vais donc attirer un professionnel doué dont les prix correspondront à mon budget.

OUI, C'EST OK DE GAGNER DE L'ARGENT !

Hier, alors que je m'occupais d'organiser l'événement du CCOR pour notre sortie à Londres, et que je m'efforçais de faire en sorte que les gens y viennent, tout en planifiant tous les détails de ce rassemblement, j'ai pris conscience de tout le travail que cela représentait. Du coup, je me suis posé la question : ai-je le droit de faire du bénéfice là-dessus ? Il faut que je reconnaisse que mon temps a de la valeur et, si c'est moi qui organise tout, il est normal que je fixe le prix du temps que j'ai passé à mettre tout cela en place. Voilà donc une des leçons que je dois apprendre, si je veux réaliser ce rêve qui est à la fois d'avoir un impact sur les gens et de gagner de l'argent. Je me souviens de ce sentiment de libération que j'ai éprouvé au moment où j'ai ouvertement déclaré que je voulais aider des millions de gens et gagner des millions. Sauf que pour l'instant, mes réflexions émanent d'une perspective de manque.

Il faut que je franchisse un nouveau cap ! Je vais donc me répéter l'affirmation suivante : « Je mérite de gagner de l'argent ». Je vais peut-être même l'écrire sur le miroir de ma salle de bains, comme me l'a recommandé Kevin Ross, auteur de *Live the designer life*, en novembre 2003, au cours de l'atelier qu'il animait à Miami. C'est d'ailleurs durant cet atelier que j'ai rédigé ma première déclaration de mission qui était à l'époque :

Ma mission consiste à concevoir, créer et produire des formes médiatiques positives pour inspirer les gens et leur apporter la joie et la plénitude.

JE VIS MON RÊVE

J'ai tellement plus confiance en moi qu'il y a trois semaines, quand j'avais encore mon ancien job qui m'épuisait. C'est comme si c'était deux Lilou différentes. Trois semaines plus tard, je suis épatée de voir comment je m'en sors, avec la certitude d'avoir toutes les compétences nécessaires pour que mon projet connaisse un réel succès. J'ai l'impression d'être exactement à ma place.

RESTER À LONDRES ÉTAIT LA BONNE DÉCISION

Je suis très reconnaissante d'avoir trouvé ce logement et d'être venue ici plutôt que d'être allée en France ou de me lancer à la poursuite d'autres idées que j'avais. Je me sens très créative et tellement bien ici ! L'appartement est magnifique. Il contribue à mon ancrage, comme mon centre de fitness. Tous deux me donnent un sentiment d'être dans l'abondance. Alors, je suis très heureuse d'avoir suivi ce chemin-là, sans quoi mon esprit et mon univers se seraient rétrécis et je fonctionnerais en mode « manque » et non « abondance ». En ce moment, en revanche, je sens – et je me répète sans cesse – que tout va bien, que les choses se déroulent comme prévu, que des événements formidables se mettent en place et que je suis guidée à chaque pas.

UNE COLLECTION DE LIVRES ?

J'adore tout le processus d'écriture et de réalisation de ce livre, au point que j'ai envie d'en faire un autre rapidement ; ça me fait du bien, à ce stade de ma vie, c'est un grand soutien pour moi. Je pourrais produire toute une série de livres de ce genre. Ce serait super ! Je me vois déjà en train de commencer un nouveau volume juste après celui-ci.

DES IDÉES DE MARKETING ET DE PUBLICITÉ

J'ai dressé la liste de toutes les personnes à qui je veux offrir le livre, et qui y sont également citées. Je vais l'envoyer à Oprah Winfrey, à John Gray, à Deepak Chopra, à Sonia Choquette, à Sandy Grason, à Laura Duksta et à Lewis Pugh. Il me semble opportun de l'envoyer à des gens qui peuvent en parler et toucher beaucoup de monde. J'espère également avoir un retour de leur part, peut-être un petit mot ou une critique. Si tout va bien, avec leur aide je bénéficierai d'un soutien important. Je crée en ce moment la possibilité d'être aidée de toutes parts.

J'AVANCE ENCORE SUR MON LIVRE

Hier – mardi – j'ai appelé Gerry Hillman, un ami de mon correcteur. Éric m'a en effet dit que cet homme pourrait concevoir l'intérieur du livre, aussi l'ai-je contacté immédiatement. On dirait que c'est la bonne personne. Il est en mesure de faire le boulot dans les délais requis, alors ça me soulage de l'avoir déniché.

S'agissant de la couverture, je n'ai pas encore tout à fait attiré le photographe pour ça, mais je vais coucher mes idées sur le papier, puis aller consulter divers livres, observer leurs couvertures, les polices utilisées. J'ai déjà trouvé le format qui me plaît, qui est celui du livre de Chris Dines, *Power, Love and Abondance*.

UNE CURE DE SEPT JOURS

Ai-je déjà dit que j'aimais les avocats ? Bon, eh bien j'ai débuté ma cure de jus de citron depuis trois jours : alors, pas d'avocats, en ce moment. En buvant ce mélange de jus de citron, de sirop d'érable et de poivre de Cayenne, dilué dans de l'eau, j'ai l'impression de débarrasser mon corps de toutes ses toxines : c'est merveilleux. Je vais poursuivre cette cure jusqu'à sept jours, même si j'ai déjà prévu la soirée des célibataires vendredi soir. Je serai juste en train de sortir de cure et je ne boirai que du jus d'orange, mais je pourrai quand même bien m'amuser. Pas d'alcool, bien sûr, mais je sens qu'il faut que je continue cette cure encore quelques jours, car ça me fait du bien.

COMMENT ET POURQUOI JE SUIS VENUE À LONDRES

Nous devons puiser dans des ressources qui nous dépassent – en utilisant la Loi de l'Attraction – sans quoi la vie serait un combat. D'ailleurs, j'ai trouvé mon premier emploi dans cette ville rien qu'en utilisant la Loi de l'Attraction.
L'histoire débute à l'époque où j'étudiais encore à la Oxford Brookes University, en 98 et 99, dans le cadre de mon European Business Studies programme (dont la plus grande partie se déroulait en France). Puis, en mai 2008, pratiquement dix ans après l'Angleterre, j'ai décidé de revenir dans ce pays pour un week-end et d'en profiter pour revoir une amie d'enfance, Géraldine, avec qui

j'avais grandi à Nantes et qui venait de donner naissance à une petite Lola.
Après lui avoir rendu visite à Brighton, ainsi qu'à mon petit ami de l'université, Kai, à Londres, j'ai décidé qu'il était temps pour moi de rentrer. Bien que j'aie toute d'abord passé un peu de temps en France avec ma mère, à mon retour, je me suis tout de suite mise à chercher un emploi en Angleterre et j'ai postulé à divers postes. Puis, peu après être rentrée aux USA, je me souviens avoir déclaré avec conviction que je désirais un job bien rémunéré à Londres, où tout se mettrait bien en place pour moi, et c'est exactement ainsi que les choses se sont passées. Une semaine plus tard, j'ai en effet reçu un e-mail de Geneviève, à qui je dois beaucoup. Il faut que je la remercie de m'avoir trouvé cet emploi, et je vais reprendre contact avec elle parce que j'ai l'impression que ce chapitre – celui de mon job à Londres – n'est pas complètement terminé. Je tiens à la remercier de m'avoir embauchée, et lui expliquer par la même occasion où cela m'a conduite. Comme ça, j'aurai l'impression de boucler la boucle. Il y a là une leçon importante : s'il vous arrive la même chose, veillez à ce que tout soit réglé et bouclé avec toutes les personnes impliquées, à ce que tout ait été dit, et à bien exprimer votre reconnaissance. Faites-le quand vous éprouverez de la gratitude pour ce que vous aurez appris et où vous en serez ensuite dans la vie. Il y a aurait beaucoup à dire sur la façon dont on peut résoudre ses problèmes passés en agissant ainsi.
Revenons à nos moutons. J'ai donc reçu un e-mail peu avoir fait ma déclaration à l'univers, puis, après plusieurs entretiens avec mon futur patron, Peter (le PDG de cette

entreprise), j'ai décroché le poste. Je savais que c'était le job que je voulais attirer et Peter le savait aussi. On n'a même pas eu besoin de se rencontrer en vrai. Un mois plus tard, j'ai fait mes valises, j'ai vendu toutes mes affaires et ma voiture, j'ai trouvé des gens pour reprendre mon bureau et mon appartement, et j'ai bouclé mes comptes, tout cela grâce à la Loi de l'Attraction. Ensuite, j'ai passé six mois dans cette entreprise londonienne, au cours desquels j'ai appris de nombreuses leçons dont j'avais besoin pour réussir le nouveau chapitre de ma vie dans lequel je suis désormais. Voilà pourquoi je me sens très reconnaissante pour toute cette expérience.
Je me sens tellement dans le *flow* que je n'en dors plus. Je suis super excitée. Je me réveille très tôt le matin, la tête remplie de nouvelles idées. C'est d'ailleurs pour favoriser et soutenir cette créativité que je lis actuellement *The Artist's Way*, et j'entame la Semaine 1 du programme de ce livre cette semaine-ci. Je me sens en pleine forme, je vis mes rêves et je me laisse porter par ma passion.

SAVOIR GÉRER LES HAUTS ET LES BAS

Cela dit, il est important de savoir équilibrer son énergie, car j'ai tendance à m'enthousiasmer à l'excès pour une chose, mon énergie monte, monte, puis... C'est l'équilibre de la vie. J'ai appris cela notamment de Laura, qui l'a appris elle-même du Dr John Demartini. Donc, il est important d'équilibre les bonnes et les mauvaises nouvelles, car il nous arrive des choses, dans la vie, qui nous font redescendre des sommets que nous atteignons par moments. En d'autres termes, il est important de cultiver une énergie stable, et j'apprends justement à mieux contrôler cela. Une manière d'y parvenir, que je trouve efficace, consiste à s'occuper de plusieurs projets de front. Par exemple, en ce moment, oui, je suis toujours à la poursuite d'une carrière à la TV, mais je travaille aussi sur mon livre et sur mon CD, et toutes ces choses s'équilibrent les unes les autres. De la sorte, une bonne nouvelle sur un front peut en compenser une mauvaise sur un autre front. Il est important de ne pas mettre tous vos œufs dans le même panier, comme on dit, et d'avoir à disposition plusieurs options qui s'équilibrent les unes les autres, pour éviter d'être trop sous pression (en faisant donc attention à ce que la pression propre à chaque projet ne s'additionne pas) et pour vous aider à trouver la bonne dose d'énergie afin de continuer d'avancer horizontalement. Vous me suivez ?

J'ai l'impression que plus je m'entraîne, moins je connais de passages à vide ; mon niveau d'énergie reste plus stable et les choses vont mieux. Avec un peu d'entraînement, j'arrive à changer plus rapidement d'énergie. Tous les outils que je partage avec vous dans ce livre m'aident précisément à préserver un niveau d'énergie constant. Ça marche ! J'adore ça. Ces méthodes sont vraiment géniales, vous savez !

IL N'Y A PAS DE COÏNCIDENCES

J'espère que ce livre vous montre clairement comment utiliser la Loi de l'Attraction. Cela ne demande pas beaucoup de travail. Oui, ce phénomène comporte divers aspects, mais une fois que vous êtes lancé, les choses coulent d'elles-mêmes, l'inspiration vous vient pour savoir quoi faire et vous vous sentez bien. Il n'y a pas de lutte. Il ne s'agit pas non plus de faire des listes de choses à faire. Il s'agit de participer pleinement au plein déploiement de nos projets. Oui, cela demande quand même un certain travail. On ne peut pas simplement rester assis à rêvasser. Mais, comme vous le constatez, tout ce processus est un pur plaisir et les choses se mettent en place d'elles-mêmes au bon moment : tout vient à vous. Je sais que si vous avez attiré ce livre à vous et que vous le lisez en ce moment, ce n'est pas une coïncidence. Il va vous aider à trouver votre voie. Vous avez désormais le choix entre aller de l'avant, tirer des leçons de mon expérience et les appliquer dans votre propre vie... ou pas.

UNE VISUALISATION GUIDÉE GRATUITE, POUR MANIFESTER UNE VIE SAVOUREUSE !

Je vais ajouter une liste de livres utiles sur mon site web (*www.LilouMace.com*). J'en ai découvert beaucoup en mettant en pratique la Loi de l'Attraction. Je vous recommande de les lire, surtout si vous êtes débutant et que vous commencez tout juste à mettre ces choses en pratique. De plus, dans le cadre de la méditation que je m'apprête à enregistrer, j'ajouterai une visualisation guidée pour ceux d'entre vous qui veulent avoir une vie savoureuse : ce sera quelque chose que vous pourrez écouter et visualiser tous les jours. Vous pourrez la télécharger gratuitement à partir de la page d'accueil de mon site. J'y mettrai un bouton et vous n'aurez qu'à cliquer dessus pour télécharger le fichier au format mp3, puis le mettre sur votre iPod ou votre ordinateur, pour l'avoir à portée de main. Ce sera l'une des pistes de mon CD de visualisation, mais je l'offrirai aussi à toute personne qui achètera ce livre, puisque je tiens à ce que chacun de vous puisse manifester le job de ses rêves ! Lorsque vous cliquez sur le bouton, vous aurez besoin d'un mot de passe, lequel sera évidemment… AVOCAT !

L'IMPORTANCE DE LÂCHER PRISE ET DE RESTER OUVERTE

Vous savez, tout ce processus n'a cessé de me rappeler combien il est important de lâcher prise. Au moindre de mes pas, mon mental s'empresse de vouloir tirer des conclusions à tout propos… et je dois donc constamment revenir au moment présent. On a le droit de ne pas avoir toutes les réponses. Il suffit de les demander pour qu'elles nous soient données rapidement. Cette approche nous aide donc à éviter les conclusions du genre, « Ce n'est pas possible », ou « Je ne trouverai pas cela », ou encore « Je n'obtiendrai jamais cela », « Je ne décrocherai jamais le job de mes rêves », « La réalité a prouvé que c'était impossible », « Personne n'a jamais fait ça jusqu'ici », etc.

Non : dès que vous vous surprenez à avoir une telle pensée négative, annulez-la et dites, « J'annule, j'annule », puis recréez-en une autre : « Je suis ouverte à trouver une réponse à cela. Je suis ouverte à découvrir comment financer ce projet. Je suis ouverte à rencontrer les gens qu'il faut. Je suis ouverte à …. » Dites simplement : « Je suis ouvert à envisager cette situation d'un autre point de vue. »

MUSIQUE RELAXANTE

J'écoute en ce moment Naiki, *Canyon Trilogy*. C'est une musique très relaxante. C'est Nina et Marcel qui m'ont offert ce CD. Ce sont de bons amis de la famille, qui sont guides dans le parc national Zion de l'Utah. Je mets ce CD quand je veux me concentrer sur quelque chose et que ça mijote vraiment, comme on dit. C'est une expression de mon ami Hank, d'ailleurs : « Oui, ça mijote, Lilou ». J'ai lu un jour que la musique relaxante ralentit le cœur et nous aide à nous détendre, et qu'on retient mieux les informations quand on est détendu, car on se concentre mieux. Alors, je mettais cette musique de fond quand j'étudiais. Désormais, je l'utilise quand je travaille sur mes divers projets.

SOLLICITER LE SOUTIEN DE LA COMMUNAUTÉ DU CCOR

Je crois vraiment à la force de la communauté, du groupe, et si j'ai pu me forger une vie aussi savoureuse, c'est grâce à tous les membres du « Défi des 100 jours pour tester les lois universelles ». Je crois qu'il est important de bénéficier d'un soutien constant, et c'est justement l'une des choses qui fonctionnent bien avec ce projet de livre : ma mise en pratique de la Loi de l'Attraction m'attire beaucoup de soutien. Je vous encourage à rejoindre notre communauté « Co-Creating Our Reality ». Elle se développe à vitesse grand « V ». L'inscription est gratuite, alors si vous voulez appliquer la Loi de l'Attraction et obtenir le soutien gratuit dont vous avez besoin, rendez-vous sur *CoCreatingOurReality.com*.

Des milliers de personnes, réparties dans plus de 125 pays, se sont lancées là-dedans et font des sessions (saisons) de 100 jours. Il vous suffit de créer votre profil et quand vous commencez une nouvelle saison de 100 jours, ça devient votre Saison N°1. J'en suis actuellement à ma saison N°11, ce qui veut dire que j'ai déjà réalisé 10 saisons complètes du « Défi... ». Chaque fois que vous en faites une, vous déterminez votre intention et vos buts. Vous pourriez par exemple avoir pour objectif de trouver l'emploi de vos rêves en 100 jours ! Vous pouvez bloguer et vidéobloguer durant chaque saison, ce qui conduira d'autres personnes de la communauté à vous apporter leur soutien. Je trouve également extrêmement utile d'annoncer vos buts, vos intentions et vos déclarations à toute la communauté. Vous y trouverez aussi de nombreuses ressources : des informations, des recommandations de livres et des discussions, ne serait-ce que sur la façon de débuter. Dites ce que vous cherchez : vous le trouverez là-bas.

PEUT-ÊTRE UNE AUTRE ENTREPRISE D'IMPRESSION À LA DEMANDE

Je viens d'avoir une discussion avec Sarah, l'une des top-consultantes de BookSurge. Je lui ai demandé plus de détails quant à la flexibilité dont je jouirai avec mon compte Amazon, et en particulier si je peux ajouter ma propre présentation vidéo du livre. J'ai été déçue d'apprendre que cela n'existait pas. Je lui ai ensuite demandé s'il était possible de téléverser la version audio du livre. Sa réponse m'a confirmé que BookSurge n'était pas le bon choix pour moi. Elle m'a dit d'aller me renseigner sur l'Amazon Affiliate programme, ce qui m'a conduite sur CreateSpace (*www.CreateSpace.com*). Et là, j'ai trouvé LA solution que je cherchais : pas de coût de mise en place et seulement deux semaines de délais pour pouvoir être en ligne et obtenir des exemplaires de mon livre. Ce qui fait que je serai prête pour la Foire du Livre de Londres. Quel soulagement !

UN PARFUM DE RÉUSSITE

Je sens vraiment que ça va être un gros succès. Je me sens tellement portée : ce projet est parfaitement aligné avec tout ce que je veux, je ne laisse pas mes peurs me faire obstacle et je vais de l'avant avec confiance. Tout cela me procure tellement de joie que l'issue ne peut qu'être positive. J'ai l'impression que j'attire à moi tout ce dont j'ai besoin, sans aucune difficulté : toutes les personnes et les ressources qu'il me faut. Ce qui ne veut pas dire que je ne travaille pas – je peux vous dire que je bosse jusque tard dans la nuit pour que tout cela s'organise – mais c'est vraiment un plaisir, et je m'amuse beaucoup à me concentrer sur ce qui est possible, au lieu d'inventer de nouveaux obstacles, alors je me sens vraiment reconnaissante pour toute cette expérience.

COMMENCER LA JOURNÉE PAR UNE CHANSON

Je me suis réveillée ce matin en chantant, « Le soleil vient de se lever, encore une belle journée... l'ami du petit déjeuner, l'ami Ricoré ». C'était une pub à la TV en France, dont plein de gens se souviennent certainement. Parfois, c'est un air de musique qui nous met de bonne humeur. Cette pub, il faut dire, comprend plusieurs éléments qui ne sont pas vraiment en rapport avec ma situation physique actuelle. Il n'y a pratiquement pas de soleil en Angleterre. Je ne prends pas de petit-déjeuner, puisque je fais ma cure de jus de citron (j'en suis au quatrième jour), et je ne bois pas non plus de café. Oui, *je suis française, mais je ne bois que du thé*. Quoi qu'il en soit, au niveau émotionnel, cette chanson me stimule chaque fois que je l'entends. Et vous, qu'est-ce qui pourrait vous mettre de bonne humeur, en début de journée ?

DÉJEUNER AVEC LE CO-PDG DE WAYN

Je viens de déjeuné (euh, de prendre une infusion de menthe poivrée) avec Jérôme Touze, comme prévu, dans un resto italien. Il est Co-PDG de WAYN (*www.wayn.com*), une entreprise qui est passée de 45'000 utilisateurs en mars 2004 à 13 millions à l'heure où j'écris. Quelle histoire fantastique ! Bref, ce type avait 29 ans et a lancé WAYN à ses heures perdues avec deux amis, tout en travaillant à Londres comme consultant pour une grande boîte de consulting. Il est désormais l'une des personnes les plus réputées de cette industrie.
Jérôme croit qu'on finit tôt ou tard par récolter ce qu'on sème, et il a toujours vécu d'après ce principe. C'est un Français très ouvert et charmant... et célibataire, Mesdemoiselles !

UN AUTRE PHOTOGRAPHE ?

Me voilà rentrée chez moi. Je continue de libérer tout le potentiel de la Loi de l'Attraction, de la vivre. Je suis en train de monter l'événement pour le CCOR, d'attirer le graphiste pour la couverture du livre et pour l'intérieur, ainsi que le photographe. J'ai contacté mon ami, le photographe Steven Martine, mais il ne peut pas venir. Par contre, j'ai reçu un e-mail d'une autre photographe, basée en Angleterre, et je lui ai parlé et il semble que le jeune qui se forme chez elle pourrait être la personne idéale pour ce job, alors j'envisage de faire appel à lui. Il est justement là, à Londres, alors ça marcherait bien. Je vais donc finaliser ça.

Je fais un entretien avec Brian Johnson de *PhilosophersNotes* pour une vidéo de cinq minutes sur YouTube, puis, dans l'après-midi, je me rends à un séminaire sur la Terre, qui devrait être assez inspirant. Je m'en réjouis d'avance.

N'ARRÊTEZ PAS DE DEMANDER !

Vous savez, hier, j'ai constaté que j'atteignais une sorte de plateau dans mon niveau d'activité. Je faisais des trucs – j'ai beaucoup travaillé, je n'arrêtais pas de faire plein de choses –, mais j'ai remarqué que mon niveau d'énergie baissait, alors même que j'aimais bien ce que je faisais. Ce matin, j'ai pris conscience que j'avais arrêté de demander. Je crois que c'est quelque chose d'important car, pour être soutenue, l'énergie doit toujours être en mouvement et si l'on arrête de demander, on arrête de recevoir ; voilà pourquoi il faut constamment en demander davantage, que ce soit des conseils, de l'aide ou autre chose. Si je ne continue pas à demander d'autres choses – si je ne me maintiens pas dans le courant en demandant et en rêvant – je vais sortir du *flow* et, par conséquent, les choses vont commencer à me paraître un peu fades. Alors, je m'ouvre à nouveau, je recommence à demander, à me mettre en mode « requête ». Je m'efforce de rêver encore plus et, en particulier, de m'ouvrir pour attirer le titre de mon livre. Je voudrais l'attirer de telle manière que je serai absolument certaine que c'est bien cela. Je veux que ce titre parle à des millions de gens, qu'il aille bien avec la couverture et le contenu du livre, et bien sûr qu'il incite beaucoup de gens à l'acheter, car ils auront compris grâce à ce titre que ce livre a exactement le contenu dont ils ont besoin en ce moment.

UN NOUVEAU PHOTOGRAPHE, DE NOUVELLES IDÉES

J'ai eu l'occasion de parler avec l'étudiant photographe, Jack Latimer (*www.laterus.co.uk*). En tant que photographe, je pense qu'il peut en partie me guider, mais il faut aussi que je réfléchisse de mon côté et que je pratique l'art de permettre. J'ai aussi envie d'attirer le graphiste de la couverture, car jusqu'ici j'ai un peu fait de résistance, de sorte que rien n'arrive. Peut-être que ça ira un peu mieux quand j'aurai les photos, quand j'aurai notamment celle de la couverture sous les yeux. Donc, mieux vaut ne pas m'inquiéter pour le moment. Je prends les choses une à une, tout en les laissant se produire à leur rythme.

EN PRÉVISION DE L'INTERVIEW DE BRIAN JOHNSON

Je suis prête à interviewer Brian Johnson à 9 h, dans 40 minutes. C'est lui qui a créé *www.philosphersnotes.com*, où l'on peut télécharger 52 livres que je vous recommande vivement. Je vais lui demander comment il s'est lancé et comment il fait pour être aussi productif, car il a déjà réalisé beaucoup de choses. Je souhaite également connaître quels sont ses livres favoris et quels sont ses projets à venir. Ce sera un entretien de 5 minutes que je mettrai ensuite sur ma chaîne YouTube. Je me réjouis déjà. En cinq minutes, il va me donner des infos qui seront utiles à beaucoup de gens. J'ai le sentiment qu'il y aura beaucoup de réactions en ligne.

IL N'EST PAS MAUVAIS D'EN VOULOIR TOUJOURS PLUS

Ma mère avait l'habitude de me dire que rien ne me satisferait jamais, que je n'arrêtais pas de rêver. Et maintenant que j'y repense, si c'est comme ça qu'on m'a éduquée, ce n'est pas étonnant qu'une partie de moi considère qu'il est mal d'en demander toujours davantage. Grâce à ce que je fais actuellement, je me rends compte combien il est important de rêver et d'en demander toujours plus, et que c'est même l'essence de la vie. Nous sommes là pour cela. Je ne crois pas qu'il faut se sentir coupable d'en demander plus. Au contraire, nous devrions nous autoriser à recevoir encore plus de choses, à mesure que nous les demandons.

BRIAN JOHNSON : UN ENTRETIEN INSPIRANT

Je viens juste de terminer l'interview de Brian Johnson. On peut la trouver sur *http ://www.youtube.com/watch?v=6ZyUxy-FieA*. Je me trouve bien chanceuse d'avoir pu rencontrer deux personnes remarquables en deux jours, des vrais leaders, qui ont non seulement une activité prospère, mais aussi un impact remarquable dans le monde.
Brian faisait partie de Zaadz.com qui a été racheté par Gaia.com, une communauté très inspirante. Il a vendu son entreprise en 2007 et a ensuite décidé de commencer à enregistrer des versions audio de tous ces livres, et d'en condenser les grandes idées. Ce sont les livres de développement personnel les plus étonnants qu'on puisse trouver. Je les ai pratiquement tous lus, mais ne trouvez-vous pas que c'est une idée géniale de les avoir tous condensés en singles de 18 minutes, au format mp3 ? Par exemple, vous trouverez là *Les 7 lois spirituelles du succès* de Deepak Chopra, *Les 7 habitudes de ceux qui réalisent tout ce qu'ils entreprennent* de Stephen Covey, *Le pouvoir de l'intention* par Wayne Dyer, *Nouvelle Terre* d'Eckhart Tolle, *Demandez et vous recevrez* d'Esther et Jerry Hicks, *Les secrets d'un esprit millionnaire* de T. Harv Eker. Que de livres géniaux ! J'ai vraiment de la chance d'avoir rencontré Brian et d'avoir la technologie pour faire cette interview, car il vit à Bali et je l'ai appelé de Londres.

BRIAN RECOMMANDE DE MÉDITER CHAQUE JOUR

Au fait, ce n'est que tout récemment qu'il a déménagé à Bali. Il vivait avant à Los Angeles, mais il est parti là-bas pour se recentrer sur son entreprise et poursuivre ces enregistrements tout en vivant agréablement. Chose intéressante, il dit qu'il lui a tout de même fallu sept ans avant de découvrir sa véritable passion. Apparemment, il médite tous les jours. Dans son cas, c'est une heure par jour, mais il recommande à chacun de trouver la durée qui lui convient, l'important étant de le faire quotidiennement. Il y a vraiment toutes sortes d'outils et de méthodes à notre disposition, et on finit par trouver ce qui nous convient. Si vous ne savez pas quel outil vous correspond, si vous n'arrivez pas à identifier ce qui est juste pour vous, demandez de l'aide et soyez prêt à découvrir de quoi il s'agit, puis consacrez-vous à une activité en particulier. Pour ma part, j'ai deux petites visualisations que je pratique tous les jours, pendant 10 minutes. Je fais aussi du reiki, ainsi que les vidéos qui font partie de mon « Défi de 100 jours... ». Ce sont toutes ces activités qui m'aident à tenir dans la durée.

En tous les cas, bien joué, Brian ! Je crois que tu es un exemple fantastique de ce qui est possible quand on s'ouvre à la possibilité d'avoir un pouvoir illimité et de le laisser se manifester à travers soi, en appréciant notre moi authentique.

RÉSISTER À LA TENTATION DE QUITTER LA VOIE QUI M'EST NATURELLE

Je viens de recevoir un e-mail de Chenelle (*http://www.cocreatingourreality.com/profile/profile/Chenelle*). Elle est l'une des membres anglaises du CCOR. C'est aussi elle qui s'est proposée pour tenir à jour le compte Twitter du CCOR (*www.twitter.com/ccor*). Elle m'écrit ceci : « Je ne sais pas si tu continues de concevoir des sites web, mais je connais quelqu'un qui cherche une personne pour faire le sien, pour 3000 £. » Vous savez quoi ? C'est très tentant, pour moi, que de répondre, « Oui, je m'en charge », mais j'ai dit non, alors que j'aurais bien besoin de cet argent. Mais j'ai aussi conscience que ça me ferait dérailler. J'ai envie d'augmenter la mise, dans la façon dont je manifeste l'abondance et de nouvelles idées, et de mettre toutes les chances de mon côté pour gagner à mon propre jeu, en suivant ma passion. J'ai donc décliné. Malgré cela, je dois reconnaître que c'est une décision qui peut varier d'instant en instant : je reste en partie attirée par des offres d'emploi tentantes (qui me garantiraient ma sécurité financière !), mais qui m'éloigneraient de la voie qui m'est naturelle, à savoir celle que je suis actuellement. (Je viens de m'autocensurer : je me suis empêchée de dire que la chose naturelle, pour moi, serait d'aller vers l'argent qui s'offre à moi !) Les choses vont plutôt bien, pour moi, mais j'ai malgré tout ce réflexe conditionné que développe en nous la société, qui nous pousse à prendre des jobs rassurants (mais qui tuent notre esprit), et je dois aussi y résister. En ce moment, je me sens fermement engagée à vivre le meilleur qui est en moi, animée d'un but, et à m'autoriser à remporter la partie et à bien gagner ma vie en faisant ce que j'aime.

« WHAT ON EARTH ARE WE DOING » : L'ÉVÉNEMENT

Je me rends à l'événement « What on Earth are we doing ? » (*Que faisons-nous au monde ?* ») Ces gens font un « tour du monde » (Hong Kong, Sydney et Londres). Je vais y passer toute l'après-midi, jusqu'à 21 h 30.

Là, on est en train de prendre une petite pause, après le symposium « Soyez le changement » qui s'est déroulé à Earl's Court, Londres, et je suis vraiment contente d'être là et de participer à cette discussion. J'en ai des frissons partout, car c'est vraiment le bon moment pour cela. Ce symposium traite essentiellement du changement climatique, ainsi que des modifications en matière de justice sociale et spirituelle qui doivent intervenir dans ce monde, pour que notre existence y soit durable. Un échange absolument génial vient d'avoir lieu, avec plusieurs milliers de participants.

Nous avons évoqué nos rêves, par exemple. Nous désirons tant de choses – on veut plus de ceci, plus de cela – dont une grande partie est matérielle, alors qu'il y a en nous quelque chose d'autre qui demande à être satisfait. Ils ont parlé des rêves, mais surtout de l'idée d'être un rêveur éveillé. C'est le sentiment que j'ai, justement, depuis que je me suis lancée dans cette aventure et que j'ai entrepris la rédaction de ce journal/livre. Ce projet m'a rendue consciente de toutes les horreurs qui se produisent dans le monde et, en même temps, de toutes les

possibilités qui s'offrent à nous pour améliorer ce monde, et des transformations positives en cours.
Chacun d'entre nous a un rôle à jouer. J'ai donc envie de vous demander, « Quel est votre rôle, sur cette planète ? Où voulez-vous aller ? Qu'avez-vous envie d'enseigner à vos arrière-petits-enfants ? Que souhaitez-vous pouvoir leur répondre quand ils vous demanderont, "Quelle influence as-tu exercée sur le monde ?" ? »
Voilà de quoi nous parlons dans cette vaste salle, et c'est vraiment génial d'y prendre part, d'assister à tout cela et de sentir que nous ne sommes qu'Un. C'est vraiment une certitude pour moi : nous ne sommes qu'Un.

LAISSER LA VIE S'ÉCOULER À TRAVERS NOUS

Lynne Twist, Roger Hamilton et Marcia Martin ont été des orateurs exceptionnels !
Marcia a expliqué les stades de développement de notre vie (certains d'entre nous sont des victimes, puis ils prennent conscience qu'ils sont responsables de leur situation, puis ils se laissent porter par la vie, avant de se relier autres, de s'abandonner et de lâcher prise).
Lynne Twist, auteur de *The Soul of Money* a jeté un éclairage sur divers aspects de l'économie. Elle nous a dit qu'elle peut infuser une âme à l'argent, que ce qui se passe actuellement au niveau économique nous pousse à trouver le moyen de collaborer les uns avec les autres, et qu'il est inutile de diaboliser l'ancien système, car il a rempli sa fonction. C'est l'engagement qui nous fait avancer et alors la vie œuvre à travers nous : c'est exactement comme ça que je ressens les choses.

Tel que je vois les choses, à mesure qu'elles avancent, plus vous laissez la vie vous traverser, plus elle vous entraîne en des lieux inattendus, vous faisant faire des rencontres imprévues, et ainsi votre équipe se forme, l'argent apparaît et le sens des choses se révèle : c'est génial. Je suis très reconnaissante d'être là ce soir, d'avoir pu assister à tout cela et de pouvoir le partager avec vous maintenant.

CONSACREZ-VOUS À QUELQUE CHOSE QUI VOUS DÉPASSE

S'il y a une chose qui a été répétée plusieurs fois, c'est l'importance de viser plus haut et plus loin que soi-même, de prendre un *engagement*, de se consacrer à quelque chose qui nous dépasse. Dans mon cas, je me suis engagée à sortir mon livre, mais pas seulement pour le livre lui-même, surtout pour qu'il puisse inspirer des millions de personnes ayant perdu leur emploi, qui ont peur et qui aimeraient vivre une vie savoureuse.

C'est ce qui me donne l'énergie de faire avancer ce projet à la vitesse de la lumière. Voilà pourquoi les choses arrivent si vite, pourquoi ce livre prend vraiment forme en si peu de temps, pourquoi j'ai tant de facilité à l'écrire, alors que le processus – dans son ensemble – est loin d'être facile. Je me sens portée jusqu'à ma destination et je souhaite à tout le monde de connaître ce sentiment-là. Si nous lâchons les rames et que nous laissons les choses se faire, alors tout se déploie automatiquement pour nous. Oui, je sais, ce n'est pas facile, car la peur est là : on se dit qu'on n'aura pas assez d'argent, par exemple.

Mais si l'on accepte qu'il y a assez d'argent, celui-ci nous arrive effectivement en cours de route, les choses se transforment. J'avais vraiment besoin d'entendre à nouveau ces idées. C'est pour cette raison qu'on participe à des séminaires et ateliers.

J'ÉTAIS UNE ACCRO DU SHOPPING

Un autre truc intéressant que j'ai entendu à ce congrès, c'est que le fait de dépenser de l'argent peut être simplement un moyen de se faire du bien quand on se sent seul. En d'autres termes, on s'achète des choses pour compenser l'insatisfaction profonde qui est la nôtre. Et, franchement, c'est l'état dans lequel j'ai été durant les six mois où j'étais à mon ancien poste. Jamais je n'avais dépensé autant, bien plus que nécessaire ! C'est triste à dire, mais c'était bien ma réalité à l'époque. Le seul moment où je me sentais enfin bien, dans toute la semaine, c'était celui où j'allais m'acheter je ne sais combien de fringues. Ces achats me faisaient plaisir – je me sentais bien – et je me disais que c'était comme ça qu'on vivait à Londres, d'après ce que m'avaient dit certaines sources négatives avant que j'y emménage. Je n'avais pas vraiment réfléchi à cette idée et j'ai simplement pris mes quartiers dans cette ville. Oui, j'aime encore faire du shopping et porter de beaux habits, mais désormais ce n'est plus un comportement qui compense un vide.

AYEZ DE LA GRATITUDE ET LE BONHEUR SUIVRA

Ce soir, je suis allée me réapprovisionner pour ma cure de jus de citron (j'en suis au 5e jour), et j'ai aussi acheté de belles fleurs rouges pour ma chambre. Elles sont magnifiques. J'ai hâte de les avoir sur mon bureau – le coin carrière de ma pièce – où je dois mettre de l'eau, d'après le feng shui. Il faut que je m'en souvienne : le métal et l'eau sont les éléments les plus importants de la zone carrière, qui correspond au nord de ma pièce, où j'ai justement mon bureau. Oui, c'est là que je mettrai ces fleurs. Elles iront très bien avec le thème de la chambre, y ajoutant une touche d'harmonie, ce qui me rendra encore plus reconnaissante. Et vous savez ce qu'on dit : la gratitude est le vrai don de la vie. Ce qui nous rend encore plus heureux, c'est d'être présents à ce que nous avons, dans le contexte actuel. C'est quelque chose de très efficace. À une époque, dès mon réveil j'énumérais cinq raisons d'éprouver de la gratitude et je refaisais la même chose au moment du coucher. Depuis, j'ai acquis cette habitude durant 100 jours d'affilée, ce qui fait que je le fais à tout moment, dans la journée, pour les choses les plus infimes comme les plus importantes : je remercie et j'exprime ma gratitude. Pour atteindre le bonheur, ce n'est pas une fois que vous êtes heureux qu'il faut dire merci : exprimez votre gratitude et vous serez heureux !

Voici d'ailleurs l'une de mes citations favorites : « *Ce n'est pas le bonheur qui éveille notre gratitude, c'est la gratitude qui nous rend heureux.* »

- Br. David Steindl-Rast

J'AI PERDU MON JOB ET ÇA ME PLAÎT

Je n'arrive pas à me sortir de la tête la chanson de Katy Perry, « I kissed a girl and I liked it » (J'ai embrassé une fille et ça me plaît). C'est un tube très populaire, qui me tourne en permanence dans la tête, sauf que je dis toujours « I lost my job and I liked it » (J'ai perdu mon job et ça me plaît), à la place. Ça me fait du bien de chanter ça. Depuis mon réveil, ce matin, je me dis que c'est ça que je devrais utiliser comme titre de mon livre. C'est tout à fait le genre de choses qu'on mettrait en en-tête d'un blog. J'envisage même de télécharger les paroles de cette chanson et de les adapter à ma situation, puis de l'enregistrer et d'en faire une vidéo que je mettrais sur YouTube, pour que ça fasse un buzz. Ça ferait passer l'info, et si les gens veulent en savoir plus, ils n'auraient qu'à acheter le livre. Ce serait assez amusant à réaliser. Oui, ce n'est pas une coïncidence si j'ai cet air dans la tête depuis le tout premier jour. Le côté amusant de ce titre n'est pas une mauvaise chose. Ça peut aider les gens à envisager autrement la perte de leur emploi ! Chanter ces paroles est un bon moyen de changer d'humeur, non ?

VERS L'AVAL

Sur une rivière, on peut soit se laisser porter vers l'aval, soit remonter en amont, comme le disent Jerry et Esther Hicks dans leurs livres. J'aime bien ce qu'ils écrivent. Ils représentent une grande source d'information sur la Loi de l'Attraction. J'ai surtout aimé leurs deux livres *Demandez et vous recevrez* et *Le fabuleux pouvoir des émotions*. Pour eux, aller vers l'amont c'est lutter contre les résistances, faire des efforts, ce qui demande de la détermination et la volonté d'y arriver coûte que coûte. Alors qu'aller vers l'aval signifie prendre les choses comme elles viennent, se laisser porter par le courant, profiter du voyage et se concentrer avant tout sur ce qui nous fait du bien. C'est exactement ce que je ressens en ce moment. Depuis le début de ce livre, j'ai laissé les choses se passer d'elles-mêmes. Après mon licenciement, je me suis dit, « Je vais me laisser porter par cette vague », et le trajet est de plus en plus chouette !

DES PAROLES CONTAGIEUSES ?

Je viens de travailler sur ce projet de chanson, et c'est vraiment ça que je dois faire. J'adore ça. Le livre et la chanson s'intituleront tous les deux « J'ai perdu mon job et ça me plaît » :

Ce n'était pas ce que j'avais prévu
Pas mon intention
Je m'ennuyais tellement, stylo en main
La récession a frappé
Ce n'est pas à cela que je suis habituée
Juste envie d'aller de l'avant
Je suis de nouveau curieuse
Au revoir, dépression

J'ai perdu mon job et ça me plaît
Le goût de cette crise délirante
J'ai perdu mon job, je ne le nie pas

Et je vais donc trouver le job de mes rêves
Ça me semble si juste
Ça me semble si bon
Je ne me soûlerai pas pour autant ce soir
J'ai perdu mon job et ça me plaît
Ça me plaît

Désormais, je ne me sens plus pareille
Les choses vont mieux
C'est un jeu, une expérience
Une deuxième nature
Je n'en ai pas l'habitude
Je ne me comporte ainsi d'ordinaire
Mon cœur n'est plus confus
Et ne peut plus trahir

J'ai perdu mon job et ça me plaît
Le goût de cette crise délirante
J'ai perdu mon job, je ne le nie pas
Et je vais donc trouver le job de mes rêves
Ça me semble si juste
Ça me semble si bon
Je ne me soûlerai pas pour autant ce soir
J'ai perdu mon job et ça me plaît
Ça me plaît

Ma vie est désormais magique
Plus de stress, plus de patron, c'est possible
Une autoroute vers le bonheur
C'est super, vous devriez essayer
Je me sens vraiment bien, maintenant

J'ai perdu mon job et ça me plaît
Le goût de cette crise délirante
J'ai perdu mon job, je ne le nie pas
Et je vais donc trouver le job de mes rêves
Ça me semble si juste
Ça me semble si bon
Je ne me soûlerai pas pour autant ce soir
J'ai perdu mon job et ça me plaît
Ça me plaît

C'est drôle, non ? J'envisage de l'enregistrer en studio. Avec des photos et une vidéo en tête, j'ai regardé la façon dont se présente Katy Perry, celle qui a écrit et qui chante la version originale de cette chanson. J'aime bien ses clichés – superficiellement innocents, mais ouverts à interprétation – alors je vais peut-être faire quelque chose de similaire, sauf qu'au lieu d'utiliser une pastèque, pourquoi ne pas prendre un avocat ? En combinant cela à mes idées précédentes, je devrais enfin avoir la couverture de mon livre !

J'ANTICIPE MA RENCONTRE AVEC JACK

Je me réjouis de rencontre Jack Latimer, l'étudiant photographe. J'admire son travail. Il est jeune, mais doué. Et je crois qu'ensemble, nous allons faire quelque chose de super dans Londres, une ville qu'il connaît très bien (contrairement à mon ami Steven Martine). Lundi après-midi, Jack et moi allons passer en revue nos diverses idées. Je sais qu'il se réjouit de participer à ce projet et qu'il se rend compte que ça peut être une belle opportunité pour lui. Je trouve génial de me dire qu'en suivant la Loi de l'Attraction et en écrivant ce livre, je vais peut-être aider quelqu'un de talentueux et, de manière analogue, être utile à tous ceux qui font partie de l'équipe que j'ai rassemblée pour ça.

MOI, CHANTER ?

11 h 11. Super ! On est samedi matin et je vais chez le coiffeur en chantant ma chanson : « J'ai perdu mon job et ça me plaît ». Pas de doute : c'est le bon titre pour mon livre. Je vais garder ça pour moi, pour l'instant. Je vais prendre contact avec Capitol Records (la maison de production de Katy Perry), car j'aimerais faire les choses comme il faut et obtenir leur accord. Je m'amuse beaucoup avec ce projet ! Je me sens totalement portée. Ouah ! Je n'en reviens pas d'avoir dit que j'allais chanter. Je ne sais pas chanter ! Je chante comme un pied ! Qu'est-ce qui m'a pris. Bon sang, je suis complètement allumée. Est-ce que je peux vraiment faire ça ?

AU TOP, APRÈS UNE FÊTE SUR UN TOIT D'IMMEUBLE

Je me suis bien amusée hier soir à la fête pour les célibataires, que j'ai organisée sur le toit d'un immeuble. Environ 150 personnes sont venues. Maintenant je suis sûre que je ferai la même chose pour le lancement de mon livre. On est super bien, là-haut. Surtout à la fin avril, où l'on aura sans doute un peu de soleil. C'est un club haut de gamme, très bien tenu : on voit que c'est Sir

Richard Branson qui est derrière. Ce matin, après cette soirée réussie, je me sens toute enthousiaste. J'ai très peu dormi. Je n'arrive pas à rester au lit, le matin : mes colocataires trouvent cela très amusant, allez savoir pourquoi. Donc, je réfléchissais un peu, ce matin... D'une part, je me suis dit que j'allais continuer de demander, car, comme je le dis souvent, plus je demande, plus je me sens portée.

MUSIQUE

J'ai reçu un e-mail de mon ami Daniel. Je lui avais envoyé les paroles de ma chanson et mon idée de titre, et il a adoré les deux, alors, forte de son approbation, je me lance. Il m'a aussi envoyé la partition de cette chanson, ce à quoi je n'avais pas pensé, comme ça je pourrai demander à quelqu'un de m'accompagner à la guitare. Sinon, je peux aussi télécharger une version karaoké, comme me l'a recommandé Lili Roquelin, et chanter les paroles par dessus.

LES CHOSES VONT VITE

Tout arrive très vite, je dois l'admettre, mais je suis quand même surprise que les gens autour de moi soient si étonnés de la vitesse à laquelle les choses se mettent en place : « Quoi ? Tu écris un livre en quatre semaines ? Mais comment tu fais ? » Eh bien, je laisse simplement les choses se faire, et ce processus assez complexe s'effectue ainsi de lui-même, sans effort. Pour vous dire la vérité, si je m'étais assise pour envisager tout cela posément dès le début, en prenant en compte tous les détails de cette entreprise, je me serais sans doute sentie découragée. Mais j'avais simplement une vision et je l'ai laissée se déployer toute seule, en n'en entrevoyant que quelques étapes à l'avance et en me laissant guider par l'inspiration.

DES IDÉES POUR LA VIDÉO DE LA CHANSON

Je suis en train de me dire qu'au lieu de faire une vidéo pour la chanson, je pourrais tout aussi bien utiliser des extraits des vidéos de ma playlist « De la perte de mon emploi à l'emploi de mes rêves » (*http ://www.youtube.com/view_play_list?p=C9EFCF9BF0D4DB7A*), en y ajoutant quelques photos de la séance qu'on va faire cette semaine. Je me dis que ça pourrait vraiment bien marcher, sans exiger trop d'efforts : du montage, oui, mais aucune prise de vue. En plus, je veux que cette vidéo – comme le livre – soit authentique et amusante !

LOI DE L'ATTRACTION, MÉTRO ET PARKING

Ça me fait souvent rire quand mes amis me disent, « Le métro ne passe à Kensington High Street que toutes les 15 minutes, alors tu risques d'attendre ». Je m'attends toujours à ce que le métro soit là quand j'arrive, et c'est généralement le cas. D'ailleurs, c'est comme ça avec tout ce que je veux attirer. Quand je vivais dans le district River North du centre de Chicago, je n'avais pas de place de parking à moi. Je m'attendais toujours à trouver une place là où j'en avais besoin, et ça marchait à chaque fois, juste devant mon allée. Les gens en étaient stupéfaits, notamment mon concierge, avec qui c'était devenu un sujet de blague quotidien. Alors, essayez la Loi de l'Attraction sur de petites choses comme ça. Commencez par une place de parking, avant de demander 10'000 euros (ou d'autres requêtes importantes qui pourraient vous faire douter). Je crois que vous serez surpris par l'efficacité de la Loi de l'Attraction et par la vitesse à laquelle vous allez prendre confiance.

JE SOLLICITE À NOUVEAU UNE GUIDANCE

Je demande à la Vie de m'éclairer et de me donner de nouvelles idées pour mon livre. Je devrais peut-être lancer un groupe autour du livre ?

À QUELQUE CHOSE, MALHEUR EST BON

Une soi-disant catastrophe avec mon iPhone s'est finalement révélée être une bénédiction. Je transférais des données de mon iPhone vers mon nouvel iMac, et j'ai écrasé tous mes contacts : je me suis ainsi retrouvée avec 2000 e-mails dans mon portable, mais plus aucun numéro de téléphone ! « *Merde alors !* », me suis-je dit. Par conséquent, la nuit dernière, j'ai passé en revue chacun de ces e-mails, un par un, dans l'intention de les détruire. Ça s'est avéré une excellente occasion de me rafraîchir la mémoire sur toutes les personnes avec qui je suis en contact, et d'envisager du même coup qui pourrait contribuer à la promotion de mon livre. Par exemple, j'ai retrouvé des e-mails de Harpo Studio – où enregistre Oprah Winfrey – datant de l'époque où ils ont fait une séquence d'une minute sur 18 participants au « Défi... », qui devait passer dans leur émission sur la Loi de l'Attraction. Au final, ils ne l'ont pas utilisée, mais j'ai gardé tous ces contacts ! Sans ce gros problème de portable, je n'aurais sans doute jamais retrouvé ces contacts, car je n'avais pas étiqueté ni indexé mes mails.

LIVRES AUDIO

Je viens d'acheter sur Amazon la version audio du livre *The soul of money* de Lynne Twist. Ça me permet de l'écouter dans les transports publics. Je pense que ce sera un grand livre, riche en prises de conscience. Ce qui me fait penser que je devrais sans doute également réaliser une version audio de mon propre livre. J'aime bien acheter des livres audio. J'en utilisais beaucoup quand j'avais une voiture, qui était devenue une véritable bibliothèque. Pour peu, les embouteillages de Chicago me manqueraient rien que pour cela ! Très inspirant. À Londres, j'ai le métro.

LA MISE EN PAGE DU LIVRE SE PRÉCISE

Me voici au 8e jour de ma cure de jus de citron. J'étais justement en train de consulter un reportage magnifiquement présenté, en couleur, d'IBM, intitulé « L'entreprise du futur ». C'est le titre qui m'a interpellée, car j'ai envie d'avoir une vision globale de la façon dont les entreprises sont susceptibles d'évoluer à l'avenir. En le feuilletant, mon attention a été retenue par le titre du chapitre 2. Il y quelque chose dans la mise en page qui me plaît. Du coup, la présentation de ma propre collection de livres commence à être plus précise à mes yeux. J'envisage maintenant d'utiliser des lignes vraiment très épurées, avec une photo de moi au sommet de la couverture. Le bas sera d'une couleur distincte et chaque livre de cette collection aura un code de couleur. Ce livre-ci concerne la recherche d'un emploi. Je choisirai une couleur pour cela, puis je peux utiliser toutes les autres couleurs de l'arc-en-ciel pour les prochains titres. La collection aura vraiment l'air super ! Une fois encore, j'ai le sentiment que c'est la Loi de l'Attraction qui est à l'œuvre, ici : encore un nouvel élément qui se met en place. Quand j'ai vu cette page, je n'ai tout simplement pas pu en détacher les yeux. Une réaction de ce genre est une invitation à passer à l'action.

Je n'ai pas encore trouvé quelqu'un pour faire la couverture, mais je peux faire un essai moi-même et faire quelques tentatives sur Photoshop. J'avais autrefois un vieux site web intitulé MpowerU.com qui n'est plus en ligne, mais sur lequel j'avais mis des infos en fonction des couleurs. L'argent était symbolisé par le vert, le rouge pour l'amour, le bleu pour la paix, etc. Donc, l'idée d'utiliser des codes de couleur m'est familière et je peux facilement m'y remettre. Je vois d'ici mes livres en couleurs sur les rayons des librairies, un arc-en-ciel de la Loi de l'Attraction !

Vous savez, j'aime même la police qui a été utilisée pour ce rapport d'IBM et la disposition des titres : il y a vraiment quelque chose dans cette mise en page ! J'aime son côté propre, esthétique : alors que je crois que j'ai trouvé le format de l'intérieur de mon livre. Il faut que trouve quelle est cette police !

LES LOIS DE LA MANIFESTATION

Je viens de recevoir un beau livre et une carte postale dont me fait cadeau quelqu'un qui a vu mes vidéos sur YouTube et qui me dit :

Chère Lilou,

J'ai achevé la lecture des Lois de la Manifestation et je te l'envoie, comme promis. Je pense que tu apprécieras les éclairages complémentaires qu'apporte cet auteur, fort de ses expériences sur la manifestation. Nous vivons une époque formidable, à mesure que nous découvrons ou redécouvrons tout notre potentiel, et que nous nous y ouvrons. Merci de m'autoriser à partager cela avec toi et à jouer les observateurs. Maintenant, je passe à la vitesse supérieure, chère cocréatrice.

Bien à toi,

Sarah

Et le livre qu'elle m'envoie est *The Laws of Manifestation*, de David Spangler. Sarah m'avait écrit il y a une semaine qu'elle avait absolument adoré ce livre et voulait donc me l'envoyer. Je me réjouis de le lire : c'est excitant ! Comme c'est adorable et généreux de m'en avoir fait cadeau !

UNE MINUTE DE VRAIES NOUVELLES

Je faire une vidéo d'une minute pour YouTube, avec des nouvelles. Depuis ma « sortie du placard », il y a 2-3 semaines, je lis les nouvelles tous les jours et il y a plusieurs choses que je pourrais partager en une minute avec mes auditeurs. Je vais sans doute appeler cela

« Une minute de vraies nouvelles ». Je me disais que je pouvais partager avec vous le contenu de la première vidéo de ce genre que je vais faire, dont la première nouvelle est, « *La Banque d'Angleterre va créer 150 milliards de livres sterling, dont 75 milliards serviront dans les trois prochains mois à aider le Royaume-Uni à s'en sortir et à permettre aux gens de dépenser plus* ». Cette info contraste avec la longue tradition consistant à prévenir l'inflation ! Au point qu'ils n'ont pas la moindre idée de ce que produira cette injection massive d'argent nouveau. La Banque d'Angleterre n'a rien fait de pareil au cours de ses 315 années d'existence : voilà comment réagissent les Britanniques !

« *Les exportations japonaises ont décliné de 45 % au cours des deux premières semaines de février* ». Comme vous le savez, le Japon est un gros exportateur, ce qui veut dire qu'une chute de 45 % va avoir un impact énorme sur l'économie, et Dieu sait ce qui va se passer, mais ça s'annonce mal.

Au cours des six derniers mois, il y a eu des millions et des millions d'emplois perdus. Rien qu'en février, aux États-Unis, « *650 000 emplois ont disparu et, en 2008, 5,4 millions de propriétaires américains – c'est-à-dire 1 sur 8 – n'ont plus été en mesure de rembourser leur emprunt* ». Ce qui représente des milliards d'impayés, et aucune rentrée pour les prêteurs.

Voici donc quelques-unes de ces nouvelles. Je ne fais pas ça pour déprimer les gens : mes vidéos doivent au contraire les inspirer, mais je crois qu'il est aussi important de savoir ce qui se passe. Depuis ma « sortie », je trouve que le fait d'être au courant des faits et des chiffres me donne beaucoup plus de pouvoir que si je restais dans ma bulle à prétendre que tout est parfait.

RENCONTRE AVEC JACK

Je viens de rencontre Jack, le photographe, dans un Starbucks du quartier. C'est vraiment la personne qu'il me faut : quelqu'un d'intelligent et de créatif, passionné par ce qu'il fait. On a parlé des échéances. On va donc faire la séance photo jeudi, en reprenant son idée d'avoir un arrière-plan fort. On fera donc quelques clichés près de Bank Station, au milieu de la City : des clichés très urbains, en pleine heure de pointe... L'idée est d'avoir un arrière-plan très chaotique, pour certaines des photos promotionnelles, et peut-être qu'on en prendra une pour la couverture, je ne sais pas encore. Ensuite, on prendra des photos à l'intérieur, chez moi, dans l'après-midi. C'est fabuleux. Je suis supercontente d'avoir attiré ce photographe. J'ai un très bon feeling. Il a d'excellentes idées ! Je comprends maintenant pourquoi ça n'a pas marché avec Steven ; Jack connaît Londres, il est jeune et créatif... un sang neuf, des idées neuves. Il est de Brixton, au départ, donc il ne fait aucun doute qu'il me fait des suggestions qui n'auraient pas pu venir de Steven, même si c'est un photographe extrêmement talentueux. Tout cela est génial !

Maintenant, pour les photos d'intérieur... Je dois dire que j'aime bien les photos de Katy Perry, sur son site web. Elle arbore de nombreuses expressions innocentes, amusantes, ludiques, drôles et fraîches, que je compte utiliser aussi bien dehors, en opposition à l'arrière-plan dramatique, que dedans. On fera aussi quelques clichés avec mon iPhone, pour que je puisse les utiliser dans mes vidéos. Je suis toute excitée ! C'est tellement chouette de sentir portée comme ça par le courant !

TRAVAILLER ENSEMBLE

Les choses se mettent vraiment en place. J'ai reçu la transcription des mémos de Margie, aux Philippines ; elle a fait du bon boulot ! Et j'ai reçu les corrections faites par Éric, en Écosse. J'ai annoncé les événements du CCOR en ligne et j'ai déjà quelques participants qui ont réservé. C'est drôle de voir comment l'argent circule. Ça va. Je dois payer Éric et Margie, et aussi réserver une maison pour le week-end du CCOR, mais, je ne sais pourquoi, je sens que la Vie me soutient totalement. Même si des peurs se manifestent de temps en temps, j'annule ces pensées négatives et je les transforme, une par une.
En ce moment, je prépare tous les mémos et les enregistrements mp3 de mon iPhone pour que Margie puisse les taper. C'est dingue comment tout s'arrange : j'adore ça. C'est quelque chose de nouveau, pour moi, car avant je faisais tout par moi-même. Il me faut encore dire merci pour ce que j'ai vécu dans ma boîte d'avant, car, sans cela, je ne crois pas que je serais en train de faire ce que je fais aujourd'hui. De plus, j'apprécie encore plus le fait de vivre ma passion, d'avancer vers mon but à moi, après avoir eu cette expérience professionnelle là. J'ai dit un jour que ce sont les contrastes qui nous instruisent, les moments difficiles qu'il nous arrive de connaître dans la vie ; en effet, ils nous aident à déterminer ce que nous

voulons vraiment, ce qui compte pour nous. J'en suis persuadée. Alors, pourquoi ne pas se montrer reconnaissant pour ces contrastes qu'il nous est donné de vivre ? Pour les moments difficiles ? Pour peu qu'on les interprète correctement, ces épreuves nous rapprocheront de là où nous voulons vraiment aller !

DEMANDEZ, ET VOUS RECEVREZ

Je viens de recevoir un e-mail de Camilla, en Norvège :

Salut, Lilou,

Je regarde tes vidéos, dès que tu en mets une nouvelle sur YouTube. Je les trouve tellement inspirantes et je suis sûre que tu vas devenir la prochaine Oprah. Je me réjouis du livre que tu écris et je vais bien sûr l'acheter. Puis-je te demander un conseil, si tu as le temps ? J'adore la mode. Je sais que c'est ma passion, dans la vie, mais j'aimerais pouvoir vivre de ma passion à domicile. À ton avis, comment puis-je atteindre ce but ? As-tu une idée ? Ou connais-tu quelqu'un dans le CCOR qui a le même but et à qui je puisse demander conseil ?

Camilla, de Norvège

Eh bien, chère Camilla…

(Je lui ai répondu, mais je crois qu'elle va adorer ce livre.)

Il faut que tu lises ce livre. Tu as dit que tu allais l'acheter. Tu vas voir pourquoi je t'ai envoyé cet e-mail.

Oui, il y a beaucoup de personnes dans le CCOR (moi y compris, bien entendu) qui vivent leur passion, donc c'est tout à fait le genre de communauté où l'on trouve le soutien qu'illustre notre échange. Je vais d'ailleurs faire une vidéo à ce sujet. Dans ma réponse à Camilla, je lui ai dit que j'intitulerais sans doute cette vidéo « Demandez, et vous recevrez », car je crois qu'elle se trouve vraiment dans une situation où il lui faut demander à être guidée et ne pas oublier de continuer de demander. C'est que souligne ce qui m'est arrivé l'autre jour, quand j'ai eu l'impression que je ne demandais pas assez et, par conséquent, que je ne rêvais plus assez et que je n'engendrais plus un courant suffisant. Oui, demandez, parce que c'est vraiment ainsi qu'on améliore sa vie !

SOUVENIR DU PASSÉ : L'HISTOIRE DE MON JOURNAL

Je me rends compte que je tiens un journal depuis l'âge de sept ans. J'ai grandi en France, mais j'ai vécu avec mes parents à Scottsdale, dans l'Arizona, de six à huit ans. Et, à l'âge de sept ans, j'ai reçu mon premier journal : c'était un cadeau d'une amie américaine. Il était rose, avec un petit ourson dessus et des petits cœurs bleus, sans oublier un petit ruban de satin rose pour le fermer. Je l'ai rapporté en France et ça m'a vraiment aidée à gérer cette transition. En effet, ce retour a été dur pour moi, car à huit ans on se fait déjà de bonnes amies. J'avais l'impression qu'on me déracinait. Et j'ai pu exprimer tout cela dans mon journal. Je ne sais pas pourquoi, je l'ai appelé « Jimmy ». Je ne sais pas d'où venait ce prénom, mais ce fut désormais son « nom ». Je me confiais à lui, lui disant tout ce qui me traversait l'esprit. Quand j'y repense, j'ai toujours voulu avoir un grand frère, c'est sans doute pour cela que mon copain journal est devenu Jimmy. C'était

quelqu'un à qui je pouvais parler et qui pouvait m'apprendre des choses.
Mes parents ont divorcé quand j'avais 12 ans et là encore, mon journal m'a beaucoup aidée. Je me sentais isolée, j'avais l'impression que personne ne pouvait me comprendre, puisque dans l'école catholique où j'allais, il y avait très peu d'enfants dans le même cas que moi. C'est mon journal qui m'a permis de tenir le coup, qui m'a aidée à renouer des liens. Les nombreux autres journaux qui ont suivi m'ont eux aussi aidée à gérer diverses situations difficiles au fil des ans. Je les ai tous conservés. Quoi qu'il en soit, quand je suis passée au CCOR et au « Défi de 100 jours... », cette façon de travailler avec un journal et des blogs vidéo me semblait tout à fait naturelle. Je m'étais toujours dit qu'un jour ou l'autre ces journaux me seraient utiles, et j'avais le sentiment que je les publierais peut-être. Et je me rends compte que ce premier livre est justement un journal, ce qui veut dire que les choses se réalisent vraiment comme je l'avais imaginé. Voilà qui me fait sourire... Je vois la façon dont tout mon parcours s'est déployé jusqu'ici et comment il va se poursuivre.

ENFIN RENTRÉE

14 h 11. Et il pleut. J'étais en train d'écouter « Amazing Grace ». Je suis tellement heureuse d'habiter là où j'habite. Je m'y sens bien. Je viens d'aller dans la chambre d'Henrik pour lui dire combien j'étais contente d'être dans ce logement et de les avoir, lui et Giada, comme colocataires. Tout cela est étonnant. Chaque jour, je me dis,

« Ouah ! C'est ici que j'habite. J'adore ça. » Quand on a vécu dans un logement qu'on n'aime pas tellement, on est d'autant plus reconnaissant, ensuite, de trouver quelque chose qui nous correspond. J'ai l'impression de pouvoir me poser pour la première fois. J'ai tellement déménagé. Mais désormais, j'ai l'impression d'être chez moi en Angleterre, à Londres. C'est donc agréable de pouvoir m'installer, d'acheter des meubles et d'entamer un nouveau chapitre de ma vie.

UN CADEAU POUR PAPA

Je veux trouver quelqu'un pour taper le manuscrit de mon père, *L'art de cuisiner zen*. Je vais trouver quelqu'un qui va en peaufiner le français, voire aussi le traduire en anglais, et je vais le publier pour lui en faire cadeau. Je suis impatiente de le faire, car il a fait beaucoup de choses dans sa vie, mais il n'a malheureusement pas achevé ce projet-là. Il serait comblé ! Cela fait tellement longtemps qu'il en parle (comme d'écrire ses mémoires, aussi, ce qu'il a d'ailleurs commencé ; il dit que ça fait remonter beaucoup d'émotions et que c'est très thérapeutique). C'est tout à fait dans mes cordes que de lui apporter cette aide inopinée. Ce sera un tellement beau cadeau ! J'ai hâte !

JE MANIFESTE UNE CROISIÈRE GRATUITE !

Je viens de recevoir un e-mail de Bob Watson, aux US. C'est un peu mon père américain. Je le connais depuis que je suis retournée aux US en 2000. Je travaillais autrefois pour un tour-opérateur et je lui donnais un coup de main pour les groupes qu'il envoyait en France. Bob fut mon premier client quand j'ai commencé à faire des sites Internet et à me lancer dans le marketing, après le 11 septembre 2001. Il vient de lancer une croisière du 6 au 13 avril, qui partira d'Amsterdam et traversera la Hollande et la Belgique. Vingt-neuf agents de voyage y participeront. Il voudrait que je me charge des séminaires sur le bateau. Ce qui signifie pour moi une croisière d'une semaine gratuite, sur un magnifique bateau de luxe, ce qui me coûterait d'ordinaire dans les 2000$. Alors, je suis très tentée. J'ai appelé ma mère pour lui demander si elle voudrait aussi venir. Elle ne peut pas, alors j'envisage d'emmener mon père : je l'appellerai demain. Je dois aussi vérifier auprès de CreateSpace si je parviens à recevoir une épreuve du livre avant le début de la croisière. Ça devrait être possible. Les dates de la croisière correspondent aux dernières étapes de réalisation du livre, où tout cela ne reposera plus sur moi : mais elles tombent aussi juste avant l'événement du CCOR et le lancement du livre, alors ça devrait aller. De plus, ce bateau est complètement équipé, évidemment : wi-fi, ordinateurs, salle de gym... sans oublier les meilleurs cru de grands vins locaux... tout frais inclus ! Que puis-je demander de plus ?

JE LUTTE À NOUVEAU CONTRE LA PEUR DE MANQUER

C'est incroyable à quel point la peur de manquer est ancrée en nous ! Des pensées craintives n'arrêtent pas de se manifester en moi et si je ne les arrête pas à temps, elles font boule de neige et se multiplient. Je dois interrompre cela et annuler ces pensées et les muer en quelque chose de plus positif, car me revoilà en train de flipper : « Bien, mais si le week-end du CCOR n'attire pas assez de participants ? Et si je me retrouve avec la location de cette maison sur les bras ? Et si je n'avais même pas dix participants ? Et si je ne vendais aucun livre ? » Et ainsi de suite. À cause de cette tournure d'esprit, je ne suis pas en état de prendre de bonnes décisions au sujet de la croisière. Mais je vais me décider d'ici lundi. Il faut juste que j'y réfléchisse un peu, et de manière positive. C'est sans doute ça qui me manque. Alors, je déclare qu'il est possible que je sois guidée, que je retrouve mentalement l'abondance et que je change d'état d'esprit pour avoir une mentalité d'abondance. Et je file maintenant à la gym.

NERVOSITÉ

Je n'en reviens pas d'être si nerveuse à cause de cette séance de photo ! Je n'arrête pas d'y penser. Ça se passera jeudi. Pour l'instant, on est mardi soir. Ce n'est qu'une séance photo. Alors, qu'est-ce qui m'arrive ? On ira tout d'abord à Londres, puis chez moi. C'est comme si j'avais peur que ça ne se fasse pas, ou que je sois mauvaise, ou... il faut que j'annule ces pensées. Je crée plutôt la possibilité que ce soit le jour idéal pour mitrailler et que ces photos se révèlent excellentes. Au point qu'il sera difficile d'en choisir une, car elles seront toutes très bonnes. Mais celle que nous prendrons pour la couverture ressortira tout particulièrement, et la couverture sera très réussie.

Je me forge une très belle journée pour demain, une journée productive et fluide, où le temps ralentira. J'ai beaucoup de choses à faire, je me concentrerai sur chacune tour à tour et je me réjouis de demain. De belles journées à venir !

JAMAIS SATISFAIT ? CONTINUEZ DE DEMANDER.

Je me demande pourquoi on a parfois du mal à en demander plus. On voit bien que la Vie coopère et notre réaction est, « Ouais, je n'en demande pas autant, en ce moment. Qu'est-ce que je pourrais bien demander de plus ? » Je ne crois pas qu'on nous a appris à demander beaucoup, dans notre éducation. Quand j'étais petite, on me grondait toujours parce que j'en demandais trop. Alors, aujourd'hui, je dois me reconditionner et reprendre cette habitude, d'en demander plus à la Vie, de m'en demander à moi-même aussi, et c'est intéressant de voir combien ça me coûte. J'aurais plutôt cru que je serais bien la dernière à avoir du mal avec ça, puisque – selon ma mère – je ne suis jamais satisfaite. Mais maintenant que je sais que cela s'impose, je me demande ce que je peux demander d'autre !

D'AUTRES PENSÉES SUR LES INFOS

Je me rends au magasin Calumet, spécialisé en matériel photographique. Je cherche une bonne toile de fond, pour faire des vidéos plus professionnelles depuis chez moi. Je sais qu'il y a là-bas un grand spécialiste qui pourra me conseiller à la fois sur cet article-là et sur l'éclairage dont j'ai besoin pour que mes vidéos soient meilleures. J'ai l'intention de réaliser davantage d'interviews et de vidéos sur Internet, comme la « Minute de vraies nouvelles ». À voir les réactions des gens, ils aiment bien avoir des infos internationales de ce genre, sur la situation actuelle. Je répète que je ne fais pas cela pour mettre l'accent sur ce qu'il y a de négatif. Non, nous sommes actuellement dans une économie qui est sur le point de subir de grandes transformations : nous en sommes à une phase catalytique. De gros changements sont en cours, des millions de gens perdent leur emploi, on lit des mauvaises nouvelles pratiquement tous les jours et ça risque de durer encore quatre à cinq ans. Même Warren Buffet a dit hier dans le New York Post qu'il s'attend à ce que ça dure au moins cinq ans. Il compare la situation à Pearl Harbor – à une guerre mondiale ! –, mais c'est effectivement ce à quoi nous sommes confrontés.

COCRÉER

Nous devons affronter la réalité et voir que des millions d'emplois disparaissent partout. C'est la vérité. Ce qui ne doit pas nous déprimer pour autant. Nous devons trouver la force, notre force dans cette situation, dans le rôle que nous allons y jouer, car nous avons tous un rôle unique à tenir et il est temps de nous réveiller. Tous autant que nous sommes.

Je suis reconnaissante d'être en Europe, maintenant, et de pouvoir travailler sur ce projet qui aidera peut-être d'autres personnes à ouvrir les yeux à la réalité et à comprendre que nous ne sommes pas impuissants. Nous avons tous le pouvoir de créer notre réalité, et pas seulement de la créer, mais de la *cocréer*. On ne peut pas le faire tout seul et, d'ailleurs, on ne le fait *jamais* seul. On progresse avec les autres, avec la Source si on est spirituel, et avec Dieu si on est croyant, mais on n'est jamais tout seul. Voilà le genre de choses dont nous devons prendre conscience et qu'il nous faut mettre en pratique à fond pour affronter la situation économique, tout ce qui arrive en ce moment. J'ai vraiment foi en le potentiel humain. C'est un sujet qui m'a toujours intéressée. Que faut-il, pour devenir un être humain extraordinaire ? C'est quelque chose qui m'a toujours fascinée, et je sais qu'il est temps pour moi de trouver cette « extraordinairité » en moi, de devenir un leader et de pousser ceux qui veulent bien l'être à trouver leurs propres forces, à faire quelque chose pour réussir leur vie. C'est maintenant que ça se passe, les gars : c'est maintenant !

LE JUS COULE ABONDAMMENT

Cela fait maintenant presque un mois que j'ai perdu mon boulot. Je suis vraiment contente de la façon dont les choses évoluent et de tout ce qui s'est passé jusqu'ici. La vitesse à laquelle tout arrive souligne la puissance de la Loi de l'Attraction, car on se met alors à puiser dans des ressources qui nous dépassent. C'est au-delà de ce que vous imaginez, mais c'est ce qui rend l'aventure si savoureuse. J'aime ce mot-là : savoureux. Comme une orange qu'on presse. La vie est comme cela, pleine de jus, de vitamines et de punch !

TRÉPIEDS ET SPOTS

Je viens de revenir du magasin Calumet. Au fil de la discussion, j'ai découvert qu'ils louaient du matériel photographique, alors j'ai demandé si je pouvais louer un fond blanc pour faire l'essai. On pourrait s'en servir pour les photos et je ferai des essais de vidéos avec. Je vais m'en servir pour les photos de couverture et les clichés promotionnels, chez moi. J'ai appelé Jack, pour voir s'il avait besoin d'autre chose, car il n'a pas forcément les moyens de s'acheter le matériel le plus cher. Je veux transformer ma chambre en studio, j'ai donc fini par louer tout un tas de trépieds et de spots, pour que Jack puisse donner libre cours à son talent. C'est que j'ai vraiment envie de l'aider.

C'est un étudiant de 22 ans. Or, moi, j'ai eu la chance de bénéficier de l'aide de nombreuses personnes, mentors et clients, à mes débuts. Ils ont cru en moi. Alors maintenant, je renvoie l'ascenseur : ça fait du bien !

Je me réjouis de prendre ces photos demain !

J'ai enregistré une vidéo d'une minute de vraies nouvelles, et j'ai même acheté le nom de domaine *www.minuteofrealnews.com*. Je verrai ce que j'en ferai. J'ai aussi enregistré le 56e jour de mon « Défi de 100 jours... », pour mettre tout le monde au courant des dernières nouvelles. J'ai l'impression d'être tout à fait prête pour demain.

MAIL DE MASCHA : LE CHOC

Il est 15 h 11. J'ai reçu un e-mail de Mascha. Elle ne peut pas venir à la rencontre du CCOR prévue en avril à

Londres. Et voilà toutes mes pensées négatives qui reviennent, car, à l'origine, c'est à la suite d'un e-mail qu'elle m'avait envoyé que j'avais lancé cette idée. Du coup, mon mental en a toute de suite conclu : « Oh, non ! Personne ne va s'inscrire. Je n'ai que deux participants, pour l'instant. Peut-être que ce n'est pas une bonne idée. Je n'aurais peut-être pas dû louer cette maison et tout le reste ! ». Mais me voilà engagée. J'ai loué la maison pour le week-end du 24 avril. Mais je me dis qu'il n'y a pas de coïncidences et donc qu'il y a certainement une raison pour laquelle les choses se sont passées comme ça... Il y a une raison pour laquelle j'ai cette maison ce week-end-là. Idéalement, j'aimerais avoir au moins 30 participants. Mon mental dit aussitôt, « Mais il y a la crise financière. Les gens ne peuvent pas se le permettre. » Mais si je dis ça, je vais l'attirer. D'ailleurs, à bien y penser, c'est cela que j'attire justement, puisque c'est ce qui me trotte dans la tête depuis un moment ! Donc, il faut maintenant que je crée vraiment la possibilité que 30 participants viennent à Londres et que je trouve de nouvelles idées de promotion et de communication, pour encourager tout le monde à venir. Mascha a peut-être bien annulé, mais je suis sûre que c'est pour de bonnes raisons. Je suis sûre qu'il va sortir quelque chose de positif de tout cela, maintenant que j'ai toute cette demeure à disposition pour un week-end. Je vais en tirer le maximum et je suis sûre qu'il en sortira quelque chose de spectaculaire.

FIN DE MA CURE

Aujourd'hui, c'est le 10e jour de ma cure de jus de citron. Demain, je ne boirai que du jus d'orange frais, pour que mon système digestif se remette doucement en marche. Je viens d'acheter des oranges bio et quelques avocats pour la séance de prises de vue. Je me sens très, très bien. J'ai eu beaucoup d'énergie durant toute la cure. J'ai pu aller à la gym régulièrement et faire tout ce que j'avais à faire (et je n'ai pas arrêté de courir partout). Alors, oui, cette cure a été aussi réussie que d'habitude. J'aime bien en faire une de temps en temps. On peut pousser jusqu'à 40 jours, mais je me dis que ce serait sans doute trop. Un jour, peut-être, j'essaierai... Pour l'instant je me réjouis de redécouvrir la joie de manger, et en particulier de la verdure. Quand on a le corps tout propre comme ça, on rêve de manger des végétaux frais et vivants.

MAMAN NE SAIT PAS

Je n'ai pas dit à ma mère que j'écrivais un livre et que j'allais au bout de ma passion. Je dois dire que j'ai un peu peur de sa réaction. Mais je lui ai parlé hier au téléphone et je lui ai dit que j'organisais un week-end. Elle m'a répondu qu'elle avait vu certaines de mes vidéos. Et comme j'ai largement fait passer le message, elle sait sans doute ce que je fais, quoiqu'elle n'ait rien dit à propos du livre. Je ne sais pas quand ni comment je vais lui en parler. Je tiens à ce que je sois bien alignée et que tout fonctionne comme sur des roulettes avant de la tenir au courant. Je crois que c'est pour bientôt. J'attends juste que les choses aient décollé un peu plus, pour protéger ce rêve qui m'est cher, avant de lui révéler à quel stade de sa réalisation j'en suis.

SÉANCE PHOTO : DES HAUTS ET DES BAS

8 h 11. Ça y est, le jour des prises de vue est arrivé. Je suis au beau milieu de la City, à l'heure de pointe. Je suis en train de marcher de Monument Tube Station jusqu'à Bank Station, pour retrouver Jack, et il y a quelque chose qui me… touche… au niveau émotionnel. Je ne sais pas ce qu'il y a dans l'air aujourd'hui… Ce n'est pas que j'aie envie de pleurer, mais je suis très émue ; et aussi inspirée ; mais aussi triste de ce qui se passe dans le monde. Je le sens dans l'air, autour de moi.
Je me réjouis de cette journée. Je crée la possibilité que cette séance de prises de vue soit super, inspirante, et qu'elle se révèle géniale. J'ai aussi l'intention de m'amuser, de ne pas prendre cela trop au sérieux. Bien : il est temps d'aller prendre ces photos.
Bon, on vient de faire quelques clichés et ça a bien rendu, je crois ! Dans la City, à la station de métro, sur le pont de Waterloo et sur les lions de Trafalgar Square. Mais en ce moment, je dois dire que j'ai du mal. Je trouve très difficile la séance photo l'intérieur. Je me suis enfermée dans des pensées négatives, jusqu'au moment où j'ai dit, « Faisons une pause. Je n'y arrive pas. Ça ne marche pas. » J'ai mangé un demi-avocat, car j'avais l'impression que mon corps avait besoin de plus de vitamines que l'orange ne pouvait me procurer. Pendant que Jack est sorti, je fais un peu de reiki et je me recentre. J'ai telle-

ment envie que les choses aillent bien... voilà que je sanglote. Je crois que c'est mon perfectionnisme qui me joue des tours. Je ne me laisse pas porter par le courant, je n'apprécie pas le moment présent. Il faut que je lâche prise. Je dois donc recréer quelque chose qui va bien marcher. On va faire une super séance de prises de vue à l'intérieur. C'est incroyable comment une pensée négative en entraîne une autre, et en quelques instants, on se retrouve à broyer du noir.

Après cette petite pause, j'ai pu changer d'énergie et poursuivre les prises de vue et, croyez-moi, nous avons la photo du livre, alors je suis très satisfaite ! J'aime beaucoup celle où je tiens mon journal ouvert devant moi (truffé de texte, car j'ai gribouillé toute la journée) et de l'autre main je tiens un avocat. Je joue avec ces deux éléments, car d'une part j'aime bien manger sainement et, d'autre part, ce livre est évidemment mon journal.

JE LE DIS À MON PÈRE

J'ai finalement eu mon père au téléphone (il a appelé) et je lui ai annoncé la nouvelle. J'étais très ouverte, car j'ai pensé qu'il me soutiendrait. Il était loin depuis trois mois, entre le Vietnam, le Laos et le Cambodge, aussi ai-je dû le mettre au courant de toute la situation. Je lui ai dit, « Écoute, j'ai perdu mon job, mais j'écris un livre ». Sa réaction m'a surprise. Avec le recul, je me dis que j'aurais peut-être dû garder cela pour moi, mais j'avais vraiment envie de lui dire.

Il a dit, « Ouais, mais garde les pieds sur terre et tâche d'être réaliste ».

« Oui, papa », ai-je répondu. « Je prends tous les éléments en considération et je travaille dur : les choses se mettent vraiment en place. »
La situation est délicate. Non pas que j'aie des choses à lui prouver, mais j'ai effectivement un plan. Cela dit, d'une certaine manière il a raison. Par le passé, je ne me suis jamais investie à 100 % dans un projet : du coup, le monde extérieur – mes parents – ne peuvent me juger que sur ce qu'ils ont vu de moi jusqu'ici. Ils ne savent pas tout ce que je fais, donc ils ne réalisent pas à quel point ça compte pour moi (et, franchement, je ne m'en suis rendu compte moi-même que depuis peu de temps), alors il faut bien que papa se mette à jour. Je ne peux pas lui reprocher sa réaction, même si je suis triste qu'il ne me soutienne pas pour l'instant. Ça m'attriste qu'il se fasse du souci, ce qui augmente mes propres inquiétudes.
Bon, Lilou, tu y es ! À toi de jouer, maintenant. Réalise tes rêves. Demain sera un grand jour et tu peux y arriver.

GONFLÉE À BLOC

On est vendredi 13, j'ai deux rendez-vous secondaires, puis un très important cet après-midi, où je vais me donner à fond. Je suis plus enthousiaste et passionnée que jamais. Mon rêve se réalise. Je vais respirer profondément et laisser les choses parvenir à maturité.

LE RYTHME DE L'ARGENT

Hier, j'ai écouté *The soul of money* par Lynne Twist. Sur la piste 1, il y a cette phrase qui m'est restée gravée dans la tête : l'argent doit circuler. C'est comme l'énergie. L'argent a besoin de rentrer et de sortir. Or je m'inquiète parce que je vois l'argent sortir, pour payer ceci et cela, et je n'ai aucune garantie que ce projet va réussir, et j'y investis beaucoup de sous. C'est cette pression que j'ai ressentie durant la séance photo. Non seulement j'avais loué du matériel, mais j'avais aussi embauché quelqu'un pour prendre ces photos. Tout cela s'additionne. Une partie de moi se disait, « Il y a tout cet argent qui sort, mais en permettant cela, pour aider les autres, les choses finiront par me revenir ». Voilà à quoi je m'entraîne. J'apprends et, oui, c'est l'un des gros défis auxquels je suis confrontée en ce moment. Je dois me rappeler que l'objectif, ce n'est pas moi : c'est d'aider les autres à traverser les moments difficiles qu'ils rencontrent. C'est là où réside ma force, c'est de là que vient ma motivation à évoluer et à poursuivre ce processus.
Je me crée une jolie soirée agréable. Je vais éteindre mon ordi et écouter de la bonne musique, regarder un film ou lire un livre. J'allumerai quelques bougies, je prendrai peut-être un bain pour me détendre, respirer, être dans le moment présent. Puis, j'ai l'intention d'avoir une bonne nuit de sommeil et de me réveiller demain vers 8 h en pleine forme, débordante d'énergie, prête à sortir.
Demain, je me réserve une journée de loisirs, une journée où être moi-même, à 100 %, ouverte, appréciant la vie, une journée de partage et de conquête.

DES COMMENTAIRES PERTINENTS, QUI ME SOUTIENNENT

Oui, on peut changer d'énergie très rapidement. J'ai eu l'idée d'aller voir la vidéo de mon Jour 35 (*http://www.youtube.com/watch?v=hwshffMkZPw*), où j'annonce la perte de mon emploi. Les gens ont laissé des commentaires super, qui m'inspirent et me redonnent de l'énergie. Il y en a un de klady3818 (c'est son nom YouTube) :

Lilou, tu es une vraie source d'inspiration. Moi aussi, j'ai récemment perdu mon job et je tournais à vide. J'espère que tu continueras de nous faire part de tes progrès, afin que je puisse profiter de tes apports inspirants. J'admire beaucoup chez toi ce côté candide et ouvert. Surtout, continue !

Ce genre de messages confirme que je suis sur la bonne voie, et qu'il faut que je continue mon parcours.
Maral, de Californie, a aussi commenté la même vidéo. C'est elle qui a écrit Excuse me, your soul mate is waiting (*www.cocreatingourreality.com/group/excusemeyoursoulmateiswaiting*), dont l'objectif est d'apprendre à utiliser la Loi de l'Attraction pour attirer son âme sœur. Je l'avais interviewée dans mon émission à Chicago. Elle m'écrit :

Une vidéo géniale, merci de l'avoir partagée avec nous ! Il y a tant de gens dans la même situation qui ont besoin d'être rassurés.

Il y a aussi ce message de Clarion13. Clarisse participe au « Défi... » depuis 2006. Son commentaire :

Ouah ! Merci pour cette vidéo. Oui, c'est vraiment une saison savoureuse. Pour moi aussi ! J'ai de plus en plus de facilité à me laisser porter par le courant. Même quand je tombe, je me relève aussitôt, et c'est un exploit pour moi. Être positif est en train de devenir un art de vivre, pour moi, comme pour toi. Je suis suuupeeeeer excitée de voir ce qui va t'arriver après !

C'est tellement vrai, ce que dit Clarisse. Ça se passe vraiment comme ça. Plus on s'entraîne, plus on est porté par le courant. Oui, il y a des hauts et des bas, mais on se relève rapidement. La vie nous traverse facilement et sans effort, à mesure qu'on la laisse faire et qu'on cesse de lui faire obstacle.

On commence à savoir qu'on est capable de créer tout ce qu'on veut, surtout quand on bénéficie du soutien d'une communauté comme celle-ci. Je remercie Dieu pour tous ceux et celles qui se sont inscrits sur ma chaîne YouTube, et tous les membres du CCOR. Je me sens très reconnaissante, car quand j'ai moins le moral et que je lis des messages comme ceux-ci, ça me remonte aussitôt !

À ce jour, j'ai reçu plus de 40 commentaires sur cette seule vidéo. Et chacun de ces commentaires est un vrai bonheur. Bien sûr, il m'arrive de recevoir des commentaires négatifs : mes vidéos sont publiques, tout le monde peut les voir. Mais ça fait partie de l'aventure, non ? N'empêche que je me demande parfois pourquoi certaines personnes m'envoient des messages méchants. Mes intentions sont bonnes et mes messages positifs. Je crois que certaines personnes ne supportent pas ceux qui aiment la vie. Un jour ou l'autre elles seront prêtes, et je sais que certaines d'entre elles changent déjà

d'état d'esprit, à force d'avoir vu certaines de mes vidéos, surtout celles où je fais la démonstration d'avant (la déclaration) et après (la manifestation). Désormais, les commentaires négatifs me font sourire !
Après avoir lu ces messages positifs, j'ai eu envie de me rendre sur le site de Co-Creating Our Reality et de consulter ma propre page (*www.cocreatingourreality.com/profile/Lilou*). Dans la section musique, j'ai retrouvé une déclaration que j'avais faite voici plusieurs années. Je l'ai passée (comme n'importe quel internaute peut le faire). C'est une déclaration en musique de 4 minutes. Rien que de l'écouter, ça m'a remise en piste. Je suis maintenant prête à aller me coucher. Je me sens inspirée et je vais me laisser porter par le doux rythme des rêves qui m'emporteront dans la nuit. Hmm ! Bonne nuit, Cocréateur.

TREIZE : UN DE MES CHIFFRES PORTE-BONHEUR !

Aujourd'hui, on est vendredi 13 mars. C'est un grand jour et une grande date dans notre famille : les vendredis 13 nous portent chance à tous ! Il s'est passé des choses super, des vendredis 13. Mes parents possèdent quelques restaurants en France (des restos franco-mexicains, en fait), croyez-le ou non ! Je suis née à Santa Barbara, en Californie, parce que mes parents y géraient un restaurant français. Voilà pourquoi j'ai la double nationalité. Puis, j'ai grandi en France où mes parents ont poursuivi leur activité. Vendredi 13 est un grand jour pour nous, notamment, parce qu'en 1987, c'est ce jour-là qu'ils ont ouvert un restaurant à Nantes. C'était le premier resto mexicain du coin et il a eu beaucoup de succès, alors le 13 est un chiffre porte-bonheur, chez nous. Ajoutez à cela que ma mère a grandi dans une maison au 13 rue des Moulins, que j'ai déménagé de Miami à Chicago (en conduisant un camion de location à travers tous les US) un autre vendredi 13, et vous commencerez à comprendre !

LA PHOTO DE COUVERTURE

Rien d'étonnant, donc, à ce que je me sente particulièrement en forme et alignée, aujourd'hui. Ce matin, je regardais toutes les photos de la séance d'hier, et je crois que j'ai trouvé la photo de la couverture. C'est l'une de celles qu'on a prises dehors, la photo 77, comme mon année de naissance, 1977. Sur ce cliché, je regarde vers la droite, on voit un bus passer, et il y a plein de gens derrière moi et près de moi, en train de lire le journal. C'est une photo qu'on a prise à 9 h du matin, l'heure de pointe, au beau milieu de la City. J'ai l'air consciente et pleine d'espoir, et cependant pensive et légèrement craintive. Cette photo exprime aussi la confiance, on devine mes rêves dans mes yeux, alors, je crois que c'est la bonne ! Peut-être est-il encore trop tôt pour un choix définitif, car il y a aussi de bonnes photos d'intérieur. Mais en tout cas c'est très prometteur. J'aime vraiment cette photo et elle m'a franchement sauté aux yeux dès que je l'ai vue (ça m'a donné de bonnes vibrations). Alors, il y a des chances pour que je tienne ma couverture. Je suis très excitée ! Tout se met en place. C'est très gratifiant. Je ne saurais dire combien je me sens pleine de vie ! Une vie savoureuse !

LA CONFIANCE EN SOI NOUS REND MAGNÉTIQUES

Comme j'ai appris à le faire au stage de Tony Robbins, au moment de la marche sur le feu, ce matin je me suis visualisée en train de recevoir de bonnes nouvelles. Je suis restée dans cet état-là durant 17 secondes, puis j'ai recommencé durant 17 autres secondes. J'ai nourri en moi ce sentiment d'émerveillement, savourant pleinement le fait d'obtenir ce que je désire vraiment. Voilà le genre d'état qu'il faut réussir à atteindre, un état qui va tellement attirer à vous ce que vous voulez que, lorsque vous vous rendez à une soirée, une réunion ou une entrevue, vous émanez une grande confiance en vous, quelque chose de charismatique. Tous vos sens sont en éveil. Les gens se calent alors sur vos intentions. Ils sont attirés par cette confiance que vous dégagez, cette sensation de conviction. Par conséquent, vous êtes évidemment très convaincant ou, devrais-je plutôt dire, très « invitant ». Les gens ont envie de vous suivre, d'être avec vous. Ils se sentent bien eux-mêmes, car vous vous donnez la permission d'être pleinement vous-même. C'est l'une des techniques les plus efficaces que je connaisse, avec celle que je décrivais ci-dessus. Ensemble, elles forment une approche imbattable. Même si le reste du séminaire de Tony était intéressant, je dois dire qu'à eux seuls, ces deux outils le justifiaient pleinement.

UNE OPPORTUNITÉ SAVOUREUSE

Je me suis donc inscrite à la Foire du Livre de Londres pour le 20 avril prochain. Je viens de me dire que ça pourrait être l'occasion d'y dénicher un éditeur ! Le livre sera terminé, peut-être même déjà en ligne, et avec le potentiel qu'il a, le fait qu'il tombe à pic, sans oublier la Loi de l'Attraction qui est de mon côté, les éditeurs ne devraient pas manquer d'en discerner l'intérêt : alors, je me dis que trouver un éditeur est tout à fait vraisemblable. Bien sûr, il y a du pour et du contre, mais il est possible que je puisse toucher une bonne somme d'argent (au titre d'avance sur les ventes à venir), s'ils croient autant que moi au succès de ce livre. Ce qui serait encore mieux, ce serait que plusieurs éditeurs surenchérissent pour décrocher le contrat de ce livre ! LOL

La Foire du Livre de Londres se déroule du 20 au 22 avril, juste avant le week-end du CCOR. Je n'ai que quelques participants à ce week-end, pour l'instant. Je ne sais pas pourquoi, mais la mayonnaise ne prend pas. (En fait, si, je connais la raison : mes pensées étaient moins positives et moins confiantes qu'elles n'auraient dû.)

PRÊTE POUR CÉLÉBRER QUELQUE CHOSE

N'empêche que j'ai déjà loué cette magnifique demeure à Hyde Park et que je pense que quelques personnes s'inscriront quand même. Elles prennent simplement leur temps, mais je sais maintenant que j'ai cette maison à disposition pour tout le week-end, et je me dis que ce n'est pas une coïncidence. Cette maison a un coût. J'ai payé un acompte et c'est à moi qu'il revient de la louer durant deux jours et deux nuits. Ça fait beaucoup d'argent. Après tout, c'était assez prévisible que je me fasse du souci : « Et si je n'ai pas assez de participants pour couvrir mes frais ? Il me faudra alors payer de ma poche, et il s'agit d'être pragmatique... ». Mais, vous savez quoi ? Disons qu'il fallait que cette maison soit disponible pour célébrer une nouvelle incroyable, comme la signature d'un contrat avec un éditeur. Et que tout ce week-end ne serait alors qu'une grande fête, que j'ai rendue possible en prenant malgré moi les devants. Oui, ce serait alors l'occasion de faire un cadeau à tous ceux qui m'ont aidée, et de partager ce moment avec eux. Ce serait génial ! Je me sens portée.

L'ESPIÈGLERIE EST PORTEUSE DE VIE

Ce matin, Henrik m'a parlé d'une vidéo sur blog.ted.com. Un ours polaire s'apprête à attaquer deux huskies de l'Arctique, mais la femelle relève la queue et se met à jouer, ce qui modifie toute l'énergie de la situation. Un événement qui aurait pu se révéler très violent se mue en une danse amicale et magnifique. C'est une vidéo très touchante, qui me rappelle de cultiver l'esprit du jeu. Une attitude ludique peut totalement transformer certaines situations. Alors, laissons notre enfant intérieur s'exprimer et amusons-nous ! Le jeu stimule la créativité. Il favorise l'innovation et de nouvelles manières de penser. Voilà une pensée qui m'inspire beaucoup, en ce moment. Oui, j'ai envie de jouer toute l'après-midi, tout le week-end. Que dis-je ? Toute la vie !

UNE EXTENSION NATURELLE

Je peux tout à fait imaginer que ce livre soit le début d'une collection. Je ne me vois pas arrêter de partager ce que

je vis avec autrui. Je le fais via la vidéo depuis des années, et le fait d'écrire, aujourd'hui, me permet de partager d'une toute autre manière. Le livre permet de mieux se rendre compte de la façon dont se forment les pensées, de la manière dont on peut attirer ce qu'on veut dans la vie, que ce soit au niveau financier, relationnel, professionnel, etc., sans oublier la paix ! J'adore faire ça !
J'ai souvent entendu dire, « Trouve-toi un job qui te passionne ». Eh bien, j'écris mon journal depuis que je suis toute petite, et j'adore ça. Voilà pourquoi j'aime mettre des vidéos sur le site du « Défi de 100 jours... ». Et c'est aussi pour cela que ça m'a beaucoup aidé depuis le début de cette aventure. Alors, pourquoi m'arrêter là ? Si j'arrive à gagner ma vie tout en ayant un impact sur autrui – et que je me sens ainsi totalement à ma place – je ne vois pas ce que je pourrais demander de mieux. C'est fantastique. De toute façon, je continuerai de fonctionner comme ça. Ça fait partie de moi, c'est une extension de moi. Ça me vient tout naturellement.
J'ai entendu parler un jour d'une femme qui adorait les feuilletons télévisés à l'eau de rose. Il en existe beaucoup aux US, mais aussi eu Europe, aujourd'hui. Un jour, elle s'est mise à faire des résumés et des critiques de tous les feuilletons qu'elle regardait, pour que les autres téléspectateurs puissent se tenir à jour. Elle s'est mise à très bien gagner sa vie ainsi, et elle adorait ça : son job consistait donc à regarder ces feuilletons mélos, ce qu'elle faisait de toute manière. Elle a également fondé un groupe sur ce thème, où les gens discutent des dernières (més)aventures de leurs personnages préférés. Elle n'aurait pas pu trouver mieux !

Chacun d'entre nous a ses dadas, des choses qu'on adore faire, qui sont des extensions de nous-mêmes et qui font chanter notre âme quand nous nous y adonnons : tous nos sens sont alors en éveil et notre créativité est au top.

Je ne crois pas être un écrivain doué, mais je crois que je suis capable de me livrer et de partager mon parcours d'une manière intelligible et accessible à autrui. Chez moi, c'est un processus naturel, c'est quelque chose que j'adore faire et que je fais de toute façon. Ça ne me dérange pas de parler de ma vie privée. Je dois même dire que j'aime ça. Et si mes prises de conscience peuvent aider d'autres personnes, c'est génial, et j'ai fait mon boulot ! J'ai trouvé le job de mes rêves !

DE NOUVEAU LIBRE

Je n'en reviens pas qu'il m'ait fallu tant de temps (tant de séminaires, tant de livres) pour comprendre que c'est dans le pouvoir du cœur, dans le choix de vivre de nos passions, que réside notre vrai Moi et qu'Il peut s'exprimer.

Je n'ai cessé de pousser les autres à vivre une vie passionnée, une vie animée d'un but, mais je n'en étais pas encore là moi-même. Maintenant, si !

Je me sens vivante, au sommet ! Je remercie la Vie, et je me remercie aussi, de rendre tout cela possible, pour tout le chemin parcouru.

Avant, mon ego me faisait obstacle. Mon ancien patron me disait, « Tu es un diamant brut ». J'ai l'impression désormais qu'il a été taillé et poli. C'est fantastique.

Peut-être que l'entreprise où je travaillais était « dure », ou peut-être était-ce moi qui était encore brute. Peut-être ai-je conféré une certaine « dureté » à cette expérience. Mon insécurité en est sans doute responsable. Mais j'ai conscience aujourd'hui qu'il fallait que j'en passe par là pour en tirer des leçons, et des leçons importantes. Tout comme, au final, il fallait que je rédige ce livre.

C'était mon ego qui me retenait. Avant, je refusais de lâcher prise de cette partie de moi, j'avais peur de perdre mon identité. Je laissais donc mon ego tout diriger. Je craignais ce que j'allais découvrir à mon sujet. Mais j'ai découvert que je suis quelqu'un de beau, d'authentique, de généreux et d'aimant, qui a envie de travailler avec ses propres talents et ceux d'autrui. J'ai envie de diriger de grands projets. Je veux donner de moi-même jour après jour, et j'ai envie d'offrir de l'espoir et de la joie aux gens. Cette prise de conscience est précieuse. Elle est porteuse de vie.

J'en suis tellement reconnaissante.

Toute cette aventure en valait vraiment la peine. Toutes mes luttes, tous mes échecs et mes efforts en valaient largement la peine.

J'ai l'impression d'avoir atteint le sommet de la montagne, de m'y tenir les bras grand ouverts, inspirant en moi l'air pur des hauteurs : me voilà à nouveau libre.

À SUIVRE...

POSTFACE

J'espère que vous avez apprécié ce parcours de 30 jours, au fil de la Loi de l'Attraction. Rappelez-vous que vous êtes le cocréateur ou la cocréatrice de votre vie. Vous pouvez créer tout ce que désire votre cœur. Allez au bout de votre passion. C'est en vivant votre passion que vous découvrirez votre créativité véritable, votre joie et votre façon à vous de vous exprimer. C'est une aventure magnifique. Écoutez votre cœur. Il vous sera votre guide.

Je crois en vous et vous adresse tout mon amour.

Je vous suggère – je dirais même que je vous recommande vivement – de vous joindre à moi pour aider des millions de gens, dans le monde entier, qui ont besoin d'être soutenus, qui ont besoin de notre soutien.

À PROPOS DE L'AUTEUR

La mission et la vision de Lilou consistent à aider des millions de gens à vivre une vie joyeuse et pleinement épanouie.

Lilou est née en août 1977 à Santa Barbara, Californie, de parents français. Elle a grandi à Nantes et, après avoir décroché une licence de la Brookes University à Oxford et de l'ESC de La Rochelle, elle est repartie aux États-Unis où elle a vécu de novembre 2000 à juillet 2008. Elle vit actuellement à Londres.

Lilou Macé est la cofondatrice du « Défi de 100 jours pour tester les lois de l'univers », une communauté globale qui teste la magie et la puissance de la Loi de l'Attraction, 100 jours par an.

De novembre 2001 à juillet 2008, Lilou possédait également « Emotional Brands », une agence en ligne de conception de sites web et de développement de marque, basée à Chicago et Fort Lauderdale.

Lilou a vécu à Chicago où elle a produit et animé une émission de TV intitulée Live a Juicy Life. Elle a notamment rencontré Oprah Winfrey en novembre 2006. Elle a eu l'occasion d'interviewer John Gray, Sonia Choquette et Judith Wright, pour n'en citer que quelques-uns.

Le « Défi de 100 jours… » de Lilou :
www.cocreatingourreality.com/profile/lilou
La chaîne YouTube de Lilou :
www.youtube.com/liloumace

À PROPOS DU CORRECTEUR

Tout comme Lilou, le Dr R. Éric Swanepoel a un parcours international. Né à Édimbourg d'une mère écossaise et d'un père sud-africain, il a vécu au Zimbabwe, en Afrique du Sud et en France, et un peu partout au Royaume-Uni. Il a notamment exercé les fonctions de vétérinaire et de prof d'anglais. Il doit son doctorat à son étude des pipistrelles, des chauves-souris. Il travaille actuellement à temps partiel pour le parlement écossais, mais il affirme que son hobby est le violon, dont il dit jouer mal, et sa passion l'écriture.

Il dit, « J'étais ravi que Lilou prenne contact avec moi. Je crois que je suis doué pour aider les gens à écrire leur histoire, mais je ne peux me mettre au service que des gens que j'admire. En visionnant les vidéos de Lilou sur YouTube, je me suis rendu compte qu'elle avait quelque chose de spécial.

« Compte tenu des échéances très brèves, ce projet était un véritable défi. Ma tâche m'apparaissait comme consistant à aider Lilou à exprimer sa personnalité tout à fait unique aussi clairement que possible, et à ne m'imposer d'aucune manière. Ce livre diffère de tous les autres projets dont je me suis occupé. Il nous offre le privilège de découvrir la façon dont évoluent les pensées d'une personne honnête, courageuse et altruiste, qui vit une existence « savoureuse », de manière totalement délibérée. »

Site web d'Éric : *www.BioWrite.co.uk*
Blog d'Éric : *BioWrite.wordpress.com*

NOTES

NOTES

NOTES

NOTES

Imprimerie Graphique de l'Ouest

Achevé d'imprimer sur les presses de
l'Imprimerie Graphique de l'Ouest
au Poiré-sur-Vie (Vendée).
Dépôt légal : Décembre 2014 - N° d'impression : 7367